Flensburger Studien
Sprache · Literatur · Religion
Band 32

Herausgegeben von

Florian Bruckmann
Elin Fredsted
Janice Jake
Franz Januschek
Fabrizio Mandreoli
Marcello Neri
Markus Pohlmeyer

Florian Bruckmann

Tod – Ende und Anfang

Zugänge und Perspektiven zu Himmel, Hölle und Fegefeuer

AISTHESIS VERLAG

Bielefeld 2024

Centro
Studi
Sara
Valesio

Beginnend mit dem Band 31 erscheinen die Flensburger Studien im Aisthesis Verlag. Die Bände 1-30 erschienen im Igel Verlag und werden auch weiterhin von diesem vertrieben.

Bibliografische Information der Deutschen Nationalbibliothek

Die Deutsche Nationalbibliothek verzeichnet diese Publikation in der Deutschen Nationalbibliografie; detaillierte bibliografische Daten sind im Internet über http://dnb.d-nb.de abrufbar.

Oberntorwall 21, D-33602 Bielefeld
Lektorat: Hanns-Martin Rüter (Aisthesis Verlag)
Satz: Germano Wallmann, www.geisterwort.de
Druck: docupoint GmbH, Magdeburg

Print ISBN 978-3-8498-1987-3
E-Book (PDF) ISBN 978-3-8498-1988-0
www.aisthesis.de

Inhalt

Vorworte zur Reihe

I

Sprache – Literatur – Religion

Menschen können sich verständigen (... oder eben auch nicht). Dafür haben sich unsere enorm komplexen und vielfältigen Sprachen entwickelt und ausdifferenziert. (Das zeichnet sie gegenüber den anderen Lebewesen, auch den intelligenten, aus.) Der Plural ist wichtig: Denn wir können uns mittels unserer jeweiligen Sprachen nicht nur unsere Geschichte und unsere Geschichten erzählen oder fantastische formulieren und über Jahrtausende – zum Beispiel mittels Schrift und Schriften – bewahren, sondern wir erkennen an den Sprachen auch, wer mit uns diese Geschichte/n teilt und wer nicht. Sprache darf dabei durchaus weit verstanden werden, denn wir Menschen verfügen über sehr vielfältige Ausdrucksmittel, die sich nicht einfach in Sprache(n) übersetzen lassen: Musik, bildende Kunst, Darstellung, Film, Schrift, Garten- und Landschaftsbau, Mode, Architektur u. v. m.

Wir sind in der Lage, uns über die sprachlichen Differenzen hinweg zu verständigen; wir können diese Differenzen aber auch als unüberwindlich betrachten. Sprachliche Differenzen sind dabei oft nur Ausdruck unterschiedlicher Perspektiven, Haltungen und Standpunkte. Hinzu kommen unter anderem Probleme der Übersetzung oder mit Ambiguitäten. Verständigung ist mehr als Informationsaustausch, sie beruht auf gegenseitigem Verstehenwollen, auf der (möglichst gewaltfreien) Suche nach einem vernünftigen Konsens. Dieses Suchen nach Verständigung ist gut, aber mühsam – dagegen ist ihre Verweigerung (obwohl aus einer gewissen Freiheit heraus?) uneinsichtig und kann vielleicht sogar abgrundtief böse sein und katastrophal blutig enden.

Sprache, Literatur, Religion: Wir möchten deren inneren Zusammenhang deutlich machen. Es geht um eine nie abzuschließende Arbeit, die wir leisten müssen, wenn wir Menschen (werden und) bleiben wollen. Und: Das bereitet Freude!

Florian Bruckmann (Deutschland)
Elin Fredsted (Dänemark)
Janice Jake (USA)
Franz Januschek (Deutschland)
Fabrizio Mandreoli (Italien)
Marcello Neri (Italien)
Markus Pohlmeyer (Deutschland)

II

Flensburger Studien: Sprache, Literatur und Religion (Language, Literature, and Religion) addresses specific characteristics that make humans distinct, even from other organisms that have social groups and exhibit learned behaviors. Humans have developed a well-articulated, complex communication system with formally recognized means to process and pass on knowledge. Moreover, humans strive to acknowledge the intrinsic value of ethics and moral principles. Such behaviors distinguish humans and their actions, and allow them to develop goals and tell stories. As such, the journal examines three key qualities of the human condition.

Volumes consider literature, language and religion within given thematic domains, such as:

- the significance of words to characterize, motivate and influence behavior and cultural affiliations, including gender, ethnicity and race;
- symbol and metaphor in constructing meaning and (inner) worlds;
- transcending time and space via stories, language, and beliefs, including construction of alternate worlds;
- the hero's journey (in cultural myth, in linguistic self-actualization and in ethical behavior);
- empathy and point of view, as well as principles, promises and lies, in history and in current events; and
- biological and psychological foundations for literature (Literatur), language (Sprache) and religion (Religion).

The reader is invited to sample the contributions and dialog with the authors.

Janice Jake (USA)

Centro Studi Sara Valesio – CSSV

The CSSV is conceived as a cultural nucleus of library collections and archival documentation. At the same time, the Center presents itself as a place for dialogue, cultural formation, research and discussion. Its main referent are literary and philosophical writings, in the broadest sense of the term, and studied in their contact with the concrete experience of well-defined persons; above all, persons who actually move between different cultural, geographical, psychological worlds, concretely experiencing different aspects of such movements: assimilation, migration, expatriation, alternate residences.

Hence, the main theme of the Center: "Writers Between Worlds". The worlds in question are principally, but not exclusively, Italy, Europe and the United States; and the term "writer" is meant (as noted) very broadly: not only poets, novelists, playwrights philosophers; but also essayists, historians, social researchers, writers of memoirs and letters, translators, screenplay writers, theatre and film directors, journalists and so forth.

This is not an abstract and intellectualistic project, because we constantly underline the relationship between textual worlds and existential experiences. The critical research that grows out of all this is therefore sensitive to the human, social and spiritual themes circulating in all these textualities. The book series "Flensburger Studien zu Literatur und Theologie", with its constructive approach to this kind of textualities, is an important expression of the project carried out in many forms by the CSSV.

Paolo Valesio, Director of the Centro Studi Sara Valesio

Centro Studi Sara Valesio

Centro Studi Sara Valesio – Museo della Città di Bologna srl
Via Manzoni, 2 – 40121 Bologna
tel. 051.19936313 – fax 051.19936300
centrostudisaravalesio@genusbononiae.it

caro amico et carae amicae

Vorwort

Es gehört zu zentralen Merkmalen Unserer Zeit, dass sie reich an kulturellem Schaffen ist; in der westlichen Hemisphäre ist das auch eine Folge des Lebensstandards und Reichtums – selbst wenn dieser eine (Spät-) Folge des Kolonialismus ist. Menschen haben aufgrund der Sicherung ihrer Grundbedürfnisse die Möglichkeit, ihrem Sinnen Ausdruck zu verleihen. Nach Martha C. Nussbaum gehört dies zu „den wesentlichen Anforderungen an ein menschenwürdiges Leben“[1]. Allen Säkularisierungstendenzen zum Trotz bleibt christliches Gedankengut ein Kulturfaktor und es zeigt sich, dass nicht nur Religion(en) über einen Wissensschatz verfügen, der zuweilen in unerwarteten Momenten verstehen hilft, sondern auch wissenschaftliche Theologie eine Hermeneutik des Verstehens leisten kann: Zutiefst Menschliches – und damit echt Göttliches – findet sich dort, wo der Mensch nach sich selber, ihrem/seinem Sein und Sinn fragt – oder die Banalität menschlicher Existenz durch eine Nähe unterbrochen wird, die nur durch Zuneigung, Hinwendung, Einlassen und Sich-Öffnen zu erklären ist. Vor diesem Hintergrund gliedert sich der Hauptteil des vorliegenden Werkes in eine Erschließung des kulturellen Diskurshorizontes. Dieser ist natürlich sehr viel breiter, als dies hier nachgezeichnet werden kann. Die Auswahl erfolgte dabei nicht einfach willkürlich, sondern richtete sich nach der Frage, welche Entwürfe und Ideen breite Wirkung entfaltet haben und rezipiert worden sind. Die folgenden Grundsatzfragen verstehen und deuten den eschatologischen Entwurf von Josef Wohlmuth kreativ und werden so für das eigene Denken erschlossen. Wohlmuth hat mit seinem Buch *Mysterium der Verwandlung* eine sehr tiefgreifende Auseinandersetzung mit den Themen der Eschatologie vorgelegt, der breite Rezeption zu wünschen ist. Die abschließenden Einzelfragen vertiefen Wohlmuths Denken in phänomenologischer Tradition und legen einen eigenen Gedanken vor, wie mit dem Theologumenon der leiblichen Auferstehung intellektuell umzugehen ist, indem es zu einer neuen Zuordnung von Materie und Geist kommt.

1 Nussbaum, Die Grenzen der Gerechtigkeit, 111.

Die folgenden Ausführungen sind für eine breitere Leser*innenschaft gedacht und vermeiden deshalb zuweilen den für wissenschaftliche Texte üblichen Anmerkungsapparat. Wir danken der Europa-Universität Flensburg für eine Unterstützung bei den Druckkosten. Ein noch größerer Dank geht an all die Menschen, die sich mit uns gemeinsam auf dem Weg befinden und mit regem und wachem Interesse das eigene Leben zu deuten und zu denken wagen.

1. Hinführung: Den Tod denken

Die Eschatologie ist der wahrscheinlich spannendste und gleichzeitig auch spekulativste Traktat der Dogmatik. Bei einem hastigen Blick könnte man den Eindruck gewinnen, dass sie nicht gerade beliebt ist. Sie wird nicht zentral, sondern normalerweise ganze am Schluss der Lehrbücher angesiedelt und dies hat seine Berechtigung vor allem darin, dass es in der Eschatologie um die letzten Dinge geht: Um den Tod und das, was danach kommt. Denn für Christinnen und Christen ist mit dem Tod nicht einfach alles aus. So jedenfalls glauben sie. Denn auch mit der Kreuzigung Jesu von Nazareth war nicht einfach alles aus. Man könnte, fast etwas zynisch oder lakonisch behaupten, dass damit erst alles seinen Anfang genommen hat. Zynisch wäre diese Aussage, weil dann das Leben und die Lehre Jesu keine Rolle spielen würden. Dem ist nicht so. Denn gemeinhin gelten Tod und Auferweckung Jesu als die Bestätigung dessen, was er in seinem Leben getan und gesagt hat.

So schreibt Paulus gleich zu Beginn seines Römerbriefes von dem „[3] Sohn, der dem Fleisch nach geboren ist als Nachkomme Davids, [4] der dem Geist der Heiligkeit nach eingesetzt ist als Sohn Gottes in Macht seit der Auferstehung von den Toten" (Röm 1,3bf) Noch deutlicher wird die Funktion der Auferweckung Jesu als Einsetzung in Röm 14,9: „Denn Christus ist gestorben und lebendig geworden, um Herr zu sein über Tote und Lebende." Durch die Auferweckung bestätigt Gott ihre/seine[2] Treue und ihr/sein Wort, hier macht sie/er deutlich, dass sie/er den Menschen nicht irgendetwas verheißt, sondern dass sie/er sich auch

2 Für Leser*innen ist es natürlich erst einmal ungewohnt, Gott sowohl weiblich als auch männlich zu konnotieren. Es soll dadurch berücksichtigt werden, dass wir zwar in Gott Differenzierungen wahrnehmen dürfen, dass sie/er aber bestimmt außerhalb der uns bekannten Geschlechterrollen zu denken ist. Da für Theolog*innen Gott und Mensch aufs Engste zusammenhängen, wird im Folgenden auch der Mensch, gegen sein grammatikalisches Geschlecht, ebenfalls sowohl weiblich als auch männlich konnotiert. Wenn das die Lesegewohnheiten zu sehr herausfordert, dann schlagen wir vor, nur eine der beiden Tonspuren zu verfolgen und z. B. nur die weibliche zu lesen, sodass der Lesefluss ganz gewohnt vonstatten geht.

daran hält: „[19] Denn Gottes Sohn Jesus Christus, der euch durch uns verkündigt wurde – durch mich, Silvanus und Timotheus –, ist nicht als Ja und Nein zugleich gekommen; in ihm ist das Ja verwirklicht. [20] Er ist das Ja zu allem, was Gott verheißen hat." (2Kor 1,19f.) Weil Jesus Christus das Ja Gottes zu ihren/seinen Verheißungen ist, deshalb hoffen Christinnen und Christen, dass sie mit ihrer Taufe auf seinen Tod auch Anteil erhalten an seinem endzeitlichen Leben, am Leben des Auferweckten im Eschaton (Röm 6,3f.).

Und jetzt zum Kontrast: Ist es nicht vollkommen verquer, in einer auf Spaß und Konsum gebügelten Gesellschaft von Tod und Jenseits zu sprechen? Wer kann sich schon vorstellen, sich auf eine nette Party oder Konzert zu stellen und darüber zu reden, dass alle Menschen sterben müssen, dass das Leben im Diesseits nur ein billiger Abklatsch des Lebens im Jenseits ist und dass das doch alles keinen Sinn und Zweck hat. Mit diesen Aussagen wird man wohl auf jeder Party sehr schnell zum Außenseiter, geschweige denn in Discotheken oder am Ballermann, wo es offensichtlich nicht darum geht, sich zu unterhalten, sondern die Angefochtenheit menschlicher Existenz im gemeinsamen Trinken und Tanzen (gänzlich) zu vergessen. Verdrängen und Vergessen gehören zu den großen Kulturleistungen spätestens Unserer Kultur, einer Kultur des Exzesses. Das ist verständlich und dennoch hinterlässt das Wissen um die Vergänglichkeit auch in der so feierfreudigen Pop-Kultur ein beredtes Zeugnis. So trägt das letzte Album der Band *Depeche Mode* nicht von ungefähr den Titel: Memento Mori (gedenke des Todes). Und spätestens seit den tragischen Ereignissen auf der Love Parade 2010 in Duisburg haben auch die exzessivsten Partys einen Teil ihrer angeblichen Unschuld verloren: Sehr viele Menschen wollten friedlich feiern und dieses Feiern war so schlecht organisiert, dass 21 Menschen ums Leben kamen. Erdrückt wegen des Ansturms. Hier zeigt sich, dass der Mensch nicht alles kann, was sie/er will, und dass sie/er niemals vergessen darf, dass sie/er sterblich ist, dass selbst der Versuch, in aller Ausgelassenheit ein Zeichen für Toleranz und Liebe zu setzen, davon überschattet ist, dass der Mensch ein endliches, ein sterbliches Wesen ist.

Diese Endlichkeit und Sterblichkeit des Menschen zeigen sich an vielen heiklen Feldern Unserer Gesellschaft: Sei es in der Perspektivlosigkeit britischer Jugendlicher, die sie 2011 zu Tausenden auf die Straßen getrieben hat, sodass es zu Ausschreitungen, Plünderungen und

Mord gekommen ist. Sei es im Mittelmeer, in dem beinahe täglich Afrikaner*innen ertrinken, beim Versuch ihre Heimat hinter sich zu lassen und in das reiche Europa zu kommen. Sei es in den erschreckenden Bildern hungernder Menschen aus Ostafrika. Die Endlichkeit des Menschen und ihre/seine ganze Hinfälligkeit zeigt sich aber auch an den Ereignissen um das Kernkraftwert Fukushima oder Unserem Umgang mit der Umweltverschmutzung und den fast verzweifelten Aktionen der sogenannten letzten Generation. Leider ließe sich diese List problemlos weiterführen. Deutlich wird auf jeden Fall, dass der Mensch sterblich ist und dass ihre/seine Sterblichkeit ein Hinweis darauf ist, dass er zwar vieles machen kann, im Letzten aber nicht vieles im Griff hat. Der Mensch ist machtvoll und machtlos zugleich: Sie/Er kann den Ertrag auf ihren/seinen Feldern durch Züchtung und Düngung steigern, aber sie/er vernichtet lieber Lebensmittel, um den Preis stabil zu halten, als diese zu verteilen und damit den Hunger in der Welt zu besiegen. Vielleicht ist dies eine der wichtigsten Thesen, die sich als roter Faden durch die vorliegenden Ausführungen ziehen wird: Der Mensch ist endlich und jede ihrer/seiner Taten ist von dieser Endlichkeit gekennzeichnet. Damit muss die Eschatologie, die Lehre von den letzten Dingen, aus ihrem Nischendasein am Ende der Dogmatik herausgeholt werden und im Prinzip zum Zentrum der anthropologisch gewendeten Theologie werden. Menschliches Handeln ist ohne ständiges Eingedenken der Sterblichkeit nicht adäquat zu deuten und es wäre eine Verkürzung, den Menschen nicht als sterbliches und endliches Wesen verstehen zu wollen. Als Kulturwesen ist der Mensch sterblich, weshalb das Bedenken der Endlichkeit auch in das Zentrum kulturwissenschaftlicher Überlegungen gehört.[3] Kultur entsteht zwar nicht nur, weil der Mensch an seiner Sterblichkeit leidet und an ihr knabbert und dem Leben irgendetwas abgewinnen will, das mehr oder anders ist als Tod. Aber jede kulturelle Tat des Menschen ruht doch auch darauf auf, dass die Freude über das Hervorbringen dadurch gekennzeichnet ist, dass sie keine letzte Lösung bringt, weil der Mensch seine eigene Erlösung nicht selber herstellen kann.

Vielleicht sind die Auftritte des kranken Managers Steve Jobs ein gutes Beispiel für die Tragik und das Verdrängen der Todverfallenheit. Apple ist inzwischen die teuerste Marke der Welt. Keine Firma wird

---

3 Vgl. Bihrer u. a. (Hg.), Endlichkeit.

höher bewertet, nicht einmal CocaCola – und weder für das Christentum noch für den Islam oder den Hinduismus gibt es einen Börsenwert. Und doch hängt der Erfolg von Apple sehr stark an der Begeisterungsfähigkeit seines ersten Managers und Besitzers. Dieser war aber zusehends gesundheitlich angeschlagen und litt unter Leberkrebs. So bangte seine Fangemeinde und so bangten seine Aktionäre immer wieder, wie lange er seinen Job noch gut machen konnte und so wurden seine berühmten Präsentationen immer mehr zum Theaterstück eines Mannes, der alles erreicht hatte, nur eines nicht: Leben lässt sich nicht beliebig verlängern. Leben liegt in der Hand eines anderen, denn der Mensch ist nicht Herr über sein Leben. Er mag zu einem Teil der Schmied seines eigenen Glückes sein, aber seinen Tod und das Verstreichen der Zeit hat er nicht im Griff. Leben vergeht und der Mensch kann dieses Vergehen, das Verstreichen der Zeit, nicht aufhalten, es zerrinnt ihm zwischen den Fingern. Unaufhaltsam. Es zeigt sich also, dass Unser Alltag und auch Unsere alltäglichsten Verrichtungen vom Wissen um den Tod und womöglich auch vom Eingedenken des Todes gekennzeichnet sind.

Dies zeigt sich noch an einem anderen, sehr sensiblen Beispiel. Nach dem Zusammenbruch des Ostblocks und dem Ende des Kalten Krieges fürchten die Menschen Unserer Zeit ungefähr zwei Dinge: Erstens das Ende des Kapitalismus, das sich in den Krisen der Finanzmärkte in dramatischer Art und Weise immer wieder ankündigt und hinausgezögert wird. Die andere große Furcht und Gefahr: Krieg und Terrorismus. Hiermit spielen wir nicht nur an die bundesrepublikanischen Auseinandersetzungen mit der RAF, die in den 70er Jahren stattgefunden haben, oder die Mordserie des NSU Anfang der 00er Jahre an. Zu denken ist auch an den seit den Anschlägen auf das World Trade Center in New York so publikumswirksam geführten Kampf gegen den islamistischen Terrorismus. Denn der Haushalt der USA wird nicht nur durch die Probleme auf dem Automobil- und Häusermarkt und den Kampf gegen Drogen in Mittelamerika und die Opioidsucht stark belastet, sondern vor allem durch den Kampf gegen den islamistischen Terrorismus. Das Kennzeichen dieser ungleichen Auseinandersetzung sind Selbstmordanschläge: Mehrheitlich junge Männer beladen sich oder ein Fahrzeug mit Sprengstoff und attackieren damit sensible Ziele. Die Flugzeuge des 11. September waren nur eine Variante dieses Vorgehens. Was kann einen jungen Menschen dazu motivieren, sein Leben hinzugeben? Warum reißen diese Menschen andere Menschen mit in den Tod? Wenn sie keine Hoffnung mehr auf ein gelingendes Leben haben, dann würde es doch ausreichen, so könnte man sagen, wenn sie sich selber umbringen. Aber ihre Taten folgen einer ganz anderen Logik. Es geht nicht um die Hoffnungslosigkeit des Lebens, sondern um andere Aspekte: Einerseits werden sie wohl von der Hoffnung gespeist, dass ihnen im Jenseits vergolten wird, was sie getan haben. Und hier geht es nicht darum, dass ihnen Bestrafung droht, weil sie andere Menschen gemordet haben, sondern dass sie auf Belohnung hoffen, weil sie indirekt Gutes getan haben. Was aber ist andererseits dieses Gute, das sie getan haben? Sie haben ein Zeichen gesetzt für ihre Hoffnungslosigkeit und Ausweglosigkeit und zwingen damit entweder den Feind in die Knie oder erpressen für ihre Leidensgenossen bessere Lebensbedingungen. Welche diese Hoffnungen überwiegt? Die Hoffnung auf jenseitige Vergeltung? Oder die Hoffnung, dass die westliche Welt im Kampf mit dem Terrorismus so sehr an das Ende ihrer kapitalistischen Möglichkeiten kommt, dass es ihr ergeht wie dem SowjetReich, das den Kalten Krieg ja vor allem aus ökonomischen Gründen aufgeben musste. Oder ob die Hoffnung überwiegt, dass sich in einer verändernden Weltordnung die Lebensbedingungen für ihre Landsleute und Glaubensgenossen verbessert? All diese Aspekte spielen eine gewisse Rolle. Zusätzlich ist die Art und Weise, wie das eigene Handeln in Bildzeugnissen gerechtfertigt wird, ein großer Motivator, sodass Bekennervideos einen Druck zur Nachahmung erzeugen. Bildzeugnisse werden zu Akteuren in diesem grausamen Geschehen und bilden eine ganz eigene Narration.[4]

Es wird deutlich, dass die Taten der Menschen, die lieber ihr eigenes Leben opfern als weiter in den Zuständen zu leben, die ihnen das Leben scheinbar abverlangt, von einer ganz eigenen Logik durchdrungen sind. Diese Menschen handeln im Prinzip nicht unlogisch, auch wenn ihre Taten nicht nachvollziehbar und bestimmt nicht nachahmenswert sind. Seit dem Februar 2022 gehört auch der Angriffskrieg Russlands gegen die Ukraine in die Reihe der Auseinandersetzungen, die es ähnlich der Corona-Pandemie geschafft haben, die Endlichkeit menschlichen Daseins in all ihren Facetten auf die Tagesordnung und in die Tagesschau zu bringen. Menschliches Leben ist verwundbar und zeigt

4 Straub, Das Selbstmordattentat, 17.

dies, täglich, wenn ein Kind tot am Strand liegt, eine Frauenhand mit lackierten Nägeln von Kriegsverbrechen kündet oder die Geschichte einer versuchten Selbstverbrennung von den schrecklichen Zuständen in den Gefangenenlagern in Lesbos erzählt.

Unsere Gesellschaft ist vom Denken des Todes und des Jenseits geprägt und dieses Denken des Todes folgt einer eigenen Logik. Ja, das Bewusstsein um die eigene Sterblichkeit wird nicht mehr ethisch gelesen und aus der Furcht vor einer ewigen Bestrafung folgt keine Selbstbeschränkung mehr. Der Tod erscheint auf den Bildschirmen und ist (womöglich) kein familiäres Ereignis, sondern wird im Krankenhaus vollzogen. Ariès weist darauf hin, dass die Menschen den Tod in Altertum und Mittelalter beständig vor Augen hatten; hier war der Tod gleichsam gezähmt. Dennoch prägen (so unsere These) das Eingedenken des Todes und der Todverfallenheit auch heute Unsere westlichen Gesellschaften zutiefst – und sei es nur im Nicht-Wahrhaben-Wollen, dass es keinen reboot und keine Reparaturmöglichkeit für sich ständig verkürzende Telomere gibt. Tod und Sterblichkeit sind präsent, wenn auch nicht mehr (nur) an den klassischen Fundorten des Todes. Eschatologie ist folglich nicht reine Spekulationslust, sondern bedenkt die Logik des Todes und befördert sie ans Tageslicht. Der Tod ist so gesehen einerseits die Grenze der Logik, weil mit ihm das menschliche Leben endet und damit das menschliche Denken an sein Ende kommt. Andererseits ist das menschliche Leben selbst von der Logik des Todes durchzogen und es kommt nicht ohne das Denken des Todes aus. Der Mensch existiert als Logiker des Todes, er *ist* das Denken des Todes, derjenige, der um den Tod weiß, dessen Leben von der Logik des Todes durchzogen und von ihm betroffen ist. Wenn die Eschatologie die letzten Dinge bedenkt, dann zeigt sie genau dies auf: Das Ende und der Tod stehen in das Leben des Menschen hinein und kennzeichnen ihn. Wir können das Denken des Endes nicht an das Ende des Denkens verlagern, Wir können es nicht beliebig hinauszögern, bis es zu spät ist. Der Tod steht in Unser Leben hinein, weil Wir ständig bedroht sind vom Tod, was Uns die Ereignisse deutlich machen, die gerade in aller Unvollständgkeit angesprochen wurden. Der Tod steht aber auch ständig in Unser Leben hinein, weil Wir mit jedem Atemzug merken, dass Wir dem Altern unterliegen, dem ständigen Verstreichen der Zeit, die Wir nicht anhalten können. Von außen brechen die Nachrichten des

Todes über Uns her und von innen merken Wir, dass diese Nachrichten an Unser Herzblut gehen, weil Wir sterbliche Wesen sind.

Aus diesen Gründen muss sich die Theologie mit den letzten Dingen beschäftigen, weil sie das Handeln und das Wesen des Menschen zutiefst beeinflussen. Der Mensch muss in den Spiegel schauen und wird dort sehen, dass er sterben wird – unausweichlich. Alles andere wäre Verdrängung. Will sich der Mensch also selber verstehen, dann muss er über seine Sterblichkeit nachdenken. Theologie ist nun nichts anderes, als das Nachdenken des Menschen über sich, denn der Mensch ist sich eine Frage, die er nicht beantworten kann (so sagt es das Zweite Vatikanische Konzil). Als Theologinnen und Theologen denken Wir also nicht nur deshalb über den Tod nach, weil Unser Bruder und Herr gestorben ist und weil es allgemein Sache der Religion ist, den Menschen in schweren Zeiten beizustehen und ihnen Todesrituale zu ermöglichen. Als Theologinnen und Theologen denken Wir auch deshalb über den Tod nach, weil es Unsere Pflicht ist, den Menschen selber zu verstehen.

Als Menschen denken Wir über den Tod nach, weil er mit Gott zu tun hat. Unsere Gottrede, Unser Gottdenken muss sich mit dem Tod beschäftigen, weil der Tod all dieser Gottrede zu widersprechen scheint. Kann es Gott geben, obwohl es den Tod gibt? Die Theologie nennt diese Frage: Theodizee. Der Tod ist der Stachel in der Gottrede, in jedem Gottdenken. Können Wir wirklich von Gott reden und seine Existenz gläubig annehmen, obwohl Wir wissen, dass der Mensch sterben muss? Obwohl es so viel Leid auf der Welt gibt? Auch hier wird es nötig sein, die Logik der Gottrede vor dem Hintergrund der Anfragen des Todes begründen zu können. Wir bedenken die Logik des Todes, weil der Tod Unser Leben im Griff hat und weil der Tod Unser Gottreden im Griff hat. Der Tod steht in Unser Leben hinein und damit muss sich dieses Leben immer im Angesicht des Todes bewähren und bewahrheiten: *Wie hältst Du es mit dem Tod?* ist die ständige Frage, die Uns begleitet. Und damit stellt sich auch die Frage: Wie hältst Du es mit Gott? Denn wenn Wir den Tod als Gottesunmöglichkeit sehen und denken, dann werden Wir Unser Leben an das Diesseits verschwenden, weil es kein Jenseits gibt. Dann sind aber auch alle Märtyrer*innen umsonst gestorben.[5] Wie

---

5 Märtyrer*innen sind für das Christentum kein Phänomen der Vergangenheit und der staatlichen Verfolgung in der Römerzeit. Ein Großteil der

hältst Du es mit Gott? Existiert er in Deinem Leben, richtest Du es nach ihm aus und nimmst dafür auch den Tod in Kauf? Oder umgehst Du alle Gefahren und willst in aller Zufriedenheit dem Tod entgegengehen, indem Du ihn nicht wahrnimmst? An dieser rhetorischen Frage wird deutlich, dass der Mensch dem Tod in die Augen sehen muss und dass es eine Verkürzung des Menschen wäre, würde er sein Leben ohne das Eingedenken des Todes gestalten wollen. Der Mensch muss sich dem Tod stellen – ob er aufgrund seines Glaubens verfolgt wird oder ob er ohne Gott lebt, er muss den Tod denken und damit muss er sich auch der Gottesfrage stellen, denn der Tod bringt den Menschen an die Grenzen seines Denkens und dort wohnt Gott.

Menschen, die aufgrund ihres Glaubens verfolgt werden, sind vermutlich auch heute noch Christinnen und Christen. Viele von ihnen verlieren aufgrund ihres Glaubens ihre Leben. Jedes Jahr, jeden Tag. Somit sind die Märtyrer*innen kein Phänomen der Vergangenheit, sondern ein Phänomen der Gegenwart. Das gilt für alle Menschen, die aufgrund ihres Glaubens unterdrückt, verfolgt oder gar ermordet werden. Vgl. Ökumenischer Bericht zur Religionsfreiheit von Christen weltweit 2017.

2. Diskurshorizont

Der Tod ist kein angenehmes Thema, weder der eigene Tod, noch der Tod eines Freundes oder einer langjährigen Vertrauten, nicht der Tod des Kindes oder des Ehepartners. Der Tod der eigenen Eltern schon gar nicht. Der Tod ist kein angenehmes Thema, vielleicht ist er überhaupt kein Thema, nichts das sich thematisieren lässt wie eine beliebige andere Tatsache, die Uns Menschen zwar angeht, die Uns aber anders angeht als der Tod. Ein anderes Thema kann Uns interessieren, aber nichts geht Uns so unbedingt an wie der Tod. Während man trefflich darüber streiten kann, ob ein Wasserkanal zwischen dem Roten Meer und dem Toten Meer letzteres vor dem Austrocknen bewahren könnte oder ob die Fahrzeugflotte deutscher Automobilhersteller zu viel CO_2 in die Luft pustet, kann man über den Tod fast nichts anderes sagen, als dass er Uns alle angeht, weil Wir alle werden sterben müssen. Der Tod geht Uns alle an und er fährt Uns unter die Haut. Der Tod, sei es der eigene, sei es der der Nächsten, ist Uns gewiss wie wenig sonst etwas und er ist in all seiner Tragik und Universalität Alltag, begegnet Uns ständig, z. B. in den Abendnachrichten, und lässt Uns nicht kalt. Wir versuchen ihn zu verdrängen und gehen mit dem Wissen um den Tod um als wäre es ein Staatsgeheimnis, das Wir mit Unserem Leben schützen müssten. Und selbst die hier vorgetragene Klage über die Todesvergessenheit ist seit langem Bestandteil des Umgangs mit dem Tod und zeugt von der Notwendigkeit, sich mit dem Tod auseinanderzusetzen, trotz der praktizierten Verdrängung dieses lästigen ‚Themas'.

Wie die Geburt, das Erwachsenwerden und die Vermählung zählt der Tod zu den Knotenpunkten menschlichen Lebens, die von Anfang an bedeutsam waren für die Religion und mit ihr in einem unlösbaren Zusammenhang stehen. Evolutionsbiologisch ist es natürlich schwer, einen exakten Zeitpunkt auszumachen, wann der Mensch qualitativ Mensch ist und sich von ihrem/seinem affenähnlichen Vorfahren unterscheidet. War es der Zeitpunkt, Werkzeuge herzustellen und zu benutzen? War es der Zeitpunkt, in Höhlen Malereien anzubringen? War es der Zeitpunkt, an dem es gelang, erlerntes Wissen an die nächste Generation weiterzugeben und damit einen steten Wissenszuwachs zu ermöglichen? Oder war es der Zeitpunkt, als Leichen nicht einfach der

Verwesung anheimgegeben, sondern begraben wurden? Womöglich beginnt die Unterscheidung zwischen dem Vorfahren des Menschen und dem Menschen genau damit, dass sie/er begonnen hat, ihre/seine Toten zu begraben, also eine Art von Transzendenzbewusstsein zu entwickeln und Pietät zu entfalten.

Seit vielen Jahrhunderten denkt der religiöse Mensch über den Tod nach und hat zu seiner Bewältigung unzählig viele Rituale ins Leben gerufen. Natürlich gehört der Tod auch zum ureigensten Erbe des Christentums, ja er gehört vielleicht sehr viel zentraler zum Christentum als zu anderen Religionen, weil das Christentum sehr eng mit dem Tod und der Auferstehung und Himmelfahrt seines Gründers zusammenhängt. Es hängt so sehr mit dem Tod des Jesus von Nazareth am Kreuz zusammen, dass viele Lehrer*innen und Autoritäten der Alten Kirche davon gesprochen haben, dass die Kirche aus der Seite Jesu entsprungen ist, als der römische Hauptmann diese mit einer Lanze geöffnet hat und ihr Blut und Wasser entsprangen.

So gründet sich alles christliche Leben im Tod Jesu. Das kommt besonders in den Sakramenten zum Ausdruck: Nach Paulus sind Christ*innen auf den Tod des Herrn getauft, sind sie in diesen Tod hineingetauft, sodass sie in der Taufe mit ihm mitsterben und mit ihm mitauferweckt werden. In der Taufe stirbt Unsere alte, sündige Adamsnatur und Wir werden neu geboren aus den Wassern des Lebens, um fortan fern von der Sünde in einer neuen Natur zu leben. Genau so eng wie die Taufe hängt aber auch die Eucharistie mit dem Tod Jesu zusammen, ist sie doch die Gedenkfeier seines letzten Mahles mit seinen Jünger*innen und die Erinnerung an seinen heilvollen Tod für Uns. „Deinen Tod, o Herr, verkünden wir und Deine Auferstehung preisen wir, bis Du kommst in Herrlichkeit“ betet die gläubige Gemeinde in jeder Eucharistie.

2.1 Clive Staples Lewis: Du kannst Dich entscheiden

Im Folgenden soll das Buch *The great divorce – Die große Scheidung* von Clive S. Lewis vorgestellt werden. Manche Theolog*innen halten es für die beste existierende Eschatologie und es gilt als das Meisterwerk dieses

Autors. Bezeichnenderweise ist die deutsche Übersetzung des Buches im Johannes-Verlag erschienen, also dem Verlag, den Hans Urs von Balthasar ins Leben gerufen hat. Wir werden erstaunliche Parallelen zwischen Balthasars Gedanken und denen von Lewis feststellen.

Lewis selbst wird 1898 in Belfast geboren und besucht nach dem frühen Tod seiner Mutter ab 1908 ein Internat. Er wechselte häufig die Schule, wurde 1917 in ein College in Oxford aufgenommen und bald darauf in den Ersten Weltkrieg geschickt. Nach dem Krieg studierte er wieder in Oxford, u. a. Griechisch, Latein, Englisch und Philosophie und unterrichtete ab 1925 Englische Literatur am Magdalen College in Oxford und ab 1954 im Cambridge. 1925 traf er das erste mal mit J. R. R. Tolkien zusammen, unter dessen Einfluss er sich 1931 zum Christentum bekehrte. Gemeinsam mit ihm gehörte er zwischen 1933-1949 einem christlich inspirierten literarischen Zirkel an. Beide verband lange eine enge Freundschaft, die allerdings nicht hielt. Kurz vor seinem 65. Geburtstag starb Lewis, mehrfach ausgezeichnet mit Literaturpreisen und Ehrendoktorwürden, am 22.11.1963 und wurde in Oxford begraben.

Die große Scheidung ist als Traumvision angelegt, sodass auch Lewis deutlich herausstellt, dass es kein exaktes Wissen über das Jenseits geben kann.[6] Er beschreibt sich selber in dieser Traumvision als Reisenden, so wie Dante sich in der göttlichen Komödie als Wanderer Dante beschreibt. Der Ort, den Lewis beschreibt, ist von Dante her allerdings nicht bekannt: Lewis beschreibt eine Art Vorhimmel, in der Seelen, die eigentlich in der Hölle sind, dem Himmel einen Besuch abstatten können, um zu sehen und zu erleben, wie es dort ist. Wenn sie es schaffen, die Hölle zu verlassen, dann war diese für sie das Purgatorium, also der Ort der Reinigung. Wenn sie den Sprung in den Himmel nicht schaffen, dann ist die Hölle für sie die Hölle (72). Allerdings müssen die Besucher des Vorhimmels feststellen, dass sie dort nicht von Gewicht sind, dass sie dort nur als Schatten auftreten und keine festen Körper haben. Das bedeutet aber, dass sie im beschriebenen Vorhimmel nicht einmal die Möglichkeit haben, einen Grashalm zu knicken, sodass schon das Gehen zu einer unendlichen Qual wird, weil jeder Halm und jeder Stein unbarmherzig in die Schattenkörper

6 Lewis, Die große Scheidung.

eindringt. Wie dem Wanderer Dante im Jenseits wird auch dem Reisenden Lewis ein Führer an die Seite gestellt, der ihm vieles erklärt und ihn an exemplarischen Gesprächen teilnehmen lässt, die sich im Besucher*innenhimmel abspielen. Dieser Reiseführer bei Lewis ist der vom Autor Lewis geschätzte Schotte George MacDonald, dessen *Phantastes* Lewis geliebt und bewundert hat. Auf seinem schmerzhaften Gang durch den Vorhimmel bemerkt nun der Reisende, dass es durchaus Menschen gibt, die einen schweren Körper besitzen und denen damit das Gehen keine Schwierigkeiten bereitet. Bei diesen Menschen handelt es sich um bereits Erlöste, die auf die Besucher*innen zugehen, um mit ihnen zu reden. In den Gesprächen der schattenhaften Besucher*innen mit den leibhaftigen Erlösten wird schnell klar, dass man vom Schein zum Sein nur voranschreiten kann, wenn man gewillt ist, sich von der Liebe durchdringen zu lassen, wenn man gewillt ist, sich erlösen zu lassen. Aber die meisten Besucher*innen haben eine sehr gute Ausrede parat, warum das gerade nicht geht. So werden die Gespräche, die Lewis schildert und die sein Reisender mit anhört, zu Spiegeln für Ausreden, warum man die Liebe, die zu leben eigentlich nicht schwer wäre, gerade nicht annehmen kann. Sünde bedeutet für Lewis nichts anderes, als das sich Verweigern, als das sich in sich selber Einschließen, als ein nicht zulassen wollen, als ein Versuch, selber Macht zu haben. Demgegenüber sind die festen Gestalten im Vorhimmel, sind also die, die in der Liebe leben und schon erlöst sind, von so viel Güte und Liebe durchströmt und getragen, dass dies nach menschlichen Maßstäben gerechnet fast unmenschlich scheint. Aber nur diese Liebe macht es ihnen möglich, sogar ihren Peiniger*innen zu verzeihen und, was wohl das schwerste ist, auch sich selber zu verzeihen, wenn sie etwas falsch gemacht haben. So berichtet Lewis von einem Erlösten, der sich selber verzeihen konnte, dass er gemordet hat, und dem auch der Ermordete verzeihen konnte. Wer nicht verzeihen kann, ist der ehemalige Freund des Mörders. Dem erscheint eine Liebe, die sich selber das Morden und dem eigenen Mörder verzeihen kann, als viel zu gegen-menschlich. Er selber hält es viel lieber mit der Gerechtigkeit.

> „Da möchte ich doch wissen", sagt der Schatten, „wie es zugegangen ist, daß du hier bist, vergnügt wie Oskar, du, ein dreckiger Mörder, während

> ich mir unten die Hacken ablaufen mußte alle die Jahre hindurch und in einem Schweinestall von Wohnung hausen."
> „Das ist am Anfang alles etwas schwer zu verstehen. Aber all das ist nun vorüber. Sehr bald wirst du froh darüber sein. In der Zwischenzeit solltest du dir keine Gedanken machen."
> „Keine Gedanken machen ... Ja, schämst du dich denn nicht?"
> „Nein, nicht so, wie du es dir denkst. Ich blicke nicht auf mich selbst. Ich habe mich aufgegeben. Das mußte ich doch, du begreifst, nach dem Mord. Das hat mich gerettet. Und so nahm alles seinen Anfang." (37)

Lewis schildert mit großem dichterischen Können und mit einem guten Blick für die menschliche Seele eine verstörende Haltung von göttlicher Liebe und Barmherzigkeit. Um erlöst zu werden, bedarf es nur des Mutes, diese Liebe anzunehmen und der Barmherzigkeit zu trauen. Man muss die Liebe nur wählen. Aber die meisten wollen sich nicht darauf einlassen (Lewis schildert die Verstocktheit eines Theologen, eines Habgierigen, eines Skeptikers, einer Frau, die sich um ihr Aussehen sorgt, u. ä. m.), fühlen sich auch noch im Recht und bleiben sich selber treu. Und genau hierin sieht Lewis das Problem: Wer selber im Recht sein will, wer sich treu sein und nicht aufgeben will, der kann sich nicht von der Liebe übermannen lassen, der hängt an seinem alten Dasein und kann sich nicht von ihm lösen. Sünde und damit Hölle ist „jedes sich Verschließen des Geschöpfes in dem Verließ seines eigenen Gemüts" (74). Man muss den Sprung wagen in die göttliche Liebe hinein und den alten Menschen ablegen. Wer den Sprung wagt, wer den Himmel wählt, der wird erleben, dass dadurch auch sein ganzes früheres Leben, selbst der Schmerz in ihm, zum Himmel wird und im Angesicht der Glückseligkeit nichts mehr gilt. Sein Führer MacDonald erklärt dem erstaunten Lewis:

> Nicht nur dies Tal, sondern all die irdische Vergangenheit wird Himmel gewesen sein für die, die erlöst sind. Nicht nur das Zwielicht in der Stadt, sondern auch all ihr Leben auf Erden wird dann Hölle gewesen sein in den Augen der Verdammten. Das ist's, was die Sterblichen nicht verstehen. Sie sagen von irgendeinem zeitlichen Leiden: ‚keine künftige Seligkeit kann das aufwiegen', und sie wissen nicht, daß der Himmel, wenn er einmal gewonnen ist, rückwirken und selbst diese Qual in Herrlichkeit verwandeln wird. (73)

Zu einem himmlischen Dasein gehört nach Lewis also zweierlei: Auf der einen Seite ist dies die Erkenntnis, dass in himmlischer Rückschau alles Irdische nichtig erscheint. Und deshalb zählt nach Lewis auf der anderen Seite alles Irdische im Himmel nichts und man muss sich von ihm distanzieren. Der Theologe muss von seinem Theologisieren lassen, der caritativ Tätige muss sein Helfersyndrom ablegen, der Künstler muss seine Kunst beiseite legen und der Liebende sogar die Geliebte. Freilich ist das Ablegen des alten Menschen nicht eine x-beliebige Tat, sondern es handelt sich nach Lewis dabei um einen durchaus schmerzvollen Läuterungs- und Umwandlungsprozess, der mit einer Neuschöpfung endet. Wer in den Himmel will, muss durch den eigenen Tod hindurch. Dies schildert Lewis sehr anschaulich, indem er einen Engel eine Eidechse töten lässt. Diese war das liebste Geschöpf eines Menschen, der sie mit sich herumträgt. Aber erst als er von ihr lassen kann und dem Engel trotz des eigenen Schmerzes und der eigenen Angst um den Verlust die Erlaubnis gibt, die Eidechse zu töten, erst dann werden der Mensch und seine Eidechse verwandelt in einen neuen Menschen mit einem herrlichen Reitpferd, die sich zusammen sofort aufmachen, die tief in Bergen versteckte Quelle der göttlichen Liebe aufzusuchen (105-111).

Mit einer letzten Szene wollen wir die Ausführungen zur Großen Scheidung von Lewis beenden. Ganz am Schluss des Buches wird die Begegnung einer Begnadeten geschildert, die offenbar vollkommen in der Liebe Gottes lebt. Sie begegnet ihrem ehemaligen Mann. Dem Betrachter und Wanderer Lewis zeigt sich zuerst ein Mime mit einem Zwergen an der Leine. Aber es stellt sich heraus, dass der Zwerg den Mimen an der Leine hat, der offensichtlich die böse Seite der Seele des ehemaligen Mannes ist, während es sich beim Zwergen um seine verkümmerte Seele handelt. Im Laufe der Unterhaltung mit der Begnadeten schrumpft der Zwerg immer mehr und ist am Schluss überhaupt nicht mehr zu sehen. Auch in dieser Szene macht Lewis eindrücklich deutlich, dass der Zwerg nicht von seinen Angewohnheiten lassen will und sich deshalb für den Himmel disqualifiziert. Seine schlechte Angewohnheit ist es, dass er durch Schmollen das Mitleid anderer hervorruft und diese so erpresst, ihm zu vergeben. Und hier kommt es zu einer grundsätzlicheren Betrachtung. Denn Lewis führt aus, warum die himmlischen Wesen kein Mitleid mit denen haben dürfen, die in der Hölle sind: Sie dürfen sich von ihnen nicht erpressen lassen. Nach Lewis darf nicht von ein paar schlechten Menschen abhängig gemacht werden, ob die gute Schöpfung fehlgeschlagen ist oder nicht. An diesem Punkt formuliert Lewis die Konsequenz, die es hätte, wenn die, die nicht bereit sind zu lieben, wirklich Macht über das Ende der Geschichte hätten:

> Das Verlangen der Lieblosen und in sich selbst Gefangenen, man sollte ihnen erlauben, das Weltall zu erpressen: solange sie sich nicht bereit finden, glücklich zu sein [wobei sie die Bedingungen selbst diktieren wollen], darf auch sonst niemand Freude schmecken: auf daß ihre Macht das letzte Wort habe; auf daß die Hölle Veto-Recht über den Himmel habe. (128)

Lewis will den Himmel nicht abhängig machen davon, dass sich alle von ihm überzeugen lassen. Und die, die sich nicht überzeugen lassen, dürfen den Überzeugten auch nicht ein schlechtes Gewissen machen und sie zum Mitleid erpressen. Für Lewis gibt es nur zwei Optionen:

> Entweder muß der Tag kommen, da Freude herrscht und all die Bewirker des Elends sie nicht vergiften können; oder aber es werden für immer und ewig die Bewirker des Elends in anderen das Glück zerstören, das sie für sich selbst verwerfen. (128)

Spätestens an diesem Punkt fragen wir uns, ob Lewis nicht zu weit geht.

Was bleibt von Lewis' großartiger Schilderung der Wahl, vor die der Mensch gestellt ist? Auf der einen Seite versteht es der Literat Lewis meisterlich, schwere theologische Themen anschaulich und einfühlsam einem großen Publikum nahezubringen. Mit dieser seiner Fähigkeit wirbt er für seine Interpretation christlichen Glaubens. Er ist davon überzeugt, dass es der Mensch selber in der Hand hat, den Himmel zu wählen oder die Hölle. Die Hölle bereitet sich, wer an sich selber festhält und sich nicht ändern will, und den Himmel wählt, wer sich von der barmherzigen Liebe Gottes überzeugen lässt.

> Am Ende gibt es nur zwei Arten von Menschen: die, die zu Gott sagen: „Dein Wille geschehe", und die, zu denen Gott am Ende sagt: *„dein* Wille geschehe". Alle, die in der Hölle sind, erwählen sie. (78)

Die Frage, die wir vorhin angedeutet haben, ist die Frage nach den Opfern der Geschichte. Natürlich wollen auch wir nicht den Tätern des Elends die Macht zugestehen, dass von ihnen die Geschichte abhängt. Aber wir fragen uns, ob man wirklich von den Opfern, von denen, die unter Gewalttaten gelitten haben, verlangen darf, dass sie vorbehaltlos vergeben, weil auch sie sonst im Jenseits weiterhin sich auf ihre Opferrolle versteifen und nach Lewis damit in der Hölle wohnen würden. Wird durch eine solche Forderung nicht die Opferrolle perpetuiert und ins Jenseits verlängert? Wird dadurch nicht der moralische Druck auf die noch lebenden Opfer erhöht, dass sie vergeben müssen, um in den Himmel zu kommen, dass sie also lernen müssen, dass ihr Leiden nichts bedeutet und ein Nichts ist im Angesicht des Himmels?

2.2 Jacques Le Goff: Geburt des Fegefeuers

Jacques Le Goff ist ein französischer Historiker und wurde 1924 in Toulon geboren. Er gehört einem Zweig der Geschichtsforschung an, den sogenannten Annales, der eine gewisse Abwendung von der Ereignisgeschichte beabsichtigte und sich besonders durch wirtschafts-, sozial- und mentalitätsgeschichtliche Forschungen hervorgetan hat. Durch einschlägige Untersuchungen datiert Le Goff selber die Geburt und die Durchsetzung der Idee des Fegefeuers zwischen 1180 und 1200. Um seinen Argumentationsgang nachvollziehen zu können, muss allerdings zuerst geklärt werden, was er unter Fegefeuer versteht? Le Goff definiert folgendermaßen:

> Das Fegefeuer ist ein intermediäres Jenseits, in dem bestimmte Tote eine Prüfung zu bestehen haben, die durch die Fürbitte – die geistliche Hilfe – der Lebenden verkürzt werden kann.[7]

Bei dieser Definition von Le Goff ist jedes Wort bedeutsam. Vor der Durchsetzung der Idee des Fegefeuers war das Jenseits nach biblischer Grundlage zwei-geteilt. Wenn der Richter in Mt 25 beim Endgericht die Böcke von den Schafen trennt, dann trennt er das Schlechte vom

7 Le Goff, Die Geburt, 14.

Guten ab. Es gab also entweder gut oder schlecht. Diese Szene des Endgerichts mit dem berühmten Abwägen der Seelenschwere ist Uns aus vielen romanischen Tympana bekannt und geht natürlich vom Weiterleben der Seele nach dem Tod aus, die für alle christlichen Überlegungen zum Jenseits ausschlaggebend ist.

So ist z. B. auf dem Tympanon der Kathedrale von Autun, gefertigt 1120-1135 womöglich von Gislebertus, das Weltgericht zu erkennen: Unter dem Vorsitz Christi werden die Seele gewogen und Himmel oder Hölle zugeordnet, wobei die unter seinen Füßen ankommenden Menschen offenbar schon wissen, wie sie gerichtet werden. Tröstlicherweise werden die Kinder von einem Engel direkt in den Himmel gebracht.

Le Goff geht davon aus, dass bis ins hohe Mittelalter die Vorstellung eines zwei-geteilten Jenseits überwog, und man als Christ*in normalerweise zur guten Seite gehörte. Dies begann sich am Ende des 12. Jahrhunderts entscheidend zu verändern. Aus einem zwei-geteilten begann sich ein drei-geteiltes Jenseits zu entwickeln und das mit entscheidenden theologie- bzw. spiritualitätsgeschichtlichen Folgen. Es entwickelte sich die Idee, dass zwischen dem individuellen Tod und dem Jüngsten Gericht am Ende der Tage die Möglichkeit besteht, für Sünden Sühne zu leisten, deren Buße man auf Erden noch nicht vollendet hatte oder die man aus Versehen und unbewusst begangen hatte. Deshalb spricht Le Goff in seiner Definition von einem intermediären Jenseits. Während nämlich die Aufteilung im Jüngsten Gericht endgültig ist und man dann entweder die ganze Ewigkeit des Jenseits in der Hölle schmort oder sich im Himmel vergnügt, ist die Zeit im Fegefeuer notwendig begrenzt: Das Fegefeuer ist nicht ewig, sondern muss nur so lange erduldet werden wie es braucht, um von den entsprechenden Sünden reingewaschen zu sein. Das Fegefeuer ist ein Durchgangsort, in dem man mit der Hoffnung leben kann, dass man doch noch in den Himmel kommt. Vor diesem Hintergrund bekommt natürlich auch der Tod eine ganz andere Funktion: Es wird nicht sofort im Tod über das zukünftig ewige Schicksal einer Seele entschieden – außer man ist so schlecht und ohne Reue mit Todsünden belastet, dass eine Reinwaschung im Fegefeuer unmöglich ist, bzw. man ist so gut und heilig, dass man direkt in die himmlische Gottesschau übergeht – es wird also nicht direkt im Tod gerichtet, wie man das Jenseits verbringen muss, sondern es gibt die Möglichkeit, diese Entscheidung noch hinauszuzögern.

Somit erweitert sich das zweigliedrige Jenseits um einen weiteren Aufenthaltsort, der lange Zeit bei weitem der vollste war: Es entsteht die Vorstellung vom Fegefeuer als intermediärem Jenseits. Leider war der Aufenthalt dort nicht gerade angenehm. Es ging ja darum, dass der Mensch von ihrem/seinem schlechten Leben Abstand nimmt und von seinen Sünden reingewaschen wird. Aufgrund einer einschlägigen Stelle aus dem 1. Korintherbrief dachte man nun, dass dieses Reinwaschen nicht durch eine intensive Wasserbehandlung vonstattengeht, sondern durch ein Reinigungs- bzw. Läuterungsfeuer:

> 1 Kor 3,11-15 [11] Denn einen anderen Grund kann niemand legen als
> den, der gelegt ist: Jesus Christus. [12] Ob aber jemand auf dem Grund mit
> Gold, Silber, kostbaren Steinen, mit Holz, Heu oder Stroh weiterbaut:
> [13] das Werk eines jeden wird offenbar werden; jener Tag wird es sichtbar
> machen, weil es im Feuer offenbart wird. Das Feuer wird prüfen, was das
> Werk eines jeden taugt. [14] Hält das stand, was er aufgebaut hat, so empfängt er Lohn. [15] Brennt es nieder, dann muss er den Verlust tragen. Er
> selbst aber wird gerettet werden, doch so wie durch Feuer hindurch.

Aus der Auslegung dieser Stelle entwickelte sich über Jahrhunderte hinweg die Vorstellung eines Läuterungsfeuers, die sich dann in der zweiten Hälfte des 12. Jahrhunderts allgemein durchsetzte. Dabei ist es wichtig, auf den 12. Vers zu achten: Dort werden sechs Materialien benannt, von denen nur die drei letzten unter normalen Bedingungen brennbar sind. Im Rahmen der allegorischen Auslegungsmethode der Väter bedeutete dies, dass man entweder richtig gebaut hatte und mit guten Taten einen guten Grund gelegt hatte oder aber schlecht gehandelt hatte, wofür man büßen musste. Allerdings konnten nicht alle Sünden gebüßt werden, sondern nur die lässlichen, also diejenigen, die nicht so schwer ins Gewicht fallen.

Bevor die Gründe aufgezeigt werden, warum sich die Vorstellung über das Jenseits gewandelt hat und welche Auswirkungen dies hatte, sei noch kurz auf den dritten Teil der Definition des Fegefeuers von Le Goff hingewiesen. Er hatte ja das Fegefeuer 1. als intermediäres Jenseits definiert, in dem 2. geprüft wird und Sühne bzw. Buße geleistet werden muss, wobei diese Sühne 3. durch das Gebet der Lebenden verkürzt werden könne. Diese Verkürzung der Zeit, die die einzelne Seele im Fegefeuer verbringen muss, war für die Entwicklung des Ablasswesens von entscheidender Bedeutung. Aber dazu später noch ein paar Sätze. Hier soll erst einmal der Gedanke der betenden Solidargemeinschaft interessieren. Es gab nämlich im Christentum von frühester Zeit an den Brauch, für das Seelenheil von Toten zu beten. Und wenn man nicht an der Wirkung des Gebetes zweifelt, muss man sich doch fragen, welchen Vorteil es für eine*n Tote*n hat, wenn die Überlebenden für sie oder ihn beten. Da die Gebete für die Toten einen festen Bestandteil in der Liturgie hatten, gab es einen guten Anlass dafür, dass sich die Idee vom Fegefeuer durchsetzen konnte, weil diese Gebete ja sonst leerer Schall hätten sein müssen. So wusste z. B. schon der hl. Augustinus um den althergebrachten Brauch, für die Verstorbene*n zu beten und begann sich aufgrund dieses Brauches über das Jenseits Gedanken zu machen.[8] Bei ihm, der bereits 432 gestorben ist, ist allerdings festzustellen, dass seine Jenseitsvorstellung bei Weitem noch nicht dreigeteilt ist und er keine klare Vorstellung von einem Fegefeuer hat. So stellt er zwar ein paar Überlegungen bezüglich eines jenseitigen Ortes an, an dem mit Feuer gebüßt wird, aber Augustinus kann sich nicht an den sicheren Glauben an ein Fegefeuer durchringen. Trotzdem hält er an der Wirksamkeit des Gebetes für die Toten fest.[9] Doch findet sich bei ihm z. B. noch die Vorstellung, dass schon Unser hiesiges Leben in seiner Trübsal eine Art Fegefeuer sei. Bei Gregor dem Großen findet sich noch sehr eindringlich die Vorstellung, die schon Origenes vertreten hatte, nämlich dass Sünden dort gesühnt werden müssten, wo sie begangen worden sind.[10] Keine dieser Vorstellungen hat sich, wie wir wissen, in Bezug auf das Jenseits durchgesetzt und das Fegefeuer wurde trotz der Härten Unserer irdischen Existenz ins Jenseits verlegt. Interessanterweise entwickelt sich allerdings aus den aus der Antike bekannten Jenseitsreisen die Vorstellung, dass es einen ganz konkret zu lokalisierenden Eingang in das Fegefeuer und die Hölle von der Erde aus gibt. Dieser Gedanke ist bei Gregor dem Großen ausgeführt und wir werden ihn später bei Dante ausführlicher darstellen. Jedenfalls hat sich mit der Zeit der Gedanke durchgesetzt, dass sich das Fegefeuer als oberer Teil der Hölle unterhalb

8 Augustinus, Handbüchlein, in: tzt D10,1, 204.

9 Augustinus, Enchiridion de fide spe et caritate, 183-5.110. PL 40,282f.

10 Dial IV, 55; Dinzelbacher, Vision und Visionsliteratur im Mittelalter, 101ff.; 113ff.

der Erde, im Erdinnern befindet und es zu diesem Ort einen Zugang von der Erde aus gibt. Diese Zugänge wurden gerne an den Enden des bekannten und bewohnten Erdkreises angesiedelt (in Irland oder in Sizilien) und auch mit Vulkanen in Verbindung gebracht: Dort gab es genug Feuer.

Womit konnte nun aber die Zeit im Fegefeuer verkürzt werden? Im Prinzip gab es dazu drei verschiedene Möglichkeiten: Erstens das Gebet, zweitens das Geben von Almosen und drittens und in hervorragender Weise die Messfeier.[11] Wurden diese drei Handlungen zugunsten von Verstorbenen getan oder in Auftrag gegeben, so kamen die daraus resultierenden Verdienste ihnen zugute und so verkürzte sich ihre Zeit im Fegefeuer, die sie für die von ihnen vollbrachten lässlichen Sünden dort verbringen mussten. Diese Vorstellungen haben lange Zeit im Mittelalter das Messstipendienwesen beflügelt und große Teile z. B. des Reichtums der Clyniaszenser gingen auf diese Art der Sorge für die Toten zurück. Bekanntermaßen entwickelte sich mit der Zeit aus diesen Vorstellungen das Ablasswesen, das in einer eher einfachen und monetären Interpretation im 16. Jahrhundert zur Reformation geführt hat oder zumindest der Anlass gewesen ist für die Auseinandersetzungen, die schlussendlich zu der schmerzhaften Trennung der Kirche geführt hat, die bis heute anhält und Katholik*innen von Protestant*innen unterscheidet.

Somit sind die drei Hauptbestandteile der Vorstellung des Fegefeuers benannt: Es handelt sich um einen Jenseitsort, an dem man für eine gewisse Zeit für die Sünden Buße tun muss, die man selber zu Lebzeiten vollbracht hat, wobei die Lebenden den Toten durch gute Taten eine Erleichterung beim Sühnen zukommen lassen konnten. In dieser Weise

11 Gurjewitsch, Das Individuum im europäischen Mittelalter, 133: „Zwischen den beiden Welten [des Diesseits und des Jenseits; FB] bestehen ebenso dauerhafte wie lebhafte Verbindungen und Beziehungen, und zwar auffälligerweise in beide Richtungen. Einerseits nutzen die Lebenden alle erdenklichen Möglichkeiten, um die Qualen der Toten zu mildern und ihr Verweilen im Fegefeuer abzukürzen: mit Totengebeten und -messen, mit Gelübden und Opfern für die Heiligen, mit Almosen an die Armen und mit Ablaßkäufen. Andererseits dürfen etliche Tote die Welt der Lebenden besuchen und sich um deren Dinge kümmern".

aufgefächert erschließt sich die Uns so vertraute Vorstellung des Fegefeuers als ein relativ komplexes System.

Wie konnte sich nun diese Vorstellung durchsetzen und welche Folgen hatte das Fegefeuer für die mittelalterliche christliche Gesellschaft? Wir wollen im Folgenden einige der Gründe kennenlernen, die Le Goff aufführt.

2.2.1 Voraussetzungen

Bis zu dieser Zeit war das Christentum trotz der Verzögerungen immer noch von dem Gedanken erfüllt, dass das Hereinbrechen des Jüngsten Gerichts kurz bevorstand. Dies änderte sich nach der Jahrtausendwende, weil sich die Gesellschaft veränderte. Die Sklaverei verschwand aus Europa und das feudale Lehenswesen mit seiner klar strukturierten Hierarchie zwischen Grundbesitzern meist adeliger Herkunft und Bauern begann sich zu verändern. Dies hängt mit einer Bevölkerungsverdopplung zwischen dem Beginn des 11. und der Mitte des 13. Jahrhunderts zusammen, die wohl auch mit sehr günstigen klimatischen Bedingungen und den daraus sich ergebenden hohen Ernteerträgen in Verbindung gebracht werden müssen. Es entwickelte sich in der Gesellschaft ein bescheidener Reichtum, den man liebte und genoss. Dieser Reichtum zeigte sich besonders im Wiedererstarken der Städte. Diese Städte wiederum brachten eine neue Schicht hervor: Die Handwerker, die in Zünften gegliedert, die Mittelschicht bildeten, sodass sich aus einem zweigliedrigen Feudalsystem ein dreigliedriges Gesellschafssystem mit feudalen Strukturen entwickelte. Mit dieser Dreiteilung in Bauern, Handwerker, Herrscher korrespondiert eine ähnlich gelagerte Dreiteilung, die ebenfalls bedacht sein will, wenn man die mittelalterliche Gesellschaft betrachtet. Man kann sie nämlich auch untergliedern in den Stand, der betet, in den Stand, der Krieg führt und in den Stand, der arbeitet (160). Jedenfalls herrschte auch in der Selbstwahrnehmung der damaligen Gesellschaft der Versuch vor, Dreier-Systeme zu entwickeln, die als hermeneutische Maßstäbe dabei halfen, Welt zu verstehen. Und diese Suche nach Dreier-Systemen wirkte sich auch auf das Jenseits aus: Wie geschildert entwickelt sich aus einem zwei- ein dreigliedriges Jenseits (vgl. 270).

Neben dem wirtschaftlichen Aufschwung und der durch ihn bewirkten kulturellen Veränderung in der Gliederung der Gesellschaft und der intensiven Suche nach Dreier-Systemen, um die Gesellschaft zu beschreiben, wirkte sich ein weiteres Phänomen aus, das man gewöhnlich erst der Moderne zu Lasten legt: Die Individualisierung.[12] Die Menschen begannen ganz offensichtlich ihr eigenes Leben als extrem wertvoll zu betrachten und konnten sich nicht vorstellen, dass nur am Ende der Tage in einem allgemeinen Jüngsten Gericht alle Seelen auf einmal oder jedenfalls in einem Großakt gerichtet werden. Jeder Menschen sollte bis zum Universalgericht seinem Leben gemäß Sühne leisten, ganz individuell und unvertretbar. Denn für die Sühne im Fegefeuer hatte Christus nicht sein Leben gegeben. Er griff erbarmend offenbar erst im Jüngsten Gericht ein, wohingegen nur die guten Taten der Nachkommen Linderung im Fegefeuer erreichen konnten.

Zusätzlich zu diesem Individualisierungsschub verstärkte sich auch die Verrechtlichung der Gesellschaft und man sehnte sich wenigstens für das Jenseits nach echter Gerechtigkeit, in der nicht die Machthaber das Recht nach ihrem Belieben beugen, sondern Gott als gerechter Richter und ohne Abkürzungsmöglichkeit jede*n einzelne*n nach den je individuellen Sünden im Fegefeuer Sühne leisten lässt. So kann die Etablierung des Fegefeuers auch als Ruf nach einer gerechten richtenden Instanz gesehen werden.

2.2.2 Folgen

Auch die Folgen der Etablierung der Idee des Fegefeuers sind vielfältig. So setzte sich z. B. die Ohrenbeichte durch, in der nach intensiver Gewissenserforschung einzelne Sünden gebeichtet werden, für die

12 Gurjewitsch, Das Individuum im europäischen Mittelalter, 129: „Diese Menschen erfüllte eine einzige Furcht – die Furcht vor einem plötzlichen Tode, der sie unvorbereitet, ohne Geleit und Gebet und andere gute Werke ereilen könnte; diese Menschen durchdrang die Furcht vor einem Tod, der ihnen keine Zeit mehr lassen würde zu beichten, ihre Sünden zu bereuen und Vergebung zu erlangen. Der Tod war in der Tat ihr ständiger Begleiter, ihr erster und ihr letzter Gedanke." Vgl. Ohler, Sterben und Tod im Mittelalter, 30-50. Vgl. Huizinga, Herbst des Mittelalters, 190.

Sühneleistungen auferlegt werden. Dies hat natürlich zur Folge, dass man beginnt, sich selber sehr viel genauer zu beobachten. Auf der anderen Seite entwickelten sich für die anfangs heillos überforderten Priester regelrecht Preislisten für einzelne Sünden (die Rede ist immer von lässlichen Sünden, denn Todsünden wurden ja auch im Mittelalter als Kapitalverbrechen vom Staat verfolgt[13]), was wiederum zur Folge hatte, dass bei vielen Gläubigen der Glaube verstärkt wurde, dass sie sich von ihren Sünden einfach loskaufen könnten. Durch dieses System verlängerte, so der Vorwurf von Le Goff und vielen anderen Sozialhistorikern, die Kirche ihre Macht über das Diesseits hinaus ins Jenseits, indem sie nämlich ihr Recht reklamierte, über den Schatz der Verdienste der Heiligen zu verfügen und diese Verdienste nach dem Geldbeutel der Sühnenden zuzuteilen. Von daher hatte die Idee vom Fegefeuer auch eine Festigung der Amtskirche im gesellschaftlichen Gefüge zur Folge.[14] Neben den schon erwähnten Zuwendungen an die cisterciensischen Klöster entwickelte sich ein ganzer Wirtschaftszweig für die Verteilung der Almosen, der Armenspeisungen, der Abhaltung der bestellten Messen und es gründeten sich Gebetsbruderschaften, die sowohl für die ordnungsgemäße Bestattung aber auch für das Gebet für den Verstorbenen zu sorgen hatten. Der Reliquienhandel sei nur am Rande erwähnt; auf die Möglichkeit, sich mit Wallfahren oder im Kreuzzug einen Ablass zu erwerben, muss allerdings wegen seiner hohen Bedeutung intensiv hingewiesen werden. Auch strukturierte die Idee vom himmlischen Paradies und der innerirdischen Hölle lange Zeit die Vorstellung vom kosmischen Gefüge, und das Interesse an der genauen Einhaltung von Zeiten ist nicht nur am Aufkommen von Kirchturmuhren abzulesen.

Wie bereits kurz erwähnt, datiert Jacques Le Goff den Zeitpunkt, zu dem sich die Idee des Fegefeuers durchsetzen konnte, relativ genau in die Jahre zwischen 1180 und 1200. Die genaue Begründung dieser These soll hier nicht interessieren. Trotzdem sei darauf hingewiesen, dass der Begriff für das Fegefeuer – *purgatorium* – erstmals für diesen Zeitraum belegt werden kann und es sich im 13. Jahrhundert kein Theologe leisten konnte, nicht über das Fegefeuer zu reflektieren. Und dabei lag immer die Idee eines zeitlich begrenzten Aufenthaltes im Jenseits zugrunde, in

13 Vgl. Angenendt, Toleranz, 317-319.
14 Vgl. Handbuch der Religionsgeschichte im deutschsprachigen Raum, 50.

dem für irdisches Unrecht Buße geleistet werden muss und der/dem Büßenden Erleichterung zuteil wird, wenn sich Verstorbene um sie/ihn mit guten Taten bemühen. In dieser Form wird das Fegefeuer dann schlussendlich auch allgemeines Glaubensgut der Kirche und entfaltet einen breiten Rezeptionsstrom bis weit in die Volksfrömmigkeit hinein. Der literarische Höhepunkt dieser Rezeption der Idee des Fegefeuers ist gewiss die *Divina Comedia* des Florentiners Dante Alighieri, der wir uns jetzt zuwenden.

2.3 Dante Alighieri

Dante wurde 1265 in Florenz geboren und gehörte dem niederen Stadtadel an. Er engagierte sich schon in jungen Jahren in der Politik und gehörte kurze Zeit dem Leitungsgremium von Florenz an, war also einer der sechs Prioren. Im stadtinternen Streit um die Vormacht unterlag seine Partei der kaisertreuen, sog. weißen Guelfen den papsttreuen schwarzen Guelfen, sodass Dante in Abwesenheit zu einer hohen Geldstrafe und Verbannung, später sogar zum Tod verurteilt wurde. Aufgrund der drohenden Todesstrafe verbrachte er mit seiner Frau und den drei gemeinsamen Kindern die zweite Hälfte seines Lebens fern seiner geliebten Heimat an den unterschiedlichsten Fürstenhöfen und starb am 14.9.1321 in Ravenna.

2.3.1 Anlass zur Abfassung der Divina Comedia: Cangrande della Scala[15]

Dantes Göttliche Komödie umfasst 100 Gesänge, die jeweils aus über 130 je elfsilbigen Dreizeilern, sogenannten Terzinen bestehen. Das Inferno umfasst einen einleitenden Gesang und dann genau wie das Purgatorium und der Himmel 33 Gesänge. Die Göttliche Komödie entstand ab 1309 und leider ist von ihr keine Originalhandschrift erhalten geblieben. Neben der Bibel gehört die Göttliche Komödie zu den meist gedruckten Werken der Weltliteratur und sie wurde in nahezu

15 Dante Alighieri, Das Schreiben an Cangrande della Scala.

alle Sprachen übersetzt. Dante selbst hatte sein Werk in einem Schreiben, in dem er die Hölle Cangrande della Scala widmet, betitelt mit: „Es beginnt die Komödie des Dante Alighieri, Florentiner der Geburt, nicht der Lebensweise nach." (13) Dass er sich nur der Geburt nach als Florentiner bezeichnete und nicht auch der Lebensweise nach, ist ein Hinweis auf seine Verbannung, weil er im Moment der Abfassung sowohl der Göttlichen Komödie als auch seines Widmungsschreibens an Cangrande della Scala nicht in Florenz leben durfte. Komödie nennt er sein Werk, weil es im Schmerz, also in der Hölle, im Dunklen und Rauhen beginnt, allerdings im Himmel, in der Freude und Seligkeit endet.

> Und daraus geht hervor, weshalb das vorliegende Werk Komödie genannt wird. Denn, wenn wir auf den Stoff achten wollen, so ist er zu Beginn erschreckend und ekelerregend, weil die Hölle [dargestellt wird], zum Schluß beglückend, begehrenswert und anmutig, weil das Paradies [dargestellt wird]. (13)

Den Namen Göttliche Komödie verleiht der erste Interpret dem Werk: Sehr kurz nach Dantes Tod wurde der Dichter Giovanni Boccaccio von der Stadt Florenz beauftragt, das Werk des ungeliebten Verbannten öffentlich auszulegen und zu erklären.

Dante selber schlug übrigens vor, sein Werk sowohl buchstäblich als auch moralisch allegorisch auszulegen (9). Buchstäblich wäre für ihn eine literarische Beschreibung seines Werkes (17), die sich mit der Form beschäftigt, also z. B. die schon erwähnte Tatsache, dass die Göttliche Komödie 100 Gesänge umfasst und wenn man den ersten Gesang als Einleitungsgesang wertet, jede der drei Jenseitsorte Hölle – Fegefeuer – Paradies in genau 33 Gesänge beschrieben wird. Allegorisch wäre für Dante eine Auslegung, die auf die ethische oder moralische Wirkung abzielt. Denn er erhebt durchaus den Anspruch, dass sein Werk eine gewisse Wirkung auf Lesende bzw. Hörende ausübt und sie zu moralischem Leben anhält.

2.3.2 Aufbau Hölle

Wie auf dem Bild gut zu erkennen, ist die Hölle als unterirdischer Trichter gedacht, der beim Sturz Luzifers aus den himmlischen Höhen auf die Erde entstanden ist. Deshalb entspricht die verdrängte Erdmasse auch exakt dem Volumen des Läuterungsberges auf der anderen Seite der Erde. Nach dem Eintritt in die Hölle durch das breite Höllentor gelangt der Wanderer Dante zuerst in die Vorhölle. Diese wird von den Lauen, den schuldlosen Nicht-Christen und den Ketzern bewohnt. Unter der Vorhölle befindet sich der Höllentrichter, der in einzelne Strafringe unterteilt ist. Innerhalb dieser einzelnen Strafringe werden Taten bestraft, die aus derselben Sünde entstanden sind. Dabei hält sich Dante konsequent an das *contrapasso*: Die Strafen werden als Vergeltung des gerechten Gottes gedacht und richten sich nach der jeweiligen Sünde. Von daher ergeht sich Dante nicht in wilden Straforgien und lässt seiner Phantasie keinen ungehemmten Lauf, wie dies bei Höllenbeschreibungen vor ihm oft der Fall gewesen ist, sondern er lässt jede Sündentat mit einer entsprechenden Strafe belegen. So grausam dies klingt, so zivilisiert geht es eigentlich in der danteschen Hölle zu: Man erleidet gerechterweise das, was man selber angerichtet hat.

> Dante hat die Idee des contrapasso, der angemessenen Vergeltung, systematisch durchdacht und alle ihre Möglichkeiten ausgeschöpft, sie psychologisch und ästhetisch verfeinert und mit dem System der Sünden kombiniert.[16]

Weil die Hölle schon vor Christus bestanden hat, gliederte Dante sie nicht nach dem System der christlichen Sünden, sondern nahm Anleihen bei Aristoteles und strukturierte die Hölle gemäß dessen Ethik und den sich aus ihr ergebenden drei Hauptverfehlungen: Erstens Unmäßigkeit (dazu zählte er Wollust, Schlemmerei, Geiz, Verschwendung, Zorn), zweitens Boshaftigkeit, worunter vor allem die Gewalttätigen und die Betrüger fallen, und drittens die Bestialität, worunter Dante vor allem die Verräter verstand. Der Höllentrichter ist nun so angeordnet, dass die weniger schlimmen Sünden in weiter oben

16 Gmelin, Kommentar 1. Teil: Die Hölle, 15.

gelegenen Regionen bestraft werden, wohingegen die Schwere der Verfehlung zunimmt, je tiefer der Wanderer Dante in die Hölle hinabsteigt. Den Mittelpunkt der Hölle bildet Luzifer selbst, der die drei Erzverräter Brutus und Cassius, die Cäsar verraten hatten, (was Dante offensichtlich als Erzverrat dem von ihm geliebten Kaisertum gegenüber empfand), und Judas, der Christus verriet, auf ewig zerkaut. Die Stimmung in der Hölle ist von absoluter Hoffnungslosigkeit gekennzeichnet, weil die dorthin verdammten in Ewigkeit für ihre Schlechtigkeit bestraft werden. Dante selber empfand dies als Ausdruck von Gerechtigkeit und er scheute auch nicht davor zurück, einige seiner Zeitgenossen in die Hölle zu stecken. Damit wird aus dem Dichter Dante gleichsam einer, der Gottes Urteile kennt, und er versetzt sich in die Lage, seiner Zeit den Spiegel vor Augen zu halten und dort Misstände anzuprangern, wo er sie entdeckte – bei Privatleuten, bei Kirchenvertretern und bei Politikern, sodass niemand, der sich eines Verbrechens schuldig gemacht hatte und dieses Verbrechen womöglich nicht einmal bereut hatte, an der Hölle und damit an der Strafe, die er verdient hat, vorbeikam.

2.3.3 Exkurs: August Rodin (1840-1917)

Das „Höllentor“ (*La porte de l'enfer*) kann wohl als eigentliches Haupt- und Lebenswerk Rodins angesehen werden. Rodin erhielt bereits 1880 vom französischen Staat den Auftrag, ein Bronzeportal für das neue *Musée des Arts Décoratifs* in Paris zu entwerfen. Der Entwurf gelangte nie zur ursprünglich fest geplanten Ausführung. Trotzdem arbeitete Rodin daran annähernd 37 Jahre weiter, bis kurz vor seinem Tod im Jahr 1917, wobei er viele Figuren aus ihrem ursprünglichen Kontext isolieren und zu eigenständigen Kunstwerken erheben sollte. Das Tor ist eine intensive Auseinandersetzung mit Dantes Höllentrichter, auf ihm sind viele der Szenen in plastischer Ausführung zu finden, die Dante beschrieben hat.

2.3.4 Aufbau Purgatorium/Läuterungsberg

Ganz im Gegensatz zu der mit Stöhnen und Schreien erfüllten Hölle, die in ewige Dunkelheit getaucht ist, weil ihr das Licht der Erkenntnis Gottes abgeht, ist das Purgatorium schon in den Ablauf der auf- und untergehenden Sonne eingegliedert. Im Purgatorium bzw. auf dem Läuterungsberg werden die sieben christlichen Sünden gesühnt, wobei es sich bei Dante allerdings nicht um lässliche Sünden handelt, sondern um die sieben Todsünden. Wie in der Hölle gibt es auch im Fegefeuer verschiedene Stufen bzw. Kreise oder Ebenen, auf denen jeweils eine Sünde gesühnt wird. Wie zu erkennen ist, folgt auf das Vorpurgatorium am Fuße des Berges der Läuterungsberg selbst. Auf dessen höchstem Plateau befindet sich das irdische Paradies, vom dem aus man in das himmlische Paradies überwechseln kann. In der Abfolge der zu leistenden Sühne und damit im Aufbau des Läuterungsberges nach Dante kann man einen Zusammenhang mit dem Liebestrieb sehen. Während sich aus der Verirrung im Ziel Hochmut, Neid und Zorn ergeben können, ergibt sich bei falschem Maß entweder bei zu wenig Liebe Trägheit und bei zu viel Geiz Verschwendung, Schlemmerei, Wollust. Viel entscheidender bei der Einteilung des Purgatoriums ist allerdings die Idee, dass dort nicht Taten gesühnt werden, sondern vielmehr die Seelen von den bösen Neigungen, Anlagen oder Trieben gereinigt werden. Deshalb muss auch die schwerstwiegende Neigung zuerst gesühnt werden und erst wenn die Seele von dieser Neigung befreit ist, kann sie auf eine höhere Stufe gelangen, um sich von dem etwas weniger schweren Trieb reinwaschen zu lassen. Dies verdeutlicht Dante dadurch, dass dem Wanderer Dante beim Eintritt ins Purgatorium sieben P auf die Stirn gemalt werden – p für *peccatum* / Sünde. Jedesmal wenn er von einem Strafring in den nächsten aufsteigt, wäscht ihm ein Engel eines dieser P's ab, weil er nun von der betreffenden Sünde reingewaschen ist. Im Gegensatz zur Hölle ist die Stimmung im Purgatorium schon sehr viel hoffnungsvoller: Alle dort Anwesenden wissen, dass sie nicht ewig im Fegefeuer büßen müssen und – was unserer Meinung nach noch viel wichtiger ist: sie unterziehen sich freiwillig der Sühne, weil sie dem Willen Gottes schon zustimmen und in gewisser Weise im Einklang mit Gott sind. Die Büßenden im Purgatorium nehmen die Buße freiwillig auf sich, so wie auch auf Erden aufgrund der Reue, die zum Sündennachlass unbedingt erforderlich ist, die vom Priester verhängte Buße freiwillig und mit Freude getan werden sollte. Und Dante übernimmt auch die Idee, dass das Gebet der Hinterbliebenen den Büßenden Erleichterung verschafft; so kommt es von Zeit zu Zeit zu einem kleinen Erdbeben, das sich dann ereignet, wenn eine Seele den Sprung aus dem Purgatorium ins Paradies geschafft hat. Somit steht Dantes Schilderung des Fegefeuers unter dem Vorzeichen der jenseitigen Buße, die nicht in alle Ewigkeit geleistet werden muss, sondern die ein gutes Ende nehmen wird. Der ganze steile Läuterungsberg symbolisiert den schweren Aufstieg, der von der Sünde wegführt. Allerdings wird das Aufsteigen immer leichter, weil immer mehr Last vom Büßenden abfällt und der Gang durch die Feuerwand um das irdische Paradies herum ist zwar furchteinflößend, aber nicht verletzend.

2.3.5 Aufbau Himmel

Gänzlich erfüllt von der Hoffnung sind natürlich diejenigen, die bereits im himmlischen Paradies sind. Das Paradies ist nun nicht nach Sünden strukturiert – wie sollte es auch? –, sondern kosmologisch, wobei sich Dante an die Vorstellung von Ptolemäus hält: Die Erde ist umgeben von sieben Planetensphären, dem Fixstern- und dem Kristallhimmel, die wiederum vom Empyreum umgeben sind, dem unbewegten göttlichen Raum. In die Gliederung des Paradieses lässt Dante noch sehr viele ethische und mystische Traditionen einfließen, die hier aufzuzählen zu lange dauern würde. Jedenfalls orientiert er sich an Ideen der christlichen Mystik, wie sie z. B. Bernhard von Clairvaux erdacht hatte. Von besonderer Bedeutung sind für das Paradies die Lichtmetaphern, weil Gott als unendliche Helligkeit im Zentrum die Strahlen seiner Herrlichkeit in alle Himmelssphären aussendet, an denen ja schon das Purgatorium partizipieren durfte und nur die Hölle außen vor bleibt. Gleichzeitig verknüpft Dante die christlich-mystische Stufung des Paradieses mit mittelalterlichen Minnevorstellungen, was schon allein daran ersichtlich wird, dass im Paradies nicht mehr Vergil sein Führer ist, sondern seine verklärte Jugendliebe Beatrice.

2.4 Zwischenüberlegung

Was ergibt sich nun aus diesen Betrachtungen von christlichen Jenseitsvorstellungen in ihrer literarischen Verarbeitung bei Dante? Denn unbestritten hat Dantes Göttliche Komödie für lange Zeit den Volksglauben geprägt und wurde gerne für Predigten und Aufführungen mit geistlichem Inhalt herangezogen. Die römisch-katholische Kirche selbst war in ihren hochoffiziellen Äußerungen und Definitionen auf den Konzilien in Bezug auf das Fegefeuer immer sehr zurückhaltend, weil es zu wenig biblische Belegstellen gibt. Nichtsdestotrotz hat die Vorstellung vom Fegefeuer bei den Unionsverhandlungen mit der Ostkirche auf dem Konzil von Florenz 1439 (vgl. DH 1304) eine gewisse Rolle gespielt und gegen die Ablehnung der Vorstellung vom Fegefeuer wurde zumindest die Existenz eines Jenseitsortes, an dem Buße getan werden kann, auf dem Konzil von Trient gelehrt (vgl. DH 1820).

Welche Folgen hat also die Vorstellung vom Fegefeuer, bzw. von Himmel und Hölle für das Problem, das der Tod in jedem Fall darstellt? Auf der einen Seite ist festzustellen, dass es im Mittelalter zu einer Dramatisierung der Sterbezeit bzw. des Sterbens gekommen ist. Weil es wichtig war, im Tod all seine Sünden zu bereuen, hat man das eigene Sterben genau beobachtet und es wurde der Sakramentsempfang sowohl der Letzten Ölung als auch der Eucharistie auf dem Totenbett sehr wichtig. Auch für die Angehörigen war der Todeszeitpunkt sehr wichtig, weil ihre Gebete vor allem im Umkreis und in den ersten Tagen nach dem Tod zur Erleichterung im Fegefeuer und zur Zeitverkürzung dort wirksam waren. So lagerten sich sehr viele unterschiedlichste Bräuche um den Tod herum an.

Neben dieser Dramatisierung des Sterbens kommt es auch zu einer erhöhten Individualisierung: Das Hauptaugenmerk liegt weniger auf dem Jüngsten Gericht, das erst am Ende der Tage stattfinden wird, als vielmehr auf dem Leben jedes Einzelnen und wie es im Angesichte Gottes gesehen werden muss. Gott entscheidet offenbar in der Sterbestunde über das Jenseits-Schicksal einer/eines jeden Einzelnen und richtet nach den Taten, die er oder sie in ihrem Leben getan oder nicht getan hat.

Wegen dieser Individualisierung kommt es auch zu neuen Frömmigkeitsformen innerhalb des Lebens: Die Menschen haben ein gesteigertes Interesse an einem guten, das heißt ethisch richtigem Leben, weil sie die Bestrafung im Jenseits fürchten. So kommt es in der Folge der Durchsetzung der Idee des Fegefeuers zu immer ausgefeilteren Instrumenten der Selbstbetrachtung, was sich in einer gesteigerten Innerlichkeit des Glaubens ausdrückt.

Auf der anderen Seite kommt es nicht nur zu einer Dramatisierung des Todes, sondern auch zu einer gewissen denkerischen Nivellierung der Härte, die der Tod unweigerlich darstellt. Denn in Bezug auf die Heiligen wird in Anschlag gebracht, dass das Eigentliche nicht im Leben, sondern erst nach dem Leben stattfindet. Hier wird der Tod eher zu einer lästigen Durchgangsstation. Der Tod lässt die Gläubigen nicht aus dem Leben scheiden, sondern ist für sie die Möglichkeit in das eigentliche Leben, in das Leben bei Gott einzugehen. Außerdem weiß man sich im Gebet von den eigenen Angehörigen getragen: Die Lebenden vergessen die/den Toten nicht einfach, sondern sie/er gehört in gewissen Weise noch zu ihrem Alltag. So muss wohl davon ausgegangen werden, dass eine intensive Beschäftigung mit dem Jenseits einen zweifachen und scheinbar widersprüchlichen Effekt hervorruft: Auf der einen Seite kommt es zu einer Dramatisierung des Todes, weil zu seinem Eintritt alle Sünden bereut und gebeichtet sein müssen, auf der anderen Seite muss aber auch die Entdramatisierung des Todes beachtet werden, weil dieser nicht als absolutes Ende gesehen wird, sondern als Übergang gesehen werden muss in ein Jenseits, das für die einen Strafe, für die meisten Läuterung, für ein paar Auserwählte sofortige Erlösung und Schau Gottes bereithält.

Gleichzeitg müssen Wir erkennen, dass sich die Vorstellung dessen, was das Jenseits bereithält und was der Himmel ist, stark verändert hat. In *ihrer Kulturgeschichte des ewigen Lebens* machen B. Lang und C. McDannell darauf aufmerksam,[17] dass der Himmel der Moderne nicht mehr theozentrisch gedacht wird, sondern vier Merkmale aufweist:

1. Es „gibt ... nur eine schwache Trennung ... zwischen Erde und Himmel“ (249).
2. Der Himmel ist gleichsam eine Verlängerung der irdischen Existenz und nichts „völlig Verschiedenes“.
3. Der Himmel ist kein Ruheort, sondern der Prozess des Gott Näherkommens.

17 Lang, Bernhard/McDannell, Colleen, Der Himmel.

4. Im Zentrum des Himmels steht nicht mehr die glückselige Schau Gottes, sondern die Vervollkommnung sozialer Beziehungen.[18]

Eindrucksvoll weisen die Autoren nach, wie aber auch diese moderne Vorstellung des Himmels den Gläubigen mehr und mehr suspekt wird. Zwar sind die Vorstellungen bekannt, sie scheinen aber nicht mehr geglaubt werden zu können. In der Theologie gibt es nach den Autoren vier Tendenzen, auf diese Brüchigkeit zu reagieren: 1. mit einem symbolistischen Kompromiss, der die traditionellen Bilder des Jenseits entmythologisiert und dechiffriert (434-442). 2. mit einer bereits im Diesseits verwirklichten Eschatologie im Sinne sozialer Gerechtigkeit (442-446). 3. mit einem theozentrischen Minimalismus (446-461), der „auf jedes Bild, das sich zwischen die Seele und das göttliche Zentrum schieben könnte" verzichtet (461). 4. Mit einer Theologie ohne Verheißung, zu der z.B. die Prozesstheologie vorstößt (461-466), in der es nicht um ein individuelles Weiterleben nach dem Tod geht, sondern um das Eingehen in das göttliche Gedächtnis.

2.5 Hans Urs von Balthasar: Feindesliebe leert die Hölle

Nachdem drei literarische bzw. kulturgeschichtliche Jenseitskonzeptionen vorgestellt worden sind, kommen im Folgenden drei explizit theologische zur Sprache, die dem gerade erwähnten theozentrischen Minimalismus zuzurechnen sind. Die erste stammt von Hans Urs von Balthasar, der 1905 in Luzern geboren worden ist und mütterlicherseits einer ungarischen Adelsfamilie entstammte. Sein Vater war Architekt. 24-jährig trat er als promovierter Germanist in den Jesuitenorden ein und wurde in Pullach und Lyon ausgebildet. Die Kriegsjahre verbrachte er als Studentenseelsorger in Basel und trat 1950 aus dem Jesuitenorden wieder aus und widmet sich mehr und mehr der Zusammenarbeit mit Adrienne von Speyr, einer mystisch begabten Ärztin. Am Zweiten Vatikanum konnte er als Ex-Ordensmann zwar nicht teilnehmen und doch hatte er zu der theologischen Geisteslage beigetragen, in der dieses stattfand. Zwischen 1961 und 1987 arbeitete er sein theologisches

18 Als ersten Protagonisten eines dergestaltigen Himmels verweisen die Autoren auf: Swedenborg, Himmel und Hölle. Swedenborg lebte 1688-1772.

Hauptwerk aus, das 15 Bände umfasst, und hat die in seinen Augen allzu anpasserische Liaison der Kirche mit der Welt im Gefolge des Zweiten Vatikanums kritisch begleitet. Sehr kurz vor seinem Tod wurde er noch zum Kardinal ernannt, starb allerdings am 26.6.1988 zwei Tage vor der Verleihung des Kardinalshutes, den er somit nie tragen konnte.

Balthasars These über das Jenseits, genauerhin über die Hölle, ist in der deutschsprachigen Theologie ebenso bekannt wie umstritten. In den 80ern des letzten Jahrhunderts hat er sich des Öfteren zu dem geäußert, was Christen hoffen dürfen. Bei der Behandlung dieser Frage stützte er sich auf sein umfassendes Wissen hinsichtlich der Hl. Schrift, der Theologie der Väter und der Scholastik. Dabei versuchte er zwei neutestamentliche Aussagenreihen miteinander in Verbindung zu bringen, ohne sie zu harmonisieren.[19] Es sind die beiden Aussagereihen, die auf der einen Seite ganz natürlich von der Existenz von Gericht und Hölle ausgehen und auf der anderen Seite von Gottes universalem Heilswillen künden; z. B.: „Gott will, dass alle Menschen gerettet werden." (1Tim 2,5) Wie soll man dies zusammendenken: Es gibt die Hölle, in die hinein Menschen von Christus gerichtet werden, und auf der anderen Seite will Gott, dass alle Menschen gerettet werden. Balthasar versucht diese beiden gegensätzlichen Aussagen dergestalt in Verbindung zu bringen, dass er die eine existentiell deutet und die andere in eine Hoffnungstheologie umwandelt.

Zuerst zur existentiellen Deutung des Wissens um die Hölle. Balthasar spricht davon, dass für jeden einzelnen Christen bzw. jede einzelne Christin die Hölle eine reale Möglichkeit darstellt und sich niemand seiner endgültigen Erlösung sicher sein könne. Der Christenmensch lebt nach Balthasar nicht in dem *Wissen*, dass er gerettet ist, sondern er hofft dies, bei gleichzeitiger Wahrnehmung, dass er für sein Leben verantwortlich ist und von Gott in seinen Entscheidungen ernst genommen wird. Balthasar kritisiert an diesem Punkt calvinistische Heilsgewissheit,[20] indem er darauf hinweist, dass trotz der Zusage von Gottes Barmherzigkeit viele Heilige sich ihrer eigenen Sündhaftigkeit und Gottesferne nur zu bewusst waren. Spätestens mit dem Hinweis auf Calvin wird das theologische Konzept deutlich, vor dessen Hintergrund

19 Balthasar, Was dürfen wir hoffen?, 19.

20 Balthasar, Kleiner Diskurs, 31f.

Balthasar die Frage nach der Existenz der Hölle behandelt: Es geht um den alten Streit um das Verhältnis von göttlicher Gnade und menschlicher Freiheit. Dieser Streit war im Altertum mit Augustins Agitationen gegen Pelagius zu einem ersten Höhepunkt gelangt, hat lange Zeit als Gnadenstreit das Mittelalter in Atem gehalten und war für das Aufkommen der Reformation und der Gegenreformation nicht ganz unverantwortlich. Um die Position Balthasars einordnen zu können, sei es uns kurz erlaubt, in selbstverantworteter Elementarisierung zwei gegensätzliche Positionen in diesem Streit zu umreißen: Während die eine Seite des strengen Augustinismus dem Menschen keinerlei Mitwirkung bei ihrer/seiner Rechtfertigung einräumen wollte, weil des Menschen Natur durch die Erbsünde so befleckt sei, dass Gnade von Gott allein gewirkt werden könne, betonte die andere Seite die Freiheit des Menschen, die vorhanden sein müsse, damit dem Menschen die Gnade nicht einfach übergestülpt und aufgedrängt würde, sondern von ihm frei angenommen werden könne. In diesem Streit um den Vorrang der göttlichen Gnade bzw. der Existenz echter menschlicher Freiheit bezieht Balthasar im Hinblick auf die Frage, ob sich ein Mensch wirklich gegen die göttliche Liebe entscheiden könne, wenn er dies frei tut, eindeutig Stellung. Für ihn ist der universale Heilswille Gottes stärker als die menschliche Freiheit, sodass er nicht davon ausgeht, dass Gott seinen Heilsplan, alle Menschen zu retten, von der Entscheidung eines jeden einzelnen Menschen abhängig macht, weil sonst Gottes Heilsplan elend scheitern würde, wenn sich auch nur ein Mensch gegen Gott entscheiden würde. Balthasar hat dabei mit dem Problem zu kämpfen, dass Gott einerseits will, dass alle Menschen gerettet werden, dass er aber andererseits den Menschen als freies Geschöpf geschaffen hat, das dieser Liebe Gottes frei zustimmen muss, ohne zu dieser Liebe gezwungen zu werden. Wie nun vermittelt Balthasar die göttliche Liebe und die menschliche Freiheit?

> Die Frage ist, ob Gott im Letzten bei seinem Heilsplan von der Wahl des Menschen abhängig ist, abhängig sein will, oder ob seine nur das Heil wollende Freiheit, die absolut ist, der menschlichen, geschöpflichen und deshalb relativen, nicht überlegen bleibt.[21]

---

21 Ders., Was dürfen wir hoffen?, 12.

Balthasar deutet hier an, dass er davon ausgeht, dass Gott einen Weg kennt, auf dem er jeden Menschen von seiner Liebe überzeugen wird. Welche Konsequenz diese Hoffnung Balthasars auf nur Gott bekannte Wege für seinen Heilsplan hat, werden Wir gleich sehen. Dazu noch einmal Balthasar im Originalton:

> Die Frage ... ist die: wird der sich jetzt Weigernde sich endgültig weigern? Darauf gibt es zwei mögliche Antworten: die erste sagt schlicht ja. Das ist die Antwort der Infernalisten. Die zweite sagt: ich weiß es nicht, aber ich meine ... hoffen zu dürfen, daß das Licht der göttlichen Liebe schließlich jede menschliche Finsternis und Weigerung zu durchdringen vermag.[22]

Balthasar unterscheidet eindeutig zwei mögliche Antworten: Ja, Gott macht sich von der Wahl des Menschen abhängig und akzeptiert dessen Weigerung, ihn nicht zu lieben und sich deshalb auch nicht von ihm retten zu lassen. Oder eben: Nein, Gott akzeptiert die Weigerung des Menschen nicht und setzt sich am Ende gegen diese Weigerung durch. Dann besteht die Hoffnung, dass Gottes Liebe stärker ist als alle menschliche Weigerung, sodass die Hölle leer wäre. Hier zeigt sich wiederum, dass Balthasar die Jenseitsvorstellungen existentiell deutet, was bereits kurz angeklungen ist. Die Hölle ist für jeden Einzelnen eine reale Möglichkeit. Denn neben der Hoffnung, die durch die Botschaft von Gottes umfassender Liebe ausgeht, spricht Balthasar auch davon, dass man des Heils verlustig gehen kann, sodass die Hölle für jeden Einzelnen eine reale Möglichkeit darstellt, sich das „Heil zu verscherzen“[23]. Für diese Rede von der Hölle als realer Möglichkeit kann er sich auf der einen Seite auf den Katholischen Erwachsenen Katechismus der Deutschen Bischöfe von 1985 (S. 423) berufen und auf der anderen Seite auf Josef Kardinal Ratzinger.

> Jede neutestamentliche und theologische Rede über die Hölle hat einen Sinn: „den Menschen dahin zu bringen, sein Leben im Angesicht der *realen* Möglichkeit ewigen Scheiterns zu meistern und die Offenbarung als einen Anspruch von letzter Ernsthaftigkeit zu verstehen.“[24]

---

22 Ders., Kleiner Diskurs, 18.

23 Ders., Kleiner Diskurs, 17.

24 Ders., Kleiner Diskurs, 33 mit Zitat aus: Ratzinger, Art. Hölle. III., 448.

Wenn Balthasar somit die Hölle als reale Möglichkeit für den Menschen beschreibt und sie als Konsequenz einer Entscheidung gegen Gott ansieht, so wird hier deutlich, dass er die Rede von der Hölle paränetisch pädagogisch deutet. Seiner Meinung nach hat die Rede von der Hölle die Funktion, „mir selber den Ernst der Verantwortung vor Augen zu führen, die mir mit meiner Freiheit gegeben ist."[25] Wichtig ist hierbei die Person: Balthasar will nicht zu Höllenpredigten anhalten, sondern bezieht die Rede von der Hölle auf sich selber!

Vor den bis hierher genannten Motiven Balthasars, 1. die beiden gegensätzlichen Aussagenreihen innerhalb des NT, 2. der Gnadenstreit um den Vorrang der göttlichen Zuwendung oder der menschlichen Freiheit und 3. der existentiellen Deutung der Rede der Hölle als Hinweis auf die Ernsthaftigkeit der Rede von der Erlösung und der Gefahr, dieser verlustig zu gehen, ist nun Balthasars These zur Hölle verstehbar, die so umstritten war. Balthasar spricht von der Hoffnung, dass die Hölle leer ist. Diese These mag auf den ersten Blick etwas unspektakulär wirken, ist es aber nicht. Auf der einen Seite ist wichtig zu sehen, dass Balthasar nicht davon ausgeht, dass die Hölle leer ist. Denn dann wüsste er, dass alle Menschen gerettet werden.[26] Diese These hatte bereits Origenes im Altertum vertreten und ist dafür wahrscheinlich verurteilt worden. Jedenfalls gilt die These von der Allerlösung (griechisch: Apokatastasis) als anrüchig, weil sich mit ihr das Problem verbindet, dass sie zu einem ethischen Relativismus führen könnte, weil sich niemand mehr um ein gutes Leben bemühen müsste, wüsste er doch von vornherein, dass er erlöst werden wird. Deswegen spricht Balthasar nur davon, dass er hofft, dass die Hölle leer ist, ohne zu behaupten, dass er weiß, dass die Hölle leer ist. In Bezug auf die neutestamentlichen Stellen, die von der Existenz der Hölle berichten, sagt nun Balthasar, dass sie nur die Möglichkeit vor Augen stellen, was passieren würde, wenn sich die Menschen von Gott abwenden und nicht von seiner Liebe überzeugen lassen. Dass die Hl. Schrift davon berichtet, was passiert, wenn man sich von Gott abwendet, bedeutet für Balthasar aber nicht, dass es diesen Ort der Gottferne auch tatsächlich gibt. Es könnte ja auch sein, dass die Mahnpredigt wie beim Propheten Jona Erfolg hat und alle Menschen

25 Ders., Kleiner Diskurs, 42.
26 Ders., Kleiner Diskurs, 32.

umkehren, sodass die Drohung mit der Hölle etwas ganz anderes ist als die Gewissheit, dass ein solcher Ort wirklich existiert.[27] Was Balthasar an der Vorstellung der Hölle am meisten stört, ist die Tatsache, dass sie meist für andere eingerichtet wird und die Rede von der Hölle eben nicht existentiell als Mahnung für einen selber gedeutet wird.

> Das uns Interessierende ist einzig, daß diese Hölle zumeist ‚für die andern' da ist, für solche freilich, denen man ob ihrer Sünden ‚die Hölle heiß machen kann', ohne sie ernsthaft für sich selbst zu befürchten.[28]

Ganz im Gegensatz zu denen, die wie Augustinus die Hölle mit anderen füllen,[29] über deren Sünden sie bestens Bescheid wissen, verweist Balthasar auf das Gebot zur Nächsten- und zur Feindesliebe und spricht deshalb von seiner Hoffnung, dass die Hölle leer sei und so niemand den unvorstellbaren Qualen der Gottesferne ausgesetzt sei. Balthasar kann und will sich nicht damit abgeben, dass er für einen anderen Menschen die Hölle erdenkt und ihn dort der ewigen Verdammnis anheim gibt.

> Wer mit der Möglichkeit auch nur *eines* auf ewig Verlorenen außer seiner selbst rechnet, der kann kaum vorbehaltlos lieben ... Schon der leiseste Hintergedanke an eine endgültige Hölle für andere verführt in Augenblicken, wo das menschliche Miteinander besonders schwierig wird, dazu, den andern sich selbst zu überlassen.[30]

---

27 Ders., Kleiner Diskurs, 25: „Und wir behaupten nicht mehr als dies: daß diese Aussagen uns ein Recht geben, für alle Menschen zu hoffen, was gleichzeitig besagt, daß wir uns nicht genötigt sehen, den Schritt von den Drohungen zur Setzung einer mit unsern Brüdern und Schwestern besetzten Hölle, womit unsere Hoffnung zunichte würde, vollziehen zu müssen."

28 Ders., Kleiner Diskurs, 30.

29 Vgl. Ders., Was dürfen wir hoffen?, 52: „Trotzdem bedeutet er [der ungeheure Nachdruck, den nunmehr Augustinus auf die Wirklichkeit nicht nur der Hölle, sondern auch ihrer zahlreichen Insassen gelegt hat] insofern einen Wendepunkt in der Kirchengeschichte, als Augustin die in Frage stehenden Texte in einer Weise auslegt, die zeigt, daß er um den Ausgang des göttlichen Gerichts einfachhin *weiß*."

30 Ders., Kleiner Diskurs, 42.

Wegen des Gebotes der Nächsten- und Feindesliebe spricht Balthasar sogar von der Pflicht, für alle zu hoffen, dass sie gerettet werden und nicht in der Hölle sind. Die Position von Balthasar ist deutlich geworden: Für sich selber erkennt er die Hölle als reale Möglichkeit; für andere hofft er, dass die Hölle leer ist.[31]

2.6 Karl Rahner: Geheimnisvolles Eschaton

Karl Rahner wurde am 5.3.1904 in Freiburg im Breisgau geboren. Er war das vierte Kind seiner Eltern. Nach dem Abitur tritt er wie sein älterer Bruder Hugo in die Gesellschaft Jesu ein und wird Jesuit. Sein Noviziat und die ersten Jahre des Philosophiestudiums absolvierte er in Feldkirch/Tisis in Voralberg und studierte von 1929-34 Theologie an der Jesuitenhochschule in Valkenburg/Niederlande. Da er zuerst für eine Dozentur in Philosophiegeschichte bestimmt war, begibt er sich 1934 wieder zurück nach Freiburg, scheiterte dort allerdings 1936 mit seiner philosophischen Promotion bei Martin Honecker. Zum gleichen Zeitpunkt wurde an der von den Jesuiten geleiteten theologischen Fakultät in Innsbruck ein neuer Dozent für Dogmatik gesucht, sodass Karl Rahner wiederum seinem älteren Bruder folgte – dieser ist in Innsbruck Professor für Alte Kirchengeschichte und Patrologie –, nach Innsbruck ging und dort innerhalb kürzester Zeit promoviert wurde und sich habilitierte und ab dem WS 37/38 begann, Dogmatik zu unterrichten. Die Kriegsjahre verbrachte Rahner größtenteils in Wien und er erlebte das Ende des „Dritten Reiches" in Niederbayern. Ab 1948 war er wieder Professor für Dogmatik in Innsbruck und blieb dies bis 1964 und wechselte danach an die LMU in München (1964-1967), um seine Lehrtätigkeit in Münster zu beenden (1967-1971). Auf dem Zweiten Vatikanischen Konzil war Rahner als theologischer Berater äußerst engagiert und einflussreich. Diesen Einfluss hat er dann noch einmal auf der Würzburger Synode von 1971-1975 ausgeübt. Rahner starb kurz nach seinem 80. Geburtstag am 30.3.1984 in Innsbruck.

31 Ariès, Geschichte des Todes, 601f. geht davon aus, dass die angsteinflößende Vorstellung der Hölle in der Romantik des 19. Jahrhunderts ihr Ende findet; die andere wird so sehr geliebt, dass für sie keine ewige Verdammnis mehr erdacht werden kann.

Schon häufig wurde darauf hingewiesen, dass die theologischen Ansätze der beiden großen Jesuiten des letzten Jahrhunderts, Hans Urs von Balthasar und Karl Rahner, sehr unterschiedlich und z. T. konträr waren. Diese zeigt sich auch für die Eschatologie sehr schnell in dem wegweisenden Aufsatz, den Rahner im vierten Band seiner Schriften zur Theologie 1960 veröffentlicht hat.[32] Rahner treibt nicht wie Balthasar die Frage, ob er hoffen kann, dass die Hölle leer ist, sondern er fragt sich, was er überhaupt über das Jenseits denken und aussagen kann. Im Rahmen seiner transzendental-theologischen Methode befragt Rahner die Eschatologie nach ihrem Aussagestatus und wählt somit einen hermeneutischen Anweg. Das Problem liegt für ihn darin, dass das Eschaton kein „Wirklichkeitsbereich wie jeder andere auch" (402) ist, sodass man über das Jenseits nicht einfach so sprechen kann, wie über ein konkretes Bild oder einen Tisch. Für das Jenseits muss ein anderer Aussagecharakter gelten. Dabei hält Rahner in einer ersten These strikt daran fest, dass die Eschata, also das, was sich am Ende der Tage und im Jenseits ereignen wird, zukünftig sind, und damit das „zeitlich noch Ausständige [ge]meint" (404) ist. Ebenso hält Rahner in seiner zweiten These an der Allwissenheit Gottes fest, die trotz der Freiheit des Menschen um deren/dessen Zukunft weiß und diese Zukunft dem Menschen in einer Offenbarung auch zugänglich machen könnte. (405) Aber hier macht Rahner eine erste Einschränkung: Er ist zwar nicht gewillt, von der Erkenntnisfähigkeit des Menschen her die Möglichkeit der Offenbarung Gottes über das, was kommt, einzuschränken (406) und doch unterscheidet er von dieser abstrakten (Denk)Möglichkeit das, was Gott faktisch heilsgeschichtlich geoffenbart hat (406f.). Diese Unterscheidung zwischen der Möglichkeit der Offenbarung zukünftiger Ereignisse und der faktischen Offenbarung zukünftiger Ereignisse ermöglicht Rahner eine weitere Unterscheidung, auf die er viel Wert legt: Bei dem, was Gott über die Eschata tatsächlich geoffenbart hat, handelt es sich nicht um eine Reportage über zukünftige Ereignisse. Gott hat in keiner Offenbarung genaue Daten oder Abläufe vom Ende der Zeit gegeben. Eine solche Reportage über die Zukunft nennt Rahner Apokalypse und von dieser unterscheidet er die Eschatologie. Während apokalyptische Aussagen so tun, als wüssten sie, von Gott autorisiert, über die Zukunft Bescheid,

32 Vgl. Rahner, Theologische Prinzipien.

funktionieren nach Rahner echte eschatologische Aussagen genau anders herum:

> Eschatologie ist also nicht die antizipierende Reportage später erfolgender Ereignisse ... *aus* den künftigen Ereignissen heraus und von ihnen her ..., sondern der für den Menschen in seiner geistigen Freiheits- und Glaubensentscheidung notwendige Vorausblick *aus* seiner durch das Ereignis Christi bestimmten heilsgeschichtlichen Situation *heraus* ... ins dunkle Offene hinein. (414f.)

Eschatologie hat also nicht ein göttlich legitimiertes Wissen um die Zukunft, von dem her etwas über die Gegenwart gesagt werden könnte. Rahner würde ein solches Wissen über die Zukunft als zusätzliches Wissen zu der in Jesus Christus ergangenen Selbstmitteilung Gottes begreifen. Und da es über die Selbstmitteilung Gottes in Jesus Christus hinaus keine weitere Offenbarung geben kann, denn was sollte Gott dem Menschen noch mehr über das hinaus sagen, wer er selber ist?, deshalb kann es für Rahner keine zusätzliche Offenbarung bezüglich der Eschata geben. Die Selbstmitteilung Gottes in Jesus Christus ist unüberbietbar und abgeschlossen. Rahner schreibt,

> daß *Christus* selbst das hermeneutische Prinzip aller eschatologischen Aussagen ist. Was nicht als christologische Aussage verstanden werden und gelesen werden kann, ist auch keine echte eschatologische Aussage, sondern Wahrsagerei und Apokalyptik. (425)

Rahner lehnt demnach eine antizipierende Reportage über Zukünftiges ab, die er als (schlechte) Apokalyptik kennzeichnet und will alle (echte) Eschatologie und alles Wissen um das Eschaton christologisch zentriert sehen und in der Selbstmitteilung Gottes in Jesus Christus mitgegeben. Obwohl die Eschatologie also nichts anderes ist, als die Ausziehung der Christologie auf die Zukunft hin,[33] muss sie trotzdem aus einem ganz einfach Grund betrieben werden: Der Mensch, ein geschichtliches Wesen, ist die/der sich an ihre/seine Vergangenheit erinnert, in der Gegenwart

---

33 „Sein Wissen um die Eschata ist nicht eine zusätzliche Mitteilung zu der dogmatischen Anthropologie und Christologie, sondern nichts anderes als eben *deren* Transposition in den Modus der Vollendung." (415)

lebt und in Freiheit in die Zukunft hinein entwirft. Könnte der Mensch sich nicht in die Zukunft hinein entwerfen, dann wäre sie/er nicht wirklich frei. Und in ihrem/seinem freien Entwurf in die Zukunft hinein ist diese zwar noch ausständig, aber in gewissem Sinne schon da und anwesend. Rahner formuliert hier präzise, aber auch umständlich. Er unterscheidet „das abständig Ausständige" vom künftig Anwesenden (408), um diese Differenz klar zu machen: Die Zukunft ist für den sich selbst entwerfenden Menschen zwar nicht jetzt, aber sie ist doch anwesend, sodass sie nicht absolut ausständig ist und überhaupt nicht antizipiert werden könnte. Könnte sie nämlich nicht antizipiert werden und wäre sie nicht trotzdem echte Zukunft, die sich erst noch erweisen muss, dann müsste der Mensch in einen „existentiellen Aktualismus" (411) verfallen, weil dann schon jetzt alles das passieren würde, was erst in der Zukunft passieren wird: Gericht und Vollendung. In diesem Punkt wendet sich Rahner dezidiert gegen eine falsche Entmythologisierungstendenz, derzufolge alles in der Religion, was nach mythologischem Denken riecht, diesem falschen Gedankenhorizont des Mythos entrissen werden müsse, um es für die Existenz des Menschen jetzt fruchtbar zu machen. Rahner verfolgt eine zweifache Stoßrichtung: Auf der einen Seite bedeutet für ihn die Eschatologie kein Zusatzwissen zur Offenbarung hinzu, sodass sich auch keine Möglichkeit ergibt, eine Reportage über die letzten Tage der Welt und ihren Untergang anzufertigen, und auf der anderen Seite wendet er sich gegen eine vereinfachende „Existentialisierung solcher Aussagen" (418), weil sonst vergessen wird, dass der Mensch als geschichtliches Wesen auf eine Zukunft hin entwirft, die noch aussteht.

Bei all dem insistiert Rahner auf einer Grundintuition, die seine gesamte Theologie durchzieht, näherhin die Gotteslehre, die Lehre vom Menschen, also die Anthropologie, und nicht minder seine Christologie. Gott offenbart sich dem Menschen als Geheimnis. Nicht trotz seiner Offenbarung bleibt Gott dem Menschen entzogen und unbegreiflich, sondern Gott offenbart sich ihr/ihm als Geheimnis, in ihrer/seiner Geheimnishaftigkeit. Somit gibt Gott dem Menschen über sich nicht in einzelnen Satz-Wahrheiten Bescheid, sondern sie/er offenbart sich ihr/ihm als Gott in ihrer/seiner Geheimnishaftigkeit. Und dies gilt besonders für die Christologie: Gott hat sich dem Menschen als Mensch, als einer von Uns geoffenbart, was sie/ihn aber nicht begreifbarer macht, sodass der Mensch Gott auf den Begriff bringen könnte, sondern sie/ihn in ihrer/seiner Unbegreifbarkeit belässt, ist sich doch auch der Mensch selber ein Rätsel. Diese grundsätzliche Verborgenheit Gottes in ihrer/seiner Offenbarung wendet Rahner auch auf die Eschatologie an:

> Die Ausgesagtheit der Eschata und *ihr* Verborgenheitscharakter können nun nicht so miteinander versöhnt werden, daß man sagt, wir wüßten einiges davon durch die Offenbarung und anderes davon nicht ... das *verkündigte* Eschatologische ist das *Verborgen*bleibende und umgekehrt ... Das Eschatologische ist in seiner Offenbarung gerade da *als* das *Geheimnis*. (409)

Offenbarung bedeutet somit bei Rahner nicht, dass etwas Nicht-Gewusstes in den Status des Gewussten befördert wird, sondern Offenbarung ist das „Nahekommen des Geheimnisses als eines solchen." (410)

Das Nahekommen des Geheimnisses, die Selbstgabe und Selbstkundgabe Gottes an den Menschen bedeutet für Rahner aber immer, dass Gott den Menschen annimmt und diese*r in ihren/seinen Grundvollzügen unterfangen ist von der Liebe Gottes. Deshalb wehrt sich Rahner auch gegen ein angeblich sicheres Wissen um einen doppelten Ausgang der Geschichte. Es ist nicht sicher, dass die einen zum Heil geschaffen sind, während andere in die Hölle hineingerichtet werden. Es gibt kein solches Wissen um den Ausgang der Geschichte, weil die Eschatologie einerseits anders ist als alles andere Wissen auf dieser Erde und zweitens aus der Gnade Gottes heraus entwickelt werden muss:

> Die christliche Eschatologie ist also nicht die *gleichmäßige* Verlängerung einer ... Zwei-Wege-Lehre ..., sondern ist zentral nur die Aussage über die siegreiche und die Welt vollendende Gnade Christi ... Es wird also grundsätzlich in einer christlichen Eschatologie nur über die *eine* Prädestination zu reden sein. (421f.)

Rahner nimmt wie Balthasar an, dass die Rede von der Verdammnis nicht für den anderen Menschen gilt, sondern dem je Einzelnen den Ernst seiner Erwählung vor Augen stellt. (422) Somit läuft bei Rahner auch die Eschatologie auf das Zentralgeheimnis des Christentums hinaus, die Annahme des Menschen durch Gott in Jesus Christus. Er formuliert:

> Ausgesagt also kann von dieser Zukunft eigentlich nur werden, daß sie sein kann und sein soll die Vollendung des ganzen Menschen durch den unbegreiflichen Gott im Heil, das uns verborgen in Christus schon gegeben ist." (413)

Was kann nach all dem festgehalten werden? An drei Punkten sind sich Rahner und Balthasar gar nicht so unähnlich: Während Balthasar in Bezug auf die/den andere*n hofft, dass sie/er nicht verurteilt wird, will Rahner die Eschatologie vom Christusereignis her entwerfen, also der Annahme des Menschen durch Gott in Jesus Christus. In Bezug auf sich selber zeugt die Botschaft vom Gericht für beide Theologen vom Ernst der christlichen Botschaft und der Frage, ob der Einzelne dieser Botschaft glaubt und sein Leben nach ihr ausrichtet. Und drittens lehnen beide ein gesichertes Wissen über das Ende der Tage bzw. über den Ausgang des Gerichtes ab. Im Gegensatz zu Balthasar handelt es sich bei diesem Punkt allerdings um ein Grundaxiom der Theologie von Rahner: Weil Gott transzendent ist, weil Gott ungreifbar und entzogen ist, deshalb verbietet es auch die Offenbarung von einem gesicherten Wissen über Gott auszugehen. Gott offenbart sich als Geheimnis und lüftet nicht in der Offenbarung das Geheimnis über sich. Somit bleibt wegen der Menschwerdung Gottes in Jesus Christus auch das Rätsel des Menschen, das Geheimnis Mensch letzten Ende unbegreifbar, zumal das Rätsel des sündigen Menschen, die/der in ihrer/seiner Versuchlichkeit für das Böse und ihrem/seinem Hang zum Bösen wohl nie verstanden werden kann.

2.7 Josef Wohlmuth: Jenseitsrede nach Auschwitz

Die wohl anspruchsvollste und komplexeste Eschatologie der jüngeren (mindestens deutschsprachigen) Theologie-Geschichte hat Josef Wohlmuth vorgelegt. Er wurde 1938 in Laibstadt geboren und in Eichstätt zum Priester ausgebildet. Promoviert hat er bei Joseph Ratzinger, die Habilitation erfolgte an der Bonner Fakultät. In Köln war er von 1981-1986 Professor für Theologie und ihre Didaktik und von 1986-2003 in Bonn für Dogmatik und Dogmengeschichte, bevor er 2004 nach seiner Emeritierung die Leitung des Cusanuswerkes übernommen hat.

Kennzeichnend für den theologischen Ansatz von Joseph Wohlmuth ist ein Zweifaches: Erstens sein Bemühen, die eigene Überlieferung zu verstehen und ernst zu nehmen. Im Rahmen dieser Wertschätzung der eigenen Tradition hat er es auf sich genommen, in einem zehnjährigen Projekt die Texte sämtlicher Konzilien zu übersetzen. Daraus ist ein dreibändiges Werk entstanden, die COD. Neben dieser intensiven Beschäftigung mit der eigenen, hier der konziliaren Tradition steht bei Wohlmuth als zweiter Schwerpunkt seiner Beschäftigung der jüdisch-christliche Dialog. In diesem Dialog hat er sich einigen jüdischen oder jüdisch inspirierten Denkern des 20. Jahrhunderts gewidmet. Am ausführlichsten unter ihnen hat er sich mit Emmanuel Levinas beschäftigt. Die Auseinandersetzung mit Levinas zieht sich wie ein roter Faden durch die Veröffentlichungen von Wohlmuth. Dies trifft auch für seine Überlegungen zur Eschatologie zu.

In seiner Hinführung zum Buch öffnet Wohlmuth einen breiten Horizont, vor dem er die Eschatologie als Traktat der Dogmatik betreiben will. Dieser Horizont ist weit gesteckt und kündigt schon die Breite dessen was, was zu erwarten ist: Zuerst weitet Wohlmuth den Blick, den er nicht auf das richten will, was naheliegt. Es geht bei der Eschatologie um das Bedenken des Ganzen, den Versuch, den Menschen von sich her zu verstehen. Deshalb gilt es, das Subjekt als ein Phänomen der Gastlichkeit zu deuten. Dies hat zwei Aspekte: Der Mensch ist selber Gast auf Erden, sie/er hat sich diesen Planeten nicht ausgesucht. Sie/Er hat nicht danach verlangt zu leben, sie/er wurde nicht gefragt, ob sie/er leben will. Ihr/Ihm wurde die Existenz geschenkt, gegeben, übergeben. Daraus folgt, dass der Mensch selber gastlich sein muss, um Mensch zu sein. Diese Gastlichkeit bedeutet die Offenheit des Menschen für den anderen Menschen. In dieser Offenheit begegnet dem Menschen die/der andere und diese Andersheit verweist sie/ihn auf die/den ganz Andere*n. Der andere Mensch ist die Bedingung der Möglichkeit der Begegnung mit der/dem ganz Anderen: Ohne die/den andere*n können Wir nicht Gott begegnen, denn diese/dieser ist nicht im Einzelgespräch erreichbar, sondern immer vermittelt über die/den andere*n. Nach einem Blick auf die naturwissenschaftliche Beschäftigung mit dem Ende der Welt kommt Wohlmuth auf den Zusammenhang von Eschatologie und Apokalyptik zu sprechen, indem er einige prominente Positionen zu diesem Zusammenhang in den Blick nimmt. In der

Apokalyptik handelt es sich eher um die dramatisierende Sprachgestalt dessen, was in der Eschatologie unter systematischen Gesichtspunkten verhandelt wird. Nach einem Blick auf die aufklärerische Kritik der Eschatologie und in das überkommene Lehrbuchwissen systematisiert Wohlmuth sein eigenes Vorgehen und kommt zum Schluss der Einführung auf Auschwitz zu sprechen. Eigentlich endet mit Auschwitz alles. Über Auschwitz kann nicht gesprochen werden, weil es keine menschlichen Worte für diesen Ort der Unmenschlichkeit gibt.

Vielleicht liegt die größte Provokation des Buches von Wohlmuth darin, dass es nicht auf der Seite 48 endet, sondern trotz der bedrängenden und ohnmächtig lassenden, ohnmächtig machenden Erfahrung von Auschwitz wagt, „in gebotener Bescheidenheit" (48) weiterzusprechen. Auschwitz steht dabei nicht einfach für das alte und Uns bekannte Problem der Theodizee, also der Frage, ob es einen guten und allmächtigen Gott gibt, der all das menschliche Leid zulässt. Bei dieser Frage unterscheidet die Theologie bzw. Philosophie seit Langem zwischen dem *malum physicum* und dem *malum morale*, also einerseits dem Leid, das dem Menschen als Mensch und Geschöpf zukommt, seine Todverfallenheit und seine Anfälligkeit für Krankheiten. Das *malum morale* ist andererseits das Leid, das sich Menschen einander antun. Und dafür steht in erschreckender Weise Auschwitz. Auschwitz ist kein Tsunami und keine anders geartete Naturkatastrophe. Auschwitz ist keine Pest und keine Tat von Tieren. Auschwitz wurde von Menschen geplant, organisiert und durchgeführt. Auschwitz ist ganz menschliche Tat und ist wie keine andere Tat total unmenschlich. Ganz menschlich, weil es Ausdruck der Möglichkeiten ist, die dem Menschen aufgrund der ihr/ihm eingeräumten Handlungsoptionen offen stehen, ganz unmenschlich, weil Auschwitz nichts anderes ist als das Grab der Menschheit, weil hier der Mensch in einer bestimmten Gestalt an ihr/sein Ende kommt und das Ende ihrer/seiner Handlungsmöglichkeiten erreicht, die zum Himmel schreien. In Auschwitz ist der Mensch nicht mehr Mensch. Keiner. Deshalb sprechen Wir auch von Handlungsoptionen des Menschen und reden nicht davon, dass sich hier die grauenhafte Seite der Freiheit des Menschen zeigt. Ein Mensch, die/der mordet, ist nicht frei, denn Freiheit ist Ausdruck der Fähigkeit zum Guten. Frei ist der Mensch, die/der nicht das Böse wählt, sondern das Gute. Der Mensch, die/der das Böse wählt, ist entstellt, verzerrt ihr/sein Mensch-Sein und ist gewiss nicht frei. Der Mensch ist nicht frei, das Böse zu wählen. Sie/Er kann das Böse tun, aber dann ist sie/er unfrei. Wir halten diese Unterscheidung in der Anthropologie für extrem maßgeblich: Frei ist der Mensch, die/der das Gute wählt, unfrei ist der Mensch, sie/der das Böse wählt. Und Auschwitz ist die Wahl des Bösen. Hier entstellt der Mensch ihre/seine Fähigkeit der Gastlichkeit, hier verweigert sie/er sich ihrer/seiner grundsätzlichen Offenheit auf die andere/den andren hin, hier ist sie/er unfrei. In Auschwitz siegt das Diabolische.

Es wäre wohl für den Leser und die Leserin einfacher gewesen, wäre Wohlmuth mit Auschwitz eingestiegen – wenn man mit Auschwitz überhaupt einsteigen kann und nicht sofort ausstiegt –, um dann mit Levinas bei der Gastlichkeit zu enden, um von dort her eine Hoffnungsperspektive für das Jenseits zu eröffnen. Er tut es nicht. Wohlmuth beginnt mit der Gastlichkeit und endet – zumindest in der Hinführung – mit Auschwitz. Levinas hatte als litauischer Jude seine ganze Familie während der Shoah verloren. Trotzdem und gerade vor diesem Hintergrund entwickelt er eine metaphysikkritische Anthropologie, die nicht bei der Sorge des Menschen um sich selber endet, sondern das Subjekt immer zuerst auf den anderen verweist. Mit diesem vor dem Hintergrund der Shoah entwickelten Menschenbild steigt Wohlmuth in sein Bedenken dessen ein, was Eschatologie sein könnte, und er endet in der Hoffnungslosigkeit von Auschwitz. Damit ist nicht angedeutet, dass der Mensch an sich eigentlich ganz gut sein könnte, im Letzten aber immer versagt. Dann wäre Uns die Hölle gewiss und Wir würden in die Hoffnungslosigkeit fallen. Es geht also nicht darum, dem Menschen ihre/seine eigene Grausamkeit vor Augen zu führen, sondern es geht darum aufzuzeigen, vor welchem Hintergrund sich die Rede von den letzten Dingen bewahrheiten muss. Wie muss heute geredet werden, wenn Wir von der Hoffnung sprechen, die alle Hoffnung übersteigt, weil es eine Hoffnung ist, die alle Menschen betrifft, die Hoffnung auf die Erlösung aller Menschen? Mit Auschwitz hat sich alles geändert. Nach Auschwitz können Wir nicht mehr so über Gott reden, wie Wir davor über Gott gesprochen haben und nach Auschwitz können Wir nicht mehr so über das Jenseits und die Erlösung sprechen, wie Wir es davor getan haben. Auschwitz verändert Unser Reden von, über und zu Gott und Auschwitz verändert Unser Reden über das Jenseits. Denn es bleibt die Frage im Raum, ob Erlösung für die Opfer die gleiche ist wie die Erlösung für die Täter. Wie sind diese beiden Gruppen im Angesichte Gottes zusammenzubringen? Hier ist ein Ausgleich menschlich nicht denkbar, sodass Auschwitz der Stachel der Theologie Unserer Tage ist und speziell der Eschatologie. Von daher muss all Unser theologisches Sprechen immer von Auschwitz her durchzittert sein, von der Ungeheuerlichkeit, was Menschen Menschen antun können. Wir erinnern an dieser Stelle an zwei Zitate von Johann Baptist Metz:

> Auschwitz signalisierte für mich einen Schrecken jenseits aller vertrauten Theologie, einen Schrecken, der jede situationsfreie Rede von Gott leer und blind erscheinen ließ. Gibt es denn, so frage ich mich, einen Gott, den man im Rücken zu einer solchen Katastrophe anbeten kann? Und kann Theologie, die diesen Namen verdient, ungerührt nach einer solchen Katastrophe einfach weiterreden, von Gott und von den Menschen weiterreden, als ob angesichts einer solchen Katastrophe nicht die unterstellte Unschuld unserer menschlichen Worte zu überprüfen wäre?[34]

> Wir Christen kommen niemals mehr hinter Auschwitz zurück; über Auschwitz hinaus aber kommen wir, genau besehen, nicht mehr allein, sondern nur mit den Opfern von Auschwitz.[35]

Nur mit den Opfern von Auschwitz. Das ist wohl auch eines der großen Anliegen von Wohlmuth, weswegen er sich unablässig in die Auseinandersetzung mit jüdischem Denken begibt. Nur mit den Opfern von Auschwitz kann nach Auschwitz Theologie betrieben werden, kann nach Auschwitz redlich von Gott geredet werden, kann nach Auschwitz gebetet werden. Nur mit den Opfern von Auschwitz ist es möglich, den Graben zwischen der Seite 48 und der Seite 49 zu überspringen und nach Auschwitz weiterzulesen. Es handelt sich bei dem Hinweis auf Auschwitz nicht um eine der üblichen lästigen Vorüberlegungen, die dann bei der Durchführung vergessen und übergangen werden. Deshalb kommt der Hinweis auf Auschwitz bei Wohlmuth auch, nachdem er geschildert hat, wie er seine Eschatologie aufbauen und durchführen wird. Danach kommt der Einhalt gebietende Hinweis auf Auschwitz, der alles verändert und das ganze Buch in einem neuen Licht erscheinen lässt.

---

34 Metz, Landschaft aus Schreien, 81.

35 Metz, Ökumene nach Auschwitz, 31.

2.7.1 Wohlmuths Ansatz

Das dritte Kapitel stellt zweifelsfrei die systematische Mitte des Buches dar. Es ist in drei Unterkapitel gegliedert: 1. Eschato-Ästhetik, 2. Eschato-Logik, 3. Eschato-Praxie. Um was handelt es sich bei diesen wundersamen Worten?

Nach Wohlmuth muss die Eschatologie „rational verantwortete Rede vom Äußersten, Letzten“ (46) sein. Als Rede muss sie auf ihre sprachliche Ausdrucksgestalt reflektieren und dies passiert in der *Eschato-Ästhetik*, die Wohlmuth dabei nicht allein auf die sprachliche Ausdrucksgestalt reduziert, sondern auch Kunst und Musik in seine Überlegungen mit einbezieht. Diese sind in der Lage, etwas von der Schönheit und Wahrheit zum Ausdruck zu bringen, die Wir Menschen Uns durchaus vorstellen können, die in Unserer rauen und zerrissenen Welt aber oft nur als das anwesend sind, was noch aussteht, als Hoffnungsgestalten, die erst in Zukunft Wirklichkeit werden. Diese Zukunftsversprechen werden besonders im Christentum metaphorisch vorgebracht (75-103), indem die Liturgie oder die metaphorische Rede von der Gottesherrschaft in scharfer Gegenwartskritik das vor Augen stellt, „was noch nicht ist“ (76).

Während also die Eschato-Ästhetik als eschatologische Wahrnehmungs- oder Erkenntnislehre verstanden werden kann, beschäftigt sich die *Eschato-Logik* mit der Möglichkeit, überhaupt etwas über das Jenseits aussagen zu können. Sie ist die eschatologische Hermeneutik und hier wird begründet, dass das Subjekt in der Lage ist, *sub specie aeternitats* verantwortlich zu handeln. Wohlmuth macht darauf aufmerksam, dass Kant sich vehement gegen ein Wissen über das Jenseits verwahrt hat. Dagegen macht er selbst deutlich, dass es in der Eschatologie „nicht um ein Jenseitswissen esoterischer Art“ geht, „sondern [...] um ein christologisch bedingtes Verstehen des Menschseins und der Menschheitsgeschichte.“ (118) „Der Glaube beruht auf erfahrener Verlässlichkeit, aus der heraus er vertraut, sich auf ein Versprechen für die Zukunft einlassen zu können.“ (119)

Nach der Frage nach der Ausdrucksgestalt und dem Ausdrucksgehalt kommt in der *Eschato-Praxie* der Aspekt des Handelns in den Blick: Mit Johannes und Levinas lässt sich denken, dass das Gericht keine Sache der Endzeit ist, sondern sich der Mensch im Hier und Jetzt selber richtet, indem sie/er sich für oder gegen das Gute entscheidet. Der Becher Wasser, dem man der Schwester oder dem Bruder gibt, ist ein Becher Wasser für Christus. Dies zeigt sich aber nur, wenn man die Vorgänge unter dem Blickwinkel der Ewigkeit betrachtet und die messianisch-christologische Dimension menschlichen Handelns bedenkt. Hier wird Eschatologie nicht als Jenseitsvertröstung gedacht, sondern der Ernst menschlichen Lebens vor Augen geführt, da der Mensch jeder Zeit die Möglichkeit hat, für die/den andere*n einzutreten, der/dem anderen Raum und Zeit in ihrem/seinem Leben zu gewähren und so sein Leben auf die/den ganz Anderen hin auszurichten (ob man dies weiß, oder nicht).

Eschato-Ästhetik, Eschato-Logik-Eschato-Praxie: Hier steht das Eschaton nicht aus, sondern bricht zu jedem Zeitpunkt in das menschliche Leben ein; wenn Wir die Wahrheit, auch die Wahrheit der Abwesenheit von Schönheit, zum Ausdruck bringen; wenn Wir das Eschaton als noch ausstehend begreifen und nicht so tun, als wüssten Wir Bescheid, was dort auf Uns gewiss wartet; wenn Wir aus der Ungewissheit der Zukunft heraus im Hier und Jetzt gut handeln und nicht die Hände in den Schoß legen, weil Gott eh alles zum Guten wenden wird und Wir Unser Heil eh geschenkt bekommen und Wir Uns dieses nicht verdienen können.

2.7.2 Zeit

Heidegger vertritt die These, dass das Subjekt „Vergangenheit und Zukunft im gegenwärtigen Bewußtsein […] ‚synchronisieren'" (59) kann. Dies ist keine besonders ausgefallene These und wird von sehr vielen Philosoph*innen und Theolog*innen so vertreten. Wohlmuth setzt mit Levinas auf eine andere Idee. Levinas spricht davon, dass das inkarnierte Subjekt, das „in seiner Leiblichkeit vom Altern geprägt ist" (60). Das inkarnierte Subjekt hat nicht nur einen Leib, es ist Leib, weswegen seine Leiblichkeit zu seiner Existenzweise hier auf Erden dazugehört und nicht ein lästiges Anhängsel ist. (Nebenbei gesagt erschließt sich auch nur von hierher die christliche These der leiblichen Auferstehung: Christ*innen glauben nicht, dass eine vom Leib losgelöste immaterielle Größe oder Seele auferweckt wird, sondern sie glauben an die leibliche

Auferstehung, weil der Leib zu Unserem Subjektsein dazugehört und gleichsam die Garantie dafür darstellt, dass menschliche Geschichte nicht verloren geht.) Levinas denkt aufgrund der Leiblichkeit des Subjektes nicht, dass das Subjekt in der Lage ist, das Vergangene bis zu allen Anfängen und darüber hinaus in sein Bewusstsein zu holen und alle Zukunft bis über den Tod hinaus vorauszudenken. Das Subjekt war bei seinem Anfang nicht dabei, sodass es das Vor vor seinem Leben nicht denken kann. Und das Subjekt ist nicht Herr über seinen Tod, weswegen der Tod für es auch eine erkenntnistheoretische Schranke darstellt: Der Mensch weiß nichts über das Danach, über das Jenseits, weil der Mensch ihr/sein eigenes Leben nicht in der Hand hat, weil sie/er nicht Herr*in ihres/seines Leben ist und der Tod über sie/ihn hereinfällt, ohne dass der Mensch ihn aufhalten könnte. Levinas geht also von einem passiven Bewusstsein aus und spricht vom „Auseinanderfallen der Identität des Subjekts" (ebd.) bzw. der „Nichtidentität des Subjekts" (61). Das Subjekt kann nicht alles, was es will, es kann nicht über sich selber hinausdenken, sondern ist an die leiblichen Bedingungen seines Denkens geknüpft. Dies bedeutet, dass das Subjekt weder Herr über seinen Anfang, noch Herr über sein Ende ist. Und deswegen kann es sein Wissen über das Davor und über das Danach nicht beliebig ausdehnen, es kann nicht alles in sich hineinholen.

Wohlmuth fasst seine späteren Ausführungen konzentrierend zusammen:

> Das nicht mit sich identische Subjekt erhält seine Identität gleichsam *extra se*, indem es als Geschöpf dem schöpferischen Wort – unvordenklich – schon gehorcht hat, ehe es zum synthetisierenden Zeitbewußtsein kam. Erst so ist es erwählt zur Verantwortung vor aller Freiheit und erhält gerade so seine Einzigkeit und Freiheit. Die Verantwortung für den Anderen ist nicht auf das eigene Zeitbewußtsein zurückzuführen, sie ist älter als das Subjekt. Erst als verantwortliches Subjekt ist es nicht der zeitlichen Endlichkeit preisgegeben. Im Gutsein hat das Subjekt Zeit für den Anderen und nimmt so teil am Gutsein eines gastfreundlichen Schöpfers. (61; vgl. 230)

Das Gutsein des Subjektes beschreibt Wohlmuth (122-143) in Anlehnung an Levinas als Durchbrechung der Totalitätsontologie durch den Einbruch des Anderen, dem geholfen werden soll und der nach

Mt 25,31-46 der Messias (= Christus) selbst ist, was freilich erst am Ende der Tage offenbar wird. Christliches Leben steht zu jedem Zeitpunkt „vor dem Richterstuhl Gottes“ (138) und muss sich eschatologisch bewähren, indem es den Kairos ergreift, die Siegesgeschichte unterbricht, sich dem Anderen öffnet und verantwortlich handelt.

2.7.3 Titel

Der Titel von Wohlmuths Eschatologie ergibt sich aus seinem Vorschlag, die Debatte um die These von der „Auferstehung im Tod“ weiterzudenken. Mit Blick auf 1Kor 15,51 („Wir werden nicht alle entschlafen, aber wir werden alle verwandelt werden.“) schlägt Wohlmuth vor, vom „Mysterium der Verwandlung“ (182) zu sprechen. Eschatoästhetisch könne so vermieden werden, dass man sich Zeit nach dem Tod als einfache Verlängerung der Zeit vor dem Tod vorstellt und sich so den Fragen von Zwischenzeit und dem darauffolgenden Endgericht stellen müsste. Auch das Problem der Zusammengehörigkeit von Leib und Seele könne so besser umschrieben werden als mit der traditionellen Vorstellung der *anima separata*. Vor dem Hintergrund seiner Kritik am synthetisierenden Zeitbewusstsein tendiert Wohlmuth offensichtlich – ohne es direkt auszusprechen – zu einem diachronischen Eschatologie-Konzept: Die Basileia Gottes scheint in der liebenden Durchbrechung des Subjektes und in der Offenheit für den nicht ausgesuchten Anderen auf. Wegen der eschatologischen Bedeutung dieser Möglichkeiten, sich wie Jesus vom Geist Gottes ergreifen zu lassen, betreffen Gericht und liebende Glückseligkeit das Hier und Jetzt so sehr, dass alle Aussagen über ein Jenseits nach dem Tod von hier her gemacht werden müssen.

3. Grundsätzliches

Das Kapitel „Diskurshorizont" hatte das Ziel, überblicksartig einige Themen und Aspekte auszuarbeiten, die unter dem Stichwort Eschatologie verhandelt werden. Es ging dabei nicht um Lückenlosigkeit oder systematische Vollständigkeit. Es ging eher darum, einen fundierten Überblick über das zu bekommen, was Wir im Rahmen einer Eschatologie bedenken wollen. Während der Diskurshorizont also einen Einblick in die Fragestellungen gegeben hat, hat das nun folgende Kapitel die Aufgabe, ein paar grundsätzliche Gedanken zu markieren und zu artikulieren, die unserer Meinung nach immer im Blick sein müssen, wenn wir uns zu eschatologischen Fragen und Themen äußern.

3.1 Sprache: Analoge Gottrede und Rede vom Jenseits

3.1.1 Form und Inhalt

In einem ersten Unterpunkt geht es um die Sprach- und Denkmöglichkeiten für Aussagen über das Jenseits. Es geht also darum, wie überhaupt über das Jenseits gesprochen werden kann. Dabei hängt die Aussageform unweigerlich mit dem Aussageinhalt zusammen, weil dieser nicht einfach wie der Kern von der Schale getrennt werden kann. Es handelt sich bei Form und Inhalt um zwei eng miteinander verwobene Größen. Diese Größen können logisch, d. h. in der Reflexion von einander unterschieden werden. Dies gelingt aber nur im Nachdenken über diese Aussagen und nicht im Voraus. Es muss also zuerst ausgedrückt oder ausgesagt werden und im Nachhinein, in einem weiteren Reflexionsschritt können Aussageform und Aussageinhalt unterschieden, aber keinesfalls getrennt werden. Die Unmöglichkeit, Form und Inhalt zu trennen, liegt in der Kontextbedingtheit Unseres Sprechens und Denkens. Es wäre fatal und reduktionistisch, würde man glauben, man könnte den Aussageinhalt eines Gedichtes oder eines Liedes auf eine Kurzformel bringen. Diese Unmöglichkeit der Trennung von Aussageform und Aussageinhalt wird noch deutlicher, wenn Wir die sprachlichen Ausdrucksmöglichkeiten verlassen und Uns auf die Kunst zubewegen. Ein Bild oder ein

Musikstück können nicht ausgesagt werden. Sie können zwar beschrieben werden und man kann versuchen, in Sprache zu deuten, was die Künstlerin hat ausdrücken wollen. Aber es ist deutlich, dass hier Form und Inhalt in der Weise korrelieren, dass eine Übersetzung in ein anderes Ausdrucksmedium – von der Musik zur Sprache – nicht gelingen will. Dies gilt analog dann eben auch für sprachliche Verdichtungsmethoden, so eben beim Gedicht. Allerdings lassen sich auch Inhalte von Lehrsätzen nicht ohne Weiteres in Gedichtform übertragen. Wir müssen also die unterschiedlichsten Aussagekontexte und Aussagemöglichkeiten bedenken und beachten, wenn Wir Uns dem Unterschied von Aussageform und Aussageinhalt nähern. So wird man wohl davon ausgehen können, dass bestimmte Aussagen nur dann richtig verstanden werden, wenn man sie in ihren Kontext einordnet. Damit wird aber deutlich, dass die Aussageform auch über den Aussageinhalt regiert und dieser von jener nicht einfach getrennt werden kann.

3.1.2 Metaphorizität

Besonders für die Eschatologie gilt, dass sie einer bestimmten Sprachgestalt unterliegt. Da der Mensch kein gesichertes Wissen über das Jenseits hat, sind seine Aussagen bezüglich dessen, was das Leben hier auf Erden übersteigt, bildlich, metaphorisch und analog. Es handelt sich dabei nicht um univoke Aussagen, die eins zu eins zutreffen. Es handelt sich bei eschatologischen Aussagen immer um äquivoke Aussagen, die in nicht-eigentlicher Weise ausdrücken, was gemeint ist. Wir müssen über das Jenseits mit den Uns zur Verfügung stehenden Worten und Denkmustern reden; gleichzeitig ist immer klar, dass all diese Redeweise übertragen ist, weil auf das Jenseits nichts übertragen werden kann, was für das Diesseits gilt. Warum ist das so? Die einfachste Erklärung ist wohl die, dass Wir mit dem Tod an eine Grenze stoßen, die in erkenntnistheoretischer Sicht unüberwindlich ist. Wir haben keinen Kontakt zu Toten und niemand, der tot war, kam wieder, um über das zu berichten, was er „auf der anderen Seite“ erlebt hat. Schon die Ausdrucksweise „auf der anderen Seite“ verdeutlicht wieder, dass es sich hier um eine Metapher handelt, die von einem Graben ausgeht, der unüberbrückbar ist oder von dem einen oder der anderen vielleicht doch überschritten wurde. Wie auch immer Nahtoderlebnisse zu interpretieren sind oder die Begegnungen der Jüngerinnen und Jünger mit dem Auferstandenen: Bei den Nahtoderlebnissen wurden Menschen reanimiert und sie waren noch nicht in dem Sinne tot, dass sie unwiederruflich verwest und vergessen gewesen sind. Die Begegnungen mit dem Auferstandenen sind dadurch gekennzeichnet, dass sie nur für einen kurzen Zeitraum geschehen sind, bevor Jesus seinen Platz zur Rechten des Vaters eingenommen hat – wieder eine bildliche, übertragene Redeweise; ein Ausdruck dafür, dass es eine Zeit gegeben hat, in der Begegnung mit dem Auferstandenen in direkt personaler Art möglich gewesen ist, was sich mit der Auffahrt in den Himmel geändert hat. Wir haben also keinen Boten, der Uns Wissen aus dem Jenseits übermitteln kann. Und das Jenseits unterscheidet sich auch von fremden Galaxien oder Sternen, denn für Unseren Kosmos gehen Wir von der Konstanz der Naturgesetze aus, was für das Jenseits nicht gilt. Dort denken Wir weder Raum noch Zeit. Und hier zeigt sich wieder die Notwendigkeit, für das Jenseits in übertragener Redeweise sprechen zu müssen, weil des Menschen Denken notwendig an Raum und Zeit gebunden ist. Diese Größen sollen aber für das Jenseits nicht gelten, weil mit ihnen die Begrenztheit und Sterblichkeit des Menschen verbunden ist. Jenseits steht aber genau für das Gegenteil, nämlich für Entgrenztheit und Unsterblichkeit. Große Worte für eine unvorstellbare Vorstellung.

3.1.3 Analogizität, Bildlosigkeit und Spur

Zuerst muss noch geklärt werden, dass es für Theologinnen und Theologen zum Alltagsgeschäft gehört, nicht univok zu sprechen, sondern äquivok, bildlich oder metaphorisch. Womit hängt das zusammen? Zwei Punkte sind hier wichtig, die wiederum unterschieden, aber nicht getrennt werden können. Wir müssen ständig äquivok reden, weil Wir keine Vorstellung und kein Bild von Gott haben. Und weil Wir kein Bild von Gott haben und Uns kein Bild von Gott machen dürfen, deshalb ist auch Jesu Rede von der anbrechenden Königsherrschaft Gottes metaphorisch gewesen. Jede theologische metaphorische Rede kann sich also auf die Sprachhaltung Jesu berufen, der metaphorisch von der anbrechenden Königsherrschaft Gottes gesprochen hat, weil dies aufgrund der Transzendenz Gottes nicht anders möglich ist. Das biblische Bilderverbot gehört zu den grundlegenden theologischen Axiomen, die sich aus dem Monotheismus herleiten und mit diesem zusammenhängen. Es gibt nur einen Gott: „Ich bin der Herr, Dein Gott." (Jes 41,13) Und von diesem einen Gott darf sich der Mensch kein Bild machen. Warum? Wäre es nicht schöner, hätten Wir eine nette Statue oder ein farbenfrohes Bild von dem, den Wir als Gott verehren? Bilder und Statuen beinhalten leider immer die Gefahr, dass sie selber für die Gottheit gehalten werden, dass sie selber als die zu verehrende Gottheit gelten. Der Psalmist macht sich lustig über die, die zuerst mit mehr oder minder großem handwerklichen Geschick eine Statue herstellen, um sie dann als Gott zu verehren (Ps 115). Und diese Kritik ist wahr: Nichts, was der Mensch herstellt, ist dergestalt, dass man es als Gottheit verehren kann und soll. Gott ist nichts Menschengemachtes, Gott ist kein Produkt des Menschen und deshalb gilt das biblische Bilderverbot. Dieses diente ursprünglich eben dazu, eine Kultstatue zu verbieten. Hierin ist die israelitische Religion relativ einzigartig. Wir sagen relativ, weil es archäologisch belegt in den Anfängen israelitischer Religion durchaus Götterstatuen gegeben hat. Die Bilderlosigkeit Gottes hat sich erst mit der Zeit durchgesetzt. Das babylonische Exil hat in diesem Prozess wohl eine verstärkende Rolle gespielt, weil vor der Verschleppung ja der Tempel und damit auch das zerstört wurde, was im Tempel war. Es wurde deutlich, dass dies nicht Gott sein kann, denn von einem Scherben-, Metall- oder Holzhaufen kann keine Rettung erwartet werden. Wie dem auch sei, der Herr der Welt, der Herr der Geschichte, der Schöpfer von Anfang und Ende kann nicht als unbewegliche Statue oder in einer solchen verehrt werden, weil sich der Mensch in der Statue oder im Bild nur etwas zurechtzimmert, das er für Gott hält. Hier gilt es eben zu differenzieren und diese feine Unterscheidung ist typisch für Unsere biblische Religion: Nichts Menschengemachtes ist Gott. Gott ist anders, er begegnet Uns im anderen Menschen und lässt sich nicht in einer Steinstele verehren.

Die Bilderlosigkeit Gottes wurde im Gefolge auf die Sprache und auf Sprachbilder ausgedehnt. Dies nimmt seinen Anfang, als man aufgehört hat, den Namen Gottes auszusprechen. Während der Zweite Tempel stand, wurde der Name Gottes nur einmal im Jahr vom Hohenpriester ausgesprochen, am Versöhnungstag, dem Yom Kippur. Aber auch dieser

Brauch hat sich mit der Zerstörung des Zweiten Tempels zerschlagen, sodass seit dem kein Jude (und erst seit der Zerstörung des Zweiten Tempels und des Verlustes der Eigenstaatlichkeit kann man vom Judentum sprechen) mehr den Namen Gottes ausspricht. Hier beginnt sich also das Bilderverbot auf die Sprache auszudehnen: So, wie Wir kein Bild von Gott haben, so dürfen Wir auch seinen Namen nicht aussprechen, weil mit der Nennung des Namens der/die Angesprochene nicht mehr abwesend ist. Wer den Namen eines Menschen kennt, der kennt ihn, der kann über ihn verfügen, der kann ihn zitieren. Aber Gott ist wohl keine*r, die/der sich zitieren lässt. Gott ist erhaben, Gott thront über den Himmeln, Gott kann nicht einfach so herbeigerufen werden wie ein Laufbursche. Auch vermittelt der Name eines Wesens nicht nur Macht über das Wesen, sondern auch Kenntnis von diesem Wesen. Der Name reicht bis in das Herz eines Wesens, in seine Wesensmitte, sodass die Kenntnis des Namens Gottes sehr viel über sie/ihn selber offenbart. Auch deswegen wurde ihr/sein Name nicht mehr ausgesprochen, weil man nicht so tun wollte, als wüsste man über Gott Bescheid. Gott ist erhaben und seine Erhabenheit zeigt sich auch darin, dass ihr/sein Name nicht einmal genannt werden darf.

Bevor wir dazu übergehen, etwas über die metaphorische Redeweise Jesu zu sagen, wollen wir die gerade gemachten Ausführungen zum Bilderverbot um den Gedanken der Analogizität bzw. der analogen Gottrede erweitern. Ja, Wir haben kein Bild von Gott und dürfen Uns von ihm kein Bild machen. Dies reicht bis in die Mitte Unserer Theologie und wird vor allem in dem Zweig der Theologie bedacht, der als negative Theologie bezeichnet wird. Dies ist keine, die negative Gedanken vermittelt oder die schlecht beurteilt wird. Ganz im Gegenteil. Fast wäre man versucht zu sagen, dass die negative Theologie die höchste Zierde der Theologie ist, das, was sie erstrahlen lässt. Die negative Theologie beschreibt die unerklärliche Größe Gottes, seine Unfassbarkeit, seine Größe, die jedes menschliche Maß übersteigt. Gott ist transzendent, Gott ist die/der immer und je größere, größer als alles, was Wir Menschen denken und Uns ausmalen können.

Trotz der Geheimnishaftigkeit und Rätselhaftigkeit muss der Mensch irgendwie mit dieser Größe umgehen, er muss zumindest bis zu ihr hindenken, hinreden, hinmusizieren können. Und dieses Hindenken zu Gott passiert in den Spuren Gottes, indem der Mensch nach den

Spuren sucht, die sie/er in Unserer Geschichte und in Unserem Denken hinterlassen hat. Denn Transzendenz bedeutet nicht totale Jenseitigkeit oder absolute Abwesenheit. Das wäre das Gottesbild des Deismus, der davon ausgeht, dass Gott die Welt geschaffen hat, diese seitdem aber wie ein zufriedener Uhrmacher von außen betrachtet. Auch wenn Wir nicht davon ausgehen, dass Gott jederzeit in diese Welt eingreifen kann, so gehen Wir doch davon aus, dass sie/er nicht einfach abwesend ist. Der Mensch erkennt Gottes Eingreifen, er kann in der Reflexion über ein Ereignis verstehen, dass dieses Ereignis falsch interpretiert wäre, würde man es ohne Gott interpretieren. Der Mensch lässt sich mitunter zum Guten hinreißen, zu etwas, dessen Tat ihn selber übersteigt, die nicht aus ihm heraus entstehen kann. Und dieses Übersteigen darf dann als Tat Gottes verstanden werden, als Gnadenakt, als etwas, das sich innerweltlich nicht erklären lässt, das kein Ausfluss der Hormone des Menschen ist, das mehr ist als bloße Naturkausalität. Neben diesem Erlebnis des Über-sich-Hinauswachsens gibt es wohl noch Ereignisse in der Geschichte bzw. im Leben eines Menschen, wo sich etwas gefügt hat, das im Rückblick betrachtet Sinn ergibt. Diese Ereignisse sind zwar vom Menschen mitgemacht, aber nicht alles liegt hier im Handlungs- oder Verantwortungsbereich des Menschen. Es kann sich etwas fügen. Und die passive Formulierung: es fügt sich, zeigt an, dass hier ein hintergründiges Gesetz am Werk ist, das nicht einfach als blinder Schicksalsschlag verstanden werden darf, sondern als glückliche Fügung. Sinn ergibt sich aber auch in dieser Situation der Fügung erst im Hinblick auf Gott und von Gott her. Diesen Sinn stellt nicht der Mensch her, sondern dieser Sinn kommt ihm von außen zu und wird erst im Rückblick erkannt. Gottes Eingreifen ist nicht prognostizierbar oder gar herbeiführbar. Gott hat ihre/seinen Sohn nicht vor dem Kreuz bewahrt oder zwölf Legionen Engel geschickt, um ihn aus den Händen der Häscher zu befreien. Aber im Nachhinein betrachtet hat es sich so ereignet, dass die Jüngerinnen und Jünger in der Reflexion mithilfe der Schrift erkannten, dass hier etwas geschehen ist, dem Sinn abzugewinnen ist.

Der Mensch kann aufgrund der Spuren, die Gott in ihrer/seiner Schöpfung oder in der Geschichte hinterlässt, auf Gottes Existenz schließen. Aber trotz der Spuren, die Gott hinterlässt, muss der Mensch nicht auf die Existenz Gottes schließen. Diese legt sich nahe, für denjenigen, der sich vom Geist Gottes anregen lässt und der sich auf das

Wagnis einlässt, Spuren entdecken und interpretieren zu wollen. Aber diese Spuren sind keine unwiderleglichen Beweise. Gottes Existenz ist nicht zu beweisen, seine Existenz muss nicht denknotwendig angenommen werden. Seine Existenz darf gedacht, darf angenommen, darf verehrt und bestaunt werden. Aber Gott zwingt den Menschen nicht dazu, seine Existenz denken oder wahrnehmen zu müssen. Um den Menschen nicht zu zwingen, hinterlässt er deshalb nur sehr subtile Spuren, Spuren, die leicht übersehen werden können, die sich nur der/dem erschließen, die/der sich auf sie einlässt und die/der gelernt hat, sie zu lesen. Man kann diese Spuren auch anders deuten. Dann allerdings entgeht dem Menschen Vieles von dem, was menschliche Wirklichkeit ausmacht. Wer glaubt, wer die Spuren Gottes zu interpretieren und zu lesen versteht, der hat eine reichere Wahrnehmung, die/der versteht mehr, die/der entdeckt mehr Sinn, der/dem erschließt sich mehr von der Wirklichkeit. Aber auch beim Spurenlesen und -entdecken, bei der Interpretation der eigenen Geschichte oder dem Blick auf die staunenswerte Schöpfung mit der Frage, warum überhaupt etwas ist, muss wiederum davon ausgegangen werden, dass Gott anders ist. Sie/Er zeigt sich den Menschen so, wie diese ihn verstehen können, d. h. im Rahmen der Verstehensmöglichkeiten, die dem Menschen gegeben sind. Würde sich Gott dem Menschen so zeigen, wie er ist, dann würde das den Menschen so überfordern, dass er sterben müsste. „Niemand kann mich sehen und am Leben bleiben." (Ex 33,20) Gottes Größe und Schönheit überfordert den Menschen. Gott offenbart sich also so, wie es den menschlichen Erkenntnis- und Denkmöglichkeiten entspricht. Dies ist der kenotische Aspekt der Offenbarung. Erniedrigung und Herabbeugen liegt nicht nur in der Inkarnation vor, sondern auch in der Offenbarung: Gott macht sich so klein, dass der Mensch sie/ihn verstehen kann. Warum tut Gott das? Eigentlich ist diese Frage nicht zu beantworten. Sie/Er tut es wohl aus Liebe, aus Zuneigung, aus Barmherzigkeit. Aber sie/er tut es auch, damit sich der Mensch nicht selber überhebt, damit der Mensch nicht denkt, sie/er sei die absolute Krönung der Schöpfung, einzigartig in diese Welt, sodass sie/er sich hier auf Erden als die Herrin/der Herr aufführen kann, die/der von niemandem gerichtet wird. Nein, der Mensch ist Geschöpf und muss Rechenschaft ablegen für das, was sie/er tut und getan hat. Gott offenbart sich also nicht nur aus Liebe, sondern auch aus Gerechtigkeit. Eine einseitige Betonung der Liebe

Gottes führt dazu, dass der Mensch aufhört sich Gedanken über ihre/seine Taten zu machen, weil sie/er sich eh des Erbarmens Gottes sicher ist und es deshalb auf das eine oder andere krumme Ding mehr oder weniger nicht ankommt.

Gott kann also aus seinen Spuren in Schöpfung und Geschichte heraus als existent erkannt werden und dennoch wird sie/er nicht so erkannt, wie sie/er ist. Das Konzil von 1215, das vierte, das im Lateran stattgefunden hat, äußert sich dazu folgendermaßen:

> quia inter creatorem et creaturam non potest tanta similitudo notari, quin inter eos maior sit dissimilitudo notanda. – Denn zwischen dem Schöpfer und dem Geschöpf kann man keine so große Ähnlichkeit feststellen, dass zwischen ihnen keine noch größere Unähnlichkeit festzustellen wäre. (DH 806)

Vom Menschen her kann nicht auf Gott zurückgeschlossen werden. Der Mensch erkennt zwar Gottes Spuren in der Geschichte und in der Schöpfung, aber daraus ergibt sich kein festes Bild von Gott. Gott ist transzendent, sie/er ist ganz anders, sie/er übersteigt die menschlichen Vorstellungsmöglichkeiten und deshalb kann auch kein menschlicher Begriff einfach so auf Gott übertragen werden. Es kann auf die Existenz Gottes zurückgeschlossen werden, aber wie Gott ist, wie sie/er an sich ist, kann der Mensch nicht erkennen oder aussagen. Es besteht zwischen dem Menschen und Gott zwar Ähnlichkeit, aber die Unähnlichkeit ist immer noch viel größer. Daher kommt es, dass Begriffe und Vorstellungen auf Gott nicht übertragbar sind, sie können nicht univok verwandt werden, weil sie dann eben in derselben Bedeutung von Gott und von allem Erfahrbaren ausgesagt werden würden. Begriffe gelten für Gott immer nur äquivok, sie gelten für ihn immer nur übertragen. Hans Urs von Balthasar drückt die Unmöglichkeit, von Gott und seiner Existenz so zu reden, wie dies auch vom Menschen getan werden kann, folgendermaßen aus:

> Und damit ist sogleich eine doppelte Negation gegeben: die Welt ist nicht Gott, und von Gott kann das Sein, wie es den weltlichen Seienden zukommt, nicht ausgesagt werden. Von der Welt aus gewertet, ist Gott Nichtsein.[36]

---

36 Balthasar, Bibel, 21.

Mit Walter Kasper kann noch einmal der Zusammenhang zwischen der analogen Gottrede und der negativen Theologie hergestellt werden: „Wir können von Gott bzw. vom Göttlichen eigentlich nur sagen, was es nicht ist: unkörperlich, unsichtbar, unendlich usw."[37]

Ein kleiner Hinweis auf die Traditionsgeschichte sei mir erlaubt: Dass Wir von Gott eher sein Nicht-Sein als sein Sein aussagen können, ist in der Theologiegeschichte breit belegt. So schreibt z. B. Athanasius von Alexandrien:

> καὶ γὰρ εἰ μὴ δυνατόν καταλαβέσθαι τί ἐστι θεός, ἀλλὰ δυνατὸν εἰπεῖν, τί οὐκ ἔστιν.[38]

> Wenn man auch nicht begreifen kann, was Gott ist, so kann man doch sagen, was er nicht ist.

Die Möglichkeit, von Gott überhaupt zu reden, liegt in der Analogie. Es gibt eine Ähnlichkeit zwischen Gott, der Schöpfung und dem Geschöpf. Aber diese Ähnlichkeit ist umfasst und getragen von einer immer größeren Unähnlichkeit. Karl Rahner interpretiert die Aussage des vierten Laterankonzils in seinem letzten großen Vortrag während der Festakademie zu seinem 80. Geburtstag folgendermaßen:

> Das vierte Laterankonzil sagt ausdrücklich, man könne über Gott von der Welt aus, also von jedwedem denkbaren Ausgangspunkt der Erkenntnis aus, nichts an Inhaltlichkeit positiver Art sagen, ohne dabei eine radikale Unangemessenheit dieser positiven Aussage mit der gemeinten Wirklichkeit selbst anzumerken. Aber im praktischen Betrieb der Theologie vergessen wir das immer wieder. Wir reden von Gott, von seiner Existenz, von seiner Persönlichkeit, von drei Personen in Gott, von seiner Freiheit, seinem uns verpflichtenden Willen usf; wir müssen dies selbstverständlich, wir können nicht bloß von Gott schweigen, weil man dies nur kann, wirklich kann, wenn man zuerst geredet hat. Aber bei diesem Reden vergessen wir dann meistens, daß eine solche Zusage immer nur dann einigermaßen legitim von Gott ausgesagt werden kann, wenn wir sie gleichzeitig auch immer wieder zurücknehmen, die unheimliche Schwebe zwischen Ja und Nein als den wahren und einzig festen Punkt

37 Kaspar, Der Gott Jesu Christi, 126.

38 Athanasius, Ep. ad monach. 2,1,182,3f.

> unseres Erkennens aushalten und so unsere Aussage immer auch hineinfallen lassen in die schweigende Unbegreiflichkeit Gottes selber.[39]

Von Gott kann inhaltlich nur übertragen gesprochen werden. Sie/Er ist ganz anders. Das Gesetz der Analogie macht es zwar möglich, von Gott zu reden, aber es handelt sich hier nicht um eine beliebige hermeneutische Klausel, die man am Anfang der Theologie irgendwo einmal einschieben kann. Die Analogie macht zwar das Reden über Gott und auch das Reden zu Gott möglich, aber sie sollte auch immer gleichzeitig und noch viel mehr in Erinnerung rufen, dass die Unähnlichkeit zwischen Schöpfer und Geschöpf größer ist als alle auszusagende Ähnlichkeit. Dazu noch einmal Karl Rahner in dem besagten Vortrag:

> Die erste Erfahrung, von der ich sprechen will, ist die Erfahrung, daß alle theologischen Aussagen, wenn auch noch einmal in verschiedenster Weise und verschiedenem Grad, analoge Aussagen sind. An sich ist das eine Selbstverständlichkeit ... Aber ich meine, dieser Satz wird faktisch doch immer wieder bei den einzelnen theologischen Aussagen vergessen, und das Erschrecken über dieses Vergessen ist die Erfahrung, von der ich reden will.[40]

Rahner spricht von dem Vergessen der bloßen Analogizität jeglicher theologischen Aussage. Deswegen müsse man nach ihm diese „Aussagen immer auch hineinfallen lassen in die schweigende Unbegreiflichkeit Gottes selber". Die Aussagen der Theologie müssen hinführen zum Schweigen über Gott, müssen ihre/seine Unbegreiflichkeit bedenken und aufdecken, müssen sie/ihn als Geheimnis verstehen lernen und sie/ihn in ihrer/seiner Geheimnishaftigkeit offenbar machen. Die Aussagen der Theologie müssen „durchzittert [sein] von der letzten kreatürlichen Bescheidenheit" (136).

Die Erkenntnis Gottes ist Uns Menschen nicht direkt geschenkt und damit ist auch menschliche Rede von, über und zu Gott immer analog. Es gibt keine andere Möglichkeit der Gott-rede, weil Gott so anders ist als der Mensch. Aus der Bildlosigkeit Gottes und der Notwendigkeit analoger Gottrede ergibt sich nun eine ganz eigene Sprachhaltung im

39 Rahner, Erfahrungen, 135f.

40 Rahner, Erfahrungen, 134.

Hinblick auf Gott. Von ihr/ihm wird nicht geredet, wie man ein Kohlenstoffatom beschreibt. Von ihr/ihm gibt es kein Benutzerhandbuch, sondern von Gott wird metaphorisch gesprochen. Die metaphorische Sprechweise macht dabei deutlich, dass hier keine einfach alltägliche Sprechhandlung vorliegt, sondern sowohl von der Erzählerin als auch vom Hörer etwas in Gang gesetzt und gefordert wird. Beide müssen aufmerksam sein. Und wieder ist es nicht so, als ob Gott in einer einfachen Sprechhandlung herbeigezwungen werden kann, sondern das Verstehen der Sprechhandlung kommt auf den Hörer zu, ohne dass die Erzählerin etwas dafür kann. Es gibt Witze, die nicht funktionieren. Ein gelingender Witz muss natürlich erzählt werden, aber dass er Lachen und Erheiterung erzeugt, ist eher ein Geschenk als etwas, das wirklich kalkulierbar ist. Genau so ist es auch mit den Gleichnissen, die Jesus erzählt. Sie können die Hörerin oder den Hörer treffen, diese müssen aber nicht getroffen sein und können sich dem Verständnis auch entziehen. Trotz allem bleibt deutlich, dass Jesus nicht einfach nur in Gesetzestexten zu seinen Jüngerinnen und Jüngern gesprochen hat. Er hat dies auch getan, wenn er gefragt wurde. Von sich aus hat er normalerweise das Gesetz nicht kommentiert. Dies ist erstaunlich und muss festgehalten werden. Wenn Jesus von sich aus spricht, dann spricht er in Gleichnissen. Gleichnisse sind nichts anderes als Sprachbilder. Jesus erzeugt einen Sprachraum, er schafft für diejenigen, die sich darauf einlassen wollen, einen intimen Raum des Verstehens, einen Raum, der sich nicht jeder oder jedem erschließt und dem man sich selber leicht verschließen kann. Wiederum wird deutlich, dass Jesu Botschaft nicht durch kluge Argumentation überzeugen will, sondern dass er einen sehr demütigen Weg zu seinen Hörerinnen und Hörern sucht. Er konnte auch herrisch sein, so wenn er in die Nachfolge ruft oder die Händler aus dem Tempel vertreibt oder den Feigenbaum verflucht. Er konnte aber auch einen Sprachraum eröffnen, der gleichzeitig Nähe und Distanz schafft. Nähe, weil er hier etwas von sich und Gott preisgibt, indem er die Sprache nicht als Medium der Informationsübermittlung benutzt, sondern die Sprache selber zum Inhalt des Ausgedrückten wird. Es liegt hier eine Sprachhandlung vor, etwas, das einen in den Bann schlägt, so wie kleine Kinder fasziniert sind, wenn ihnen ihre Eltern aus einem Buch eine Geschichte vorlesen. Wer sich dem Bann hingibt, erliegt ihm und kann nicht mehr von ihm lassen. Jesus erzählt also von der anbrechenden

Königsherrschaft Gottes in Gleichnissen. Dies wurde von den Evangelisten selbst mit einem Jesaja-Zitat in Verbindung gebracht: Hören sollt ihr, hören, aber nicht verstehen; sehen sollt ihr, sehen, aber nicht erkennen (Mk 4,12 parr; vgl. Jes 6,9f.). Es geht wohl nicht darum, dass Jesus als Geheimniskrämer dargestellt wird oder ihm unterstellt wurde, er würde eine Arkandisziplin vertreten, die nur für Eingeweihte verständlich gemacht wurde. Eher zeigt sich hier das Erstaunen, dass Jesus zwar offen aufgetreten ist und offen gepredigt hat, dass aber seine Predigt nicht bei allen Hörerinnen und Hörern den gleichen Erfolg gezeitigt hat. Jesus ist also Poet der Königsherrschaft Gottes. Er erzählt so von ihr, dass es die einen trifft und angeht, die anderen sich von dieser Predigt aber nicht angesprochen fühlen. Jesus zwingt nicht in die Nachfolge, sondern wählt mit seiner Sprechhandlung leise Töne aus, die überzeugen können, aber niemanden zwingen.

Das Typische für metaphorische Sprechweise ist die Übertragung. Es wird etwas ausgesagt, was anders nicht ausgesagt werden kann und dies wird nicht einfach festgestellt, sondern so gesagt, dass der Hörer oder die Hörerin sich auf das Gesagte einlassen und über es nachdenken und einordnen muss. Es ist ein Unterschied, ob man formuliert: Achill ist mutig oder Achill ist ein Löwe. Hier wird nicht gesagt, Achill sei der König der Tierwelt, d. h. die Übertragung findet nur in die eine Richtung statt und nicht in die andere. Achill werden Eigenschaften zugesprochen, die man mit dem Löwen in Verbindung bringt. Dies ist eine Übertragung. Genau solche Übertragungen macht Jesus in seinen Gleichnissen: Mit dem Himmelreich ist es wie ... Womit soll ich das Himmelreich vergleichen? Es gleicht einem ... Hier wird Bekanntes mit Unbekanntem verglichen und das Bekannte wird auf das Unbekannte angewendet, aber so, dass es nur auf diese Weise und nicht anders gesagt werden kann. Würde Jesus in Lehrsätzen vom Himmelreich dozieren und diese Lehrsätze seinen Jüngerinnen und Jüngern diktieren und zum Auswendiglernen mit auf den Weg geben, dann würden seine Sprachbilder an „Magie“ verlieren, sie würden nicht mehr so überzeugend sein. Von daher wird klar, dass hier die Aussageform sehr viel zum Aussageinhalt beiträgt und diese zwei Größen wiederum – wie schon zu Anfang festgestellt – von einander unterschieden, aber keinesfalls getrennt werden dürfen. Vom Himmelreich lässt sich am besten metaphorisch reden, weil das Himmelreich mit Gott zu tun hat und Wir von Gott kein Bild haben und Uns von ihm kein Bild machen dürfen, sodass Wir Uns einer Sprachform bedienen müssen, mit deren Hilfe Wir mehr aussagen können, als Wir aussagen können. Es geht um den Mehrwert der metaphorischen Sprache. Hier leuchtet etwas von der Hoffnung auf, die Uns Menschen erfüllt, diese Sprachform reicht bis in die Tiefen Unserer Sehnsüchte hinab und sie zeigt durch den Vergleich mit Alltäglichem, mit einem Senfkorn, einem Schatz im Acker, einem Weingärtner, etwas auf, dessen Wir schon hier auf Erden gewahr werden können, dessen Durchbruch und volle Existenz von Uns aber erst erwartet wird.

So zeigt sich, dass die Metapher die Sprachform der Eschatologie ist: Hier glimmt etwas von dem auf, was sein soll, das in Spuren schon vorhanden und existent ist, dessen Durchsetzung und Wirklichwerdung aber etwas ist, das erhofft werden darf, weil Wir Menschen sonst in Hoffnungslosigkeit versinken, das aber auch erhofft werden muss, weil es noch aussteht. In der Metapher steht gleichsam der Himmel offen und Wir bekommen einen Einblick in eine andere Welt, ohne dass diese andere Welt schon da wäre. Der Einblick gelingt Uns dabei auch nur von Unserem Alltag her, von dem her auf die andere Welt geschlossen wird, ohne dass dadurch die andere Welt in ihrer Wesentlichkeit schon vollends beschrieben und erfasst wäre. Es geht gleichsam darum, von der Lieblichkeit des Jenseits zu kosten, damit Uns die Sehnsucht dazu treibt, nach diesem anderen zu streben und es in die Tat umzusetzen (Eschato-Praxie).

Metaphorisches Sprechen öffnet dem Menschen den Himmel, ohne dass es das Jenseits auf die Begriffe des Diesseits reduziert, weil sich hier ein Mehrwert der Sprache auftut, der sprachlich nicht (anders) zu fassen ist. Dieser Mehrwert der Sprache hängt mit der Ausständigkeit dessen zusammen, was hier angezeigt wird. Das noch-nicht speist sich einerseits aus der Hoffnung und aus den Sehnsüchten der Menschen, die merken, dass sie sich mehr und Besseres vorstellen können, als sie erleben. Es geht nicht darum, Gott vorzurechnen, dass er den Menschen mit dem Blick und der Sehnsucht nach mehr geschaffen hat und dass er doch nun ein Anrecht darauf hätte, dass dieses Mehr doch bitte möglichst schnell Wirklichkeit wird. Hier zeigt sich Gott gänzlich als die/der Geheimnisvolle, als Herr*in der Geschichte, deren Sinn nur sie/er versteht. Die Geschichte ist mit ihren Fehlschlägen und dem, was sich Menschen gegenseitig antun, ein echtes Rätsel und nur Gott wird dieses

Rätsel lösen können. Hier versagt menschliche Vorstellungskraft und öffnet sich ein weiter Raum der Hoffnung auf Gottes Liebe. Es bleibt deutlich, dass das irdische Dasein der Menschen durch ein noch-nicht gekennzeichnet ist. Menschen wissen um die Möglichkeiten himmlischer Existenz, sie verkosten die Süßigkeit des Jenseits und wissen, dass es hier noch nicht so ist, wie es sein könnte und nach menschlichem Gerechtigkeitsempfinden und Liebesvermögen sein sollte. Hier wird angezeigt, dass etwas noch nicht ist, es zeigt sich hier also ein utopischer Charakter, verbunden mit der messianischen Hoffnung. Utopisch, weil es noch nicht ist, messianisch, weil die Hoffnung besteht, dass es eines Tages sein wird.

Erstaunlicherweise kreuzt sich die Sprachkunst der Metaphorik mit einer bestimmten Eigenschaft der Kunst bzw. des künstlerischen Schaffens: Kunst zeigt an, was noch nicht ist. Ihr eignet die Eigenschaft, die Sehnsucht des Menschen zu beflügeln, seine Gefühle anzusprechen. Dies ist aber keine Gefühlsduselei, sondern etwas sehr rationales, etwas, das zum Wesen des Menschen gehört. Der Mensch weiß um das, was sein könnte, er hat eine Ahnung und ein Wissen um den Himmel, um das Jenseits, und er kann dies zum Ausdruck bringen mit seinen irdischen und ganz materieverhafteten Ausdrucksmitteln, mit seiner Sprache, seinem Mund, seinen Händen, seinen Farben, seinen Klängen. Theodor W. Adorno bringt den rätselhaften und ambivalenten Charakter von Kunst auf den Punkt. Einerseits ist sie ein Produkt des Menschen und kann als solches nichts anderes sein als Produkt. Ein Produkt steht bei Adorno immer in der Gefahr, zur Ideologie zu werden, zu etwas, mit dem der Mensch sich selber versklavt, indem er sich Schein vorgaukelt, der keine Wahrheit beinhaltet und damit kein Sein ist. Andererseits zeigt sich in der Kunst etwas, das der Mensch nicht beherrscht. Hier ist Kunst Vorgeschmack auf das, was sein soll, nämlich Versöhnung.

> Weder sinkt Kunst zu dieser ab, noch ist Ideologie das Verdikt, demzufolge eine jegliche verbannt sei von aller Wahrheit. In ihrer Wahrheit selbst, der Versöhnung, welche die empirische Realität verweigert, ist sie Komplize der Ideologie, täuscht vor, Versöhnung wäre schon.[41]

41 Adorno, Ästhetische Theorie, 203.

Josef Wohlmuth schreibt zu dieser Stelle:

> Die Kunstwerke vermögen nicht zu sagen, daß Wahrheit ist, sondern sie sagen umgekehrt, daß Wahrheit nicht ist. Wahrheit wäre aber nach Adorno, wenn Versöhnung wäre. Diese aber wird durch die empirisch-soziale Wirklichkeit verweigert.[42]

In Kunst bricht sich Wahrheit Bahn. Aber nicht so, dass hier die Wahrheit ins Werk gesetzt wird. Das zu wollen würde bedeuten, ein Idol herzustellen, eine anzubetende Götterstatue. Dies untersagt das Bilderverbot und dies ist aufgrund der Bilderlosigkeit Gottes versagt. Der Mensch kann Gott nicht ins Wort pressen oder auf den Begriff bringen. Und ebenso wenig kann das Jenseits beschrieben werden. Es gibt kein gesichertes Wissen vom Jenseits. Und dennoch können Menschen etwas von der himmlischen Existenz erahnen, weil sich z. B. Theologinnen und Theologen darauf verstehen, mithilfe der Analogie die Differenz zwischen dem Leben bei Gott und der irdischen Existenz auszuloten. Menschen erfahren genau diese Differenz und aus dieser Differenz können sie mithilfe der Metapher zumindest erahnen lassen, was Leben sein könnte. So hängen also das Bilderverbot, die Bilderlosigkeit Gottes, die Analogie, die Metapher und die Eschatologie zusammen. Menschen dürfen nicht der Versuchung verfallen, sich ein Bild von Gott zu machen, denn das würde bedeuten, Gott auf menschliches Maß zu reduzieren. Diese/Dieser lässt sich aber nicht auf menschliches Maß reduzieren, weil sie/er die/der immer Größere ist, weswegen die Unähnlichkeit menschlichen Wissens und Verstehens in Bezug auf Gott immer größer ist als die Ähnlichkeit zu ihr/ihm. Dies macht die Analogie deutlich und dies machen sich Theologinnen und Theologen mit der Analogie immer wieder deutlich. Gott ist in sich Geheimnis und man darf nicht so tun, als wäre er es nicht und als hätten Menschen klare Vorstellungen von ihr/ihm. Deshalb können Menschen nur mit sprachlichen Mitteln von ihm sprechen, die mehr aussagen, als die bloßen Worte aussagen; sprachliche Mittel, die einen Mehrwert erzeugen, indem sie einen Gedankensprung herbeiführen und etwas sagen lassen, was sich sonst so nicht sagen und ausdrücken lässt. Diese metaphorische

42 Wohlmuth, Jesu Weg – unser Weg, 24.

Ausdrucksweise ist der künstlerischen Ausdrucksweise vergleichbar, denn auch in ihr wird etwas zum Ausdruck gebracht von dem, was sein soll, aber nicht ist. Und die Existenz im Jenseits, das Leben im Himmel soll sein, ist hier auf Erden aber nur erahnbar. Dieses Wissen wird in der Eschatologie bedacht, das Wissen darum, dass nicht ist, was sein soll. Die Eschatologie ist damit der Sehnsuchtsort der Theologie, ihr Wissen um die gute Schöpfung, die bedroht ist von der Möglichkeit des Menschen, sich gegen Gott und für das Böse zu entscheiden.

3.2 Zeit: Denken des Jenseits als Unterbrechung

Nachdem im letzten Abschnitt die Möglichkeiten ausgelotet wurden, über das Jenseits Aussagen zu machen, mit dem Problem, dass ein gesichertes Wissen vom Jenseits nicht möglich ist und deshalb hier immer metaphorisch gesprochen werden muss, ohne dass dabei die Analogie vergessen werden darf, geht es im folgenden Abschnitt um die grundsätzliche Frage von Zeit.

Warum muss innerhalb der Eschatologie die Frage der Zeit behandelt werden? Dies hat mindestens zwei Gründe. Erstens ist das Subjekt, das Aussagen über das Jenseits macht, selber der Zeit unterworfen. Auf der anderen Seite ist das Jenseits zeitlos bzw. zeitenthoben, sodass sich wiederum die Frage stellt, wie ein zeitliches Subjekt, das für seine metaphorische Redeweise vom Jenseits notwendig Zeit verbraucht, etwas aussagen kann, das selber nicht der Zeit unterworfen ist. Wir brauchen für Unser Reden Zeit, Reden ist der Zeit unterworfen, so wie auch das Subjekt der Zeit unterworfen ist. Wir können nicht denken oder reden, ohne dass dabei Zeit verstreicht. Jeder Gedanke und jeder Satz ist zeithaft, der Zeit verhaftet. Jeder Satz braucht seine Zeit. Es gibt keinen Satz und auch keinen Gedanken, es gibt keine Sprache außerhalb der Zeit. Dies gilt aber nicht nur für den sprachlichen Ausdruck, sondern auch für den musikalischen. Um sich auszudrücken, um expressiv zu sein, braucht der Mensch Zeit. Jeder Ausdruck ist zeitlich und zeithaft. Menschliches Denken und Reden, menschlicher Ausdruck ist der Zeit verhaftet und unterliegt den Gesetzen der Zeit. Menschliche Existenz ist immer leibhaftige Existenz: Der Mensch lebt als Leib und ist als Leib in all seinen Vorgängen, also auch in seinem Reden und Denken, der Zeit verhaftet und ihr unterworfen. Für diese Zusammenhänge sei kurz auf Emmanuel Levinas verwiesen, der für das inkarnierte, also das leibhaftige Subjekt davon spricht, dass es von einem passiven Bewusstsein geprägt sei. „Passives Bewußtsein als die Zeit, die vergeht und mich älter macht ohne mein Zutun."[43] Die leibhaftige Erfahrung der Passivität ist die Zeitunterworfenheit des Subjektes: Keine Existenz, ohne dass Zeit vergeht. Dies zeigt sich eben am Denken und Reden, weil jeder Satz seine Zeit braucht. Genau diesem Problem der Zeitlichkeit des Sprechens geht der hl. Augustinus nach, wenn er fragt, wie man sich Gottes Sprechen im Schöpfungsakt vorstellen kann, weil doch erst mit der Schöpfung Zeit entsteht. Augustinus arbeitet sich im elften Buch seiner Confessiones an dieser Frage ab und beharrt darauf, dass Gottes Schöpfungswort zeitlos sein muss, weil sonst vor der Schöpfung etwas Geschaffenes angenommen werden müsste, nämlich die Sprache und die Zeit, in der diese Sprache abläuft. Deshalb kommt er dazu, dass Gottes Schöpferwort „simul ac sempiterne"[44] gedacht werden müsse, als eines, das in einem einzigen Zeitpunkt alles zugleich aussagt. Es wird deutlich, ohne dass wir hier auf die ganze komplexe Diskussion um Augustins Zeitverständnis eingehen können, dass er den entscheidenden Gegensatz zwischen Schöpfung und Schöpferin/Schöpfer darin erblickt, dass Erstere der Zeit unterworfen ist, wohingegen die/der Schaffende selber auch Erschaffende*r der Zeit ist und ihr deshalb enthoben ist. Der Mensch unterliegt als Geschöpf der Zeit, Gott ist anders. Als Schöpferin/Schöpfer ist sie/er zeitlos.[45] Und damit hängt auch zusammen, dass das „Sein", also die Nähe bei Gott, der Zeit enthoben ist, dass also das Jenseits zeitlos ist. Das Jenseits ist ohne Zeit und übrigens auch ohne Raum.

Natürlich werden durch eine solche Aussage die menschlichen Vorstellungen vom Jenseits stark relativ. Wenn es im Jenseits keinen Raum und keine Zeit gibt, dann stellen sich die Fragen, wo dort der Ort von

43 Levinas, Wenn Gott ins Denken einfällt, 244.

44 Aug, confess. XI VII.9,3-5 [198] / B 615f.

45 Augustinus „gelingt es ... unmißverständlich zu verdeutlichen, daß das göttliche Schöpfungshandeln nicht im Horizont anthropomorpher Vorstellungen zu sehen ist – was zugleich bedeutet, die Göttlichkeit Gottes und die Unterschiedenheit von Schöpfer und Schöpfung sichtbar werden zu lassen in der Inkommensurabilität von Ewigkeit und Zeit." (Schulte-Klöcker, Die Frage nach Zeit, 13)

Läuterung, Strafe und Sein bei Gott ist und wann dort gerichtet wird, wie lange das Fegefeuer währt usw. Warum ist im Jenseits kein Raum und keine Zeit? Natürlich wäre es einfacher, würde man für das Jenseits einfach eine Verlängerung irdischer Zustände annehmen und würde man denken, dass das Jenseits einfach eine Verlängerung irdischer Zeit und irdischen Raumes ist. Aber dies ist schlechterdings nicht vorstellbar. Warum? Weil sich dann nichts ändern würde, bzw. weil sich dann ständig alles ändern würde. Eine etwas kryptische Aussage. Der Mensch versteht, dass sein irdisches Dasein grundlegend von Raum und Zeit geprägt ist und dass davon sogar sein Denken betroffen ist. Irdisches Leben existiert in Raum und Zeit. Damit ist allerdings, so würden die alten Griechen sagen, auch verbunden, dass sich ständig etwas ändert. Veränderung braucht Raum und Zeit, sonst könnte ein Gegenstand nicht einmal hier und dann wieder dort sein. Veränderung geschieht zeitlich und so steht die Zeit und damit auch der Raum für Tod und Sterblichkeit. Würde sich der Mensch nicht ändern, würde er nicht der Zeit unterliegen und würde sein Körper nicht als Leib der Veränderung unterliegen, sich im Raum bewegen und ganz räumlich Essen aufnehmen und ausscheiden, dann wäre der Mensch der Zeit enthoben. Dieser Zustand wird nun für das Jenseits angenommen. Hier auf Erden ändert sich alles, es geht aber auch dem Tod entgegen. Wenn das jenseitige Leben ohne Ende und ohne Tod sein soll, dann muss es der Zeit enthoben sein. Deshalb stellen Wir Uns das Jenseits raumlos und zeitlos vor, weil es dort sonst Veränderung geben müsste. Veränderung ist aber kein Zustand des Absoluten. Etwas, das in sich vollkommen ist, bedarf keiner Veränderung, muss sich nicht verändern, denn es ist ja bereits vollkommen. Wenn der Mensch am Ziel des Lebens angekommen ist, dann ist er bei Gott und dort gibt es keine Veränderung mehr, dort ist weder Raum noch Zeit. Deshalb gehen Wir davon aus, dass das Jenseits raumlos und zeitlos ist: Es darf dort keine Veränderung mehr geben. Und dasselbe wird ja von Gott angenommen: Als der Absolute unterliegt sie/er nicht der Macht von Raum und Zeit, denn ansonsten wäre sie/er einerseits nicht Herr*in über Raum und Zeit; und christlicherseits stellen sich Menschen keinen absoluten Gott vor, die/der nicht Herr*in über alles ist. Gott hat Raum und Zeit geschaffen, sodass diese ihr/ihm unterliegen und ihren Herrschaftsbereich nicht auf Gott ausdehnen können. Als Schöpferin/Schöpfer ist die Herrin/der Herr Raum und

Zeit enthoben und deshalb ist sie/er als vollkommenes Wesen in sich raumlos und zeitlos. In ihr/ihm gibt es keine Veränderung, sie/er ist glücklich und vollkommen.

Aber wo steckt hier die im letzten Abschnitt angemahnte Vorsicht in Bezug auf das Reden und Denken des Jenseits und vor allem die Notwendigkeit, die Analogizität aller theologischer Aussagen, besonders der Aussagen über Gott, niemals zu vergessen? Gottes Raum- und Zeitlosigkeit sind Aussagen der negativen Theologie, denn Wir sagen hier keine positiven Eigenschaften Gottes aus, sondern Wir sagen aus, wie sie/er nicht ist: als Gott ist Gott anders und wenn sie/er anders ist, dann unterliegt sie/er nicht den Mächten und Strukturen, denen der Mensch unterliegt. Deshalb unterliegt Gott nicht dem Prinzip der Verortung, sie/er hat keinen Leib und ist an keinen Raum gebunden. Sie/Er ist ortlos. Von hierher ergibt sich auch der Gedanke der Ubiquität, denn wenn Gott ortlos ist, dann kann sie/er jedem Ort gleichermaßen nahe sein. Ein Gott, die/der jedem Ort des Universums gleichermaßen nahe ist, ist im selben Maße vorstellbar und unvorstellbar wie die Idee, dass überall in Unserem Universum dieselben Naturgesetze gelten, also auch Milliarden von Lichtjahren von der Erde entfernt. Wenn Gott als die Schöpferin/der Schöpfer von Raum und Zeit angenommen wird, dann kann sie/er selber nicht an den Raum und Zeit gebunden sein, sondern ist jedem (Zeit)Punkt der Schöpfung gleichermaßen nahe. Es ist nicht davon auszugehen, dass die Vorstellung eines ortlosen Gottes, die/der nicht an die Größe des Raumes gebunden ist, menschliches Vorstellungsvermögen übersteigt; gleichzeitig wird die Differenz zwischen Gott und Mensch dergestalt gewahrt, dass durch diese Aussage der negativen Theologie die Andersartigkeit Gottes nicht verletzt wird. Gott ist also jedem Punkt der Schöpfung gleichermaßen nahe und dies gilt auch für jeden Zeitpunkt der Schöpfung. Als Herr*in über Raum und Zeit unterliegt Gott nicht der Zeit, sie/er wird nicht älter, weil sie/er sich nicht bewegt. All dies sind analoge Aussagen, weil es um die Ort- und Zeitlosigkeit Gottes geht. Es geht hier sehr streng darum, zu denken, dass Gott anders ist als Menschen es sind. Gott ist anders, sie/er ist transzendent, sie/er ist Herr*in über Raum und Zeit. Deshalb müssen Menschen sie/ihn raum- und zeitlos denken, müssen jedenfalls denken, dass sie/er anders ist als Raum und Zeit. Es geht hier nicht darum, Unsere Denkmöglichkeit über Raum und Zeit auszudehnen. Menschen sehen nur, bis zu welchem Horizont sie hindenken können, ohne dass sie den Horizont des Denkens verlassen können. Menschen denken in Raum und Zeit, das hat spätestens Kant sehr eindrücklich klar gemacht. Von daher haben Menschen weder ein gesichertes Wissen über Gott noch über das Jenseits, denn beides unterliegt nicht Raum und Zeit.

Warum denken Wir Gott so anders? Weil sie/er Uns als die/der andere begegnet. Der Mensch erkennt, dass sie/er selber nicht Herr*in seiner Zeit ist. Sie/Er wurde nicht gefragt, ob sie/er existieren will, hier liegt keine bewusste Entscheidung des Menschen vor. Der Mensch findet sich einfach irgendwann vor, sie/er weiß nicht, woher sie/er kommt. Der Mensch hat also ihre/seinen eigenen Anfang nicht in der Hand und ebenso hat sie/er auch nicht ihr/sein Leben und auch nicht ihr/sein Ende in der Hand. Der Mensch unterliegt der Zeit, sie/er wird älter, ohne es zu wollen, ohne es aufhalten zu können, ohne ihr/sein Zutun. Wenn Menschen sich zwingen, nichts zu tun, sagen Wir in einer Meditation der totalen Leere, so tun sie doch etwas: Sie werden älter. Sie können ihre Gedanken frei machen, aber sie können nicht verhindern, dass sie älter werden. Der Mensch unterliegt also dem Ablaufen der Zeit, sodass sie/er zu jedem Zeitpunkt ihre/seines Lebens sich selber geschenkt bekommt. Denn der Mensch wählt sich nicht, sie/er kann sich selber nicht am Leben erhalten, Wir bekommen Uns geschenkt. Wir sind nicht die Herr*innen Unseres Lebens, sondern dieses Leben kommt von außen auf Uns zu und Wir können es nur annehmen und akzeptieren. Dies ist die in der Zeit erfahrene phänomenologische Grundlage dafür, dass das Christentum von der *creatio ex nihilo* spricht. Zu jedem Zeitpunkt wird sich der Mensch geschenkt – *creatio continua*, sodass Menschen den Anfang ihrer Existenz denkerisch nicht einholen können – *creatio ex nihilo*. Menschen wissen nichts über die Entscheidung, die sie ins Leben geschickt hat. Sie sind einfach da und irgendwann erwacht das Bewusstsein. Menschen können also über ihren Anfang nicht hinausdenken, weil sie ihn nicht in der Hand haben. Hier brechen die Gesetze der Kausalität ab, was sowohl für das eigene Leben gilt als auch für die Betrachtung der Kosmologie. So wie der Mensch seinen eigenen Anfang nicht bedenken kann, weil er nicht selber entschieden hat zu sein, sondern sich als existierenden akzeptieren muss, so können Menschen mit den Gesetzen des Denkens nicht über den Zeitpunkt t=0 hinausdenken. Raum und Zeit entsteht erst mit der Schöpfung, sodass

Kausalität erst hier einsetzt. Aber wer hat den Urknall selber bedingt? Hier sind keine empirischen Aussagen mehr möglich, hier stoßen menschliches Denken und damit auch die Physik an ihr Ende. Es gibt keine Verursachung des Urknalls, weil das Denken der Verursachung bedeuten würde, dass man das Prinzip der Kausalität über Raum und Zeit hinaus ausdehnt, was schlechterdings nicht möglich ist. Deshalb spricht das Christentum von einer *creatio ex nihilo*: Aus dem Nichts heraus wurde die Welt geschaffen und dies erfährt jeder einzelne Mensch, weil man sich in jedem Atemzug neu geschenkt wird, weil Menschen ihr eigenes Leben nicht selber in der Hand haben. Menschen können das Vergehen der Zeit nicht aufhalten, sie sind der Zeit unterworfen, sodass sie nicht Herrinnen oder Herren der Zeit sind und sich deshalb auch nicht selber das Leben schenken können. Der Mensch ist nicht Herrin ihrer Zeit oder Herr seiner Zeit, man wird sich zu jedem Zeitpunkt neu geschenkt. Dies ist die fundamentale Einsicht der phänomenologisch erfahrenen *creatio continua*, die immer wieder auf die *creatio ex nihilo* zurückverweist.

Aber wie kommt man von diesem phänomenalen Geschehen hin zu dem Gedanken, dass Gott anders ist und Uns als die/der andere begegnet, weswegen sie/er selber als Herr*in der Zeit und des Raumes gedacht werden muss, die/der damit auch dem Raum und der Zeit nicht unterliegt? Dieser Gedanke ist nicht ganz einfach zu fassen. Es geht unserer Meinung nach um die große Frage, warum überhaupt etwas ist und nicht vielmehr nichts. Im Prinzip kann diese Frage nicht beantwortet werden, weil Menschen sonst eine Vogelperspektive zur Schöpfung einnehmen können müssten. Dies ist aber nicht möglich. Menschen sind Teil der Schöpfung und können sich nicht aus der Schöpfung hinausbegeben, um die gesamte Schöpfung zu betrachten und sie in ihrem Ziel zu verstehen. Menschen können also nur aus der Schöpfung heraus und damit an Raum und Zeit gebunden versuchen zu erahnen, was es sein könnte, dass etwas ist und nicht vielmehr nichts. Menschen können, um es ganz einfach zu sagen, keinen Anfangsgrund für die Schöpfung ausmachen. Dies übersteigt menschliche Denkfähigkeiten. Aber – so die christliche These – anhand der Spuren Gottes in der Schöpfung lässt sich vielleicht doch erahnen, was sie/ihn dazu bewogen haben könnte, die Schöpfung ins Werk zu setzen. Und gleich wird klar, dass man sich der metaphorischen, ja der anthropologischen Sprechweise bedienen muss, um hier sprachfähig zu bleiben: Vorhin wurde behauptet, dass Gott als die/der ganz Andere weder dem Raum noch der Zeit unterliegt, sodass es im Prinzip unmöglich ist zu formulieren, dass irgendetwas Gott bewogen haben kann. Denn damit sagt man ja einen Kausalzusammenhang im Voraus der Schöpfung aus und Kausalität beginnt erst mit der Schöpfung, weil erst mir ihr Raum und Zeit entstehen. Was also ist es, das in der Schöpfung einen Hinweis darauf gibt, dass es besser ist, dass etwas ist als dass es nichts gibt. Diese Frage ist deshalb so schwer zu beantworten, weil sie neben der Problematik der Unmöglichkeit der Verlängerung Unseres Denkens über den Beginn der Schöpfung hinaus auch die Theodizee berücksichtigen muss. Man kann ja nicht behaupten, dass es besser ist, dass es etwas gibt als dass es nichts gibt, wenn man nicht auch mitbedenkt, dass das Sein der Zeit unterworfen ist, dass es also notwendig vergeht und dass der Mensch aufgrund des Vergehens der Zeit auch noch dazu angestiftet wird, dem anderen Menschen Böses anzutun.

Aufgrund welcher Spuren Gottes im Menschen und in der Schöpfung wird es möglich zu behaupten, dass es besser ist, dass es etwas gibt, als dass es nichts gibt? Die einzige Möglichkeit, dies einigermaßen verantwortet zu behaupten hängt sehr eng mit der Vorstellung vom Jenseits zusammen. Denn nur unter der Bedingung, dass es das Gute gibt, dass es Güte und Schönheit und dass es Wahrheit gibt, kann man behaupten, dass es besser ist, dass es etwas gibt als dass es nichts gibt. So können Menschen erstens aufgrund ihrer Sehnsucht, dass es doch endlich so weit ist, dass die Endzeit einbricht und sich das Gute durchsetzt, sagen, dass es besser ist, dass es etwas gibt als dass es nichts gibt. Menschen können also aus dem Fehlen von Gutheit und Güte, von Schönheit und Wahrheit heraus sagen: Ja dies wird kommen und weil es unzweifelbar die Hoffnung gibt, bei Gott in Güte und Schönheit zu leben, deshalb ist es gut, dass es etwas gibt. Aber dieses Argument könnte auch als reine Vertröstung missverstanden werden, sodass es ergänzt werden muss. Menschen können nämlich nicht nur aus der Abwesenheit von Gutheit und Schönheit darauf schließen, dass es besser ist, dass es etwas gibt als dass es nichts gibt, sondern Menschen dürfen diesen Schluss auch deshalb verantwortet ziehen, weil es echte Erfahrungen von Gutheit und Schönheit gibt. Würde Gutheit und Schönheit nur nicht da sein, würden Menschen sie allein aufgrund ihrer Nicht-Anwesenheit, also aufgrund ihrer Abwesenheit erfahren, dann wäre dies zu wenig. Aber

Menschen wissen eben auch um Erfahrungen von Gutheit und Schönheit. So z. B. in der Liebe. In der Liebe verkosten Menschen etwas vom Leben bei Gott, erfahren sie den Himmel auf Erden, wissen sie, auf was der Mensch hin angelegt ist, was es bedeutet, bei Gott zu sein. Die Liebe eröffnet ihnen die Erfahrung dessen, was der Himmel und was das Jenseits für den Menschen bereithalten. Was aber ist Liebe anderes, als dass sich ein anderer Mensch Uns bedingungslos zuwendet? Diese bedingungslose Zuwendung beruht darauf, dass der andere Mensch anders ist als das Ich[46], denn wenn ein Ich nur sich selber liebt und wenn es in der Liebe der/des anderen nichts anderes erfährt als die eigene Liebe zu sich selbst, dann wäre dies narzisstisch und egoistisch. In der Liebe erfährt das Ich also die Andersheit der/des Anderen und Liebe ist auf die Andersheit der/des Anderen angewiesen. Die/Der andere muss anders sein, damit das Ich von ihr/ihm geliebt sein kann und damit es sie/ihn lieben kann. Ich darf mit dem anderen in der Liebe nicht verschmelzen, denn sonst liebe ich wiederum nur Mich oder Mich im anderen. Die/Der andere muss widerständig sein, muss anders sein, um Mich berühren zu können, muss sich Mir aussetzen, auf dass Ich Mich ihr/ihm aussetzen kann, was nicht möglich ist, bin Ich mit Mir allein. Nur wenn die/der andere anders bleibt, kann Ich Mich ihr/ihm hingeben und kann sie/er sich Mir hingeben.

In der Liebe erfahren Menschen also die Andersheit der/des anderen und dies ist auch in der Güte, der Schönheit und der Wahrheit so. In der Güte, weil das Ich der/dem anderen den Bissen Brot gebe, den Ich selber zum Überleben nötig hätte. Würde Ich der/dem anderen immer nur das anbieten und geben, was Ich selber nicht brauche, dann betrifft Mich die/der andere nicht, weil sie/er zur Verlängerung Meines Überflusses wird. In der Güte geht es aber darum, dass Ich der/dem anderen mein Herzblut ausschütte, dass Ich ihr/ihm mehr gebe als ich geben kann, dass Ich an sie/ihn Meine Zeit verschwende und ihr/ihm das gebe, was Ich selber zum (Über)Leben brauche. Auch hier ist also die Andersheit de/des Anderen die Bedingung der Möglichkeit für die Erfahrung und das Geschehen der Güte. Der Anspruch der/des anderen, ihre/seine

46 Das groß geschriebene Ich zeigt ein Subjekt an und sollte nicht mit dem Autoren in seiner Autorenrolle (wir) oder gar der diese verwirklichende Persönlichkeit (ich) verwechselt werden.

Not, stehen in Mich hinein, sie unterbrechen Mein eigenes Sein, Meine Kreise. Ich kann Mich dann nicht mehr mit Mir selber beschäftigen. So erging es der Legende nach dem hl. Augustinus, der in seiner Bibliothek saß und sich weittrabende Gedanken über Gott machte. Da störte ihn ein Bettler und bat um etwas zu essen. Verärgert schickte ihn Augustinus weg. Er wollte lieber über die Trinität sinnieren als einen Bettler speisen. Da bemerkte er, dass diese Unterbrechung seiner Selbstheit Begegnung mit Gott gewesen ist, weil diese Unterbrechung ihn aus sich herausgerissen hat, ihn von sich selber fortgerissen hat, sodass er dem Bettler nachlief, um ihn zu speisen. Was ihr der geringsten Schwester oder dem geringsten meiner Brüder getan habt, das habt ihr mir getan (Mt 25,40).

Güte ist also eine Erfahrung der Andersheit der/des Anderen, auf die/den das Ich verwiesen ist, deren/dessen Not Mich anklagt, die/der Meine Zeit und Zuwendung braucht, die/der Mir das Brot abverlangt, das Ich selber essen will. Ich kann nicht anders, als dies der/dem anderen zu geben, weil Mich ihr/sein Tod mehr angeht als Mein eigener Tod. Sehr zugespitzt könnte man formulieren, dass wir uns hier sehr nahe bei Emmanuel Levinas und sehr weit weg von Martin Heidegger befinden. Während Heidegger das Leben als Sorge um sich selbst verstanden hat, dreht Levinas die Reihenfolge um: Leben ist Sorge um die Andere und/oder den Anderen. Warum? Ich werde Mir geschenkt, sodass Ich von einer/einem anderen her bedingt bin, dass ich nicht aus Mir selber heraus bin, sondern die Erfahrung der Andersheit, des Gestörtseins Mich ins Leben ruft. Das Subjekt ist nicht Herr*in seiner selbst, ist nicht Herr*in über ihren/seinen Anfang und auch nicht Herr*in über ihre/seine Zeit und ihr/sein Altern. Diese Erfahrung spiegelt sich in der Begegnung mit der/dem Anderen wider, mit der/dem geliebten Anderen in der Erfahrung der Liebe und des Sich-aussetzens an sie/ihn und in der Erfahrung der/des ungeliebten Anderen, die/der mich beim Lesen stört. Die/Der andere reißt Mich aus Mir heraus und ermöglicht es Mir, über Meine Verhältnisse zu leben, mehr zu geben als Ich zu geben vermag, weil Ich das gebe, was Mein Leben ist, was Mir Leben verheißt. Alles gebe Ich für die andere/den anderen und so wird Mir die/der andere in ihrer/seiner Andersheit zur Erfahrung des ganz anderen, also Gottes. Levinas spricht davon, dass Gott auf dem Antlitz der/des Anderen ihre/seine Spur hinterlassen hat. Denn anders wäre Meine Verpflichtung auf sie/ihn und Mein Verwiesensein auf sie/ihn nicht zu erklären. Gott ist nicht erfahrbar. Gott ist transzendent und Ich kann zu Gott nur über die Begegnung mit der/dem Anderen eine Beziehung aufbauen. Es geht bei der Gottesbegegnung also nicht um ein frommes Gespräch zwischen Mir und Gott, um mystische Versenkung in Mich, sondern christliche Gottesbegegnung ist notwendig auf die andere und/oder den anderen verwiesen. Dies ist die ethische Dimension christlicher Welterfahrung und hier liegt auch die eucharistische Existenz begründet: Menschen sind zur Gotteserfahrung auf die andere und/oder den anderen verwiesen. Ohne die andere/den anderen keine Beziehung zu Gott. Deshalb bedeutet Mystik im Christentum auch immer Christus-Mystik: über ihn können sich Christinnen und Christen Gott nähern, denn auch auf seinem Antlitz oder besser, speziell auf seinem Antlitz hat Gott ihre/seine Spur hinterlassen, weswegen Paulus im zweiten Brief an die Korinther formuliert, dass auf seinem Angesicht ein Widerschein göttlicher Doxa zu erkennen ist. „Er ist in unseren Herzen aufgeleuchtet, damit wir erleuchtet werden zur Erkenntnis des göttlichen Glanzes auf dem Antlitz Christi." (2Kor 4,6) Auf dem Antlitz des Anderen hinterließ Gott ihre/seine Spur, hier ist ihre/seine Herrlichkeit im Widerschein ersichtlich.[47] Dies ist die Erfahrung der Güte, hier wird der Mensch über sich selber hinausgerissen und verwiesen auf die ganz Andere bzw. den ganz Anderen hin. Hier liegt die ethische Dimension der Wirklichkeit und die eucharistische Haltung christlicher Lebensführung. Aber hier ist eben nicht einfach Anwesenheit. Hier ist zwar Erfahrung der Güte, aber nicht einfach Gott da. Sie/Er hinterlässt ihre/seine Spur, Menschen erkennen den Widerschein ihrer/seiner Herrlichkeit. Menschen erkennen Gott nicht, so wie sie/er ist, noch sehen sie sie/ihn, wie sie/er ist. Sie/Er bleibt die/der Verborgene, die/der Unsichtbare, die/der Jenseitige. Der Mensch kann sie/ihn in Raum und Zeit nicht sehen, Gott ist kein Ding der Erfahrung und ihre/seine Herrlichkeit, ihr/sein Wesen, würde den Menschen überfordern. Die *visio beatifica* ist so für das Jenseits reserviert. Auf Erden schauen Menschen ‚nur' den Rücken

47 Levinas, Wenn Gott ins Denken einfällt, 254: „Wende vom Antlitz des Anderen her, wo genau inmitten des Phänomens, genau in seinem Licht, ein Mehr an Bedeuten bedeutet, das man als Herrlichkeit bezeichnen könnte."

Gottes, wie Moses, den Vorübergegangenen (Ex 33,22f.). Menschen erkennen in der Rückschau.

Gleichzeitig mit der Erfahrung der Güte wird hier aber auch deutlich, dass diese mit der Schönheit zusammenhängt, denn nicht umsonst wird an der eben zitierten Stelle auch von Herrlichkeit gesprochen. Es geht um den Glanz der Schönheit, das Aufleuchten der Reinheit, wenn es dem Menschen wirklich einmal gelingen sollte, über seinen Schatten zu springen, sich der/dem anderen wirklich zuzuwenden und ihr/ihm zu geben, was er selber zum Leben nötig hat. Dies rührt an die Wurzeln menschlicher Existenz und ist gleichsam der Bauplan des Kosmos, sodass Christinnen und Christen in der Schöpfung einen Akt der Güte erblicken dürfen, weil Gott sich ein Gegenüber schafft, das sie/er nicht nötig hat, das sie/er zu seiner eigenen Existenz nicht braucht, dessen Existenz sie/er aber will, weil sie/der sich nach der/dem anderen sehnt, weil ihr/sein Wesen danach ausgerichtet ist, (das) andere zu begehren.

Mit Levinas kann hier zwischen Begehren und Begierde unterschieden werden. Begierig rafft der Mensch an sich, was ihn letztlich nicht am Leben erhält. Der Mensch hortet und frisst begierig. Aber diese Begierde kann jeweils nur für kurze Zeit gestillt werden. Nach dem Essen wird der Mensch wieder Hunger bekommen und wiederum wird er nach der Beruhigung seiner Bedürfnisse und seiner Begierde lechzen. Anders ist es beim Begehren. Das Begehren wächst mit der Nähe zum begehrten „Objekt“ und wächst auch, wenn es gestillt wird. So wächst das Begehren nach der/dem anderen in einer echten Liebesbeziehung. Die Begierde kann hier gestillt werden, aber das Begehren wächst. Die/Der andere ist nicht Ich, bleibt nicht Ich und muss nicht Ich bleiben. Mein Begehren nach ihr/ihm wird wachsen, so wie auch menschliches Begehren nach der Nähe Gottes wächst, wenn man ihre/seine Existenz z. B. in einem Akt der Güte oder des Überwältigt-Seins von Schönheit schon einmal erfahren hat. Die Begierde führt an den Abgrund, weil sie den Menschen ins Leere laufen lässt. Sie ist ein Zeichen der Zeit, sie steht für die Unersättlichkeit und Unbefriedigbarkeit. Sie erwacht wieder und ihre Befriedigung ist nur eine Frage der Zeit. Dagegen reißt das Begehren aus der Zeit heraus. Dies trifft dann – hoffentlich – auch für die Eucharistie und damit auch für den Sonntag zu. Der Sonntag ist ‚Tag des Herren‘, er ist kein Tag, der für die Begierde da ist, sondern ein Tag des Spürens und Fragens nach dem Begehren. Der Sonntag unterbricht den Wochenablauf und sichert Ruhe zu. Gott wird wohl keine Ruhe gebraucht haben, um sich von den anstrengenden Taten des Schaffens zu erholen. Erholung ist eine Verzweckung des Sonntags in der Moderne, die alles verzweckt und darauf hofft, die Arbeitskraft der Arbeiterin und des Arbeiters möglichst lange zu erhalten – aus Profitmaximierung und nicht aus der Sorge um die Arbeiterin oder den Arbeiter. Gott braucht also keine Erholung und doch ruht sie/er sich aus. An diesem Punkt kann leider nicht die komplizierte Geschichte des Verhältnisses von Sabbat und Sonntag aufgearbeitet werden und doch soll kurz der Gedanke von Emmanuel Levinas zur Sabbatexistenz beleuchtet werden, die ebenso für den Sonntag gilt. Der Sabbat ist ein Tag außerhalb der Reihe, eine Unterbrechung der Zeit, ein Überfluss, der den Überfluss des Paradieses anzeigt und damit von eschatologischem Charakter ist, denn das Leben im Jenseits ist die Zurückversetzung ins Paradies, der Zusammenfall von Anfang und Ende, weil es dort keine Zeit mehr gibt. In der Unterbrechung der Nützlichkeit und des Verzweckten liegt die Aufgabe des Sabbats. Er erinnert daran, dass der Mensch nicht zum Arbeiten geschaffen ist, dass es nicht um Profit und Produktion geht, sondern um Existenz, um Mehr, um ein Anders sein, um Genuss und Überfluss. Der Sabbat zeigt ein Mehr an, wiederum eine Andersheit in der linearen Weiterführung der Wochenarbeitszeit. Hier geht es nicht einfach weiter, hier ist Ruhe, himmlische Ruhe angesagt, Unterbrechung, das Nicht-einfach-immer-so-Weitermachen, Andersheit.

Um das Gesagte mit einem Zitat von Emmanuel Levians zusammenzufassen und zu verdeutlichen:

> [D]ie Ordnung des Begehrens – eine Beziehung zwischen Fremden, die sich nicht gegenseitig fehlen – des Begehrens in seiner Positivität – findet ihre Bestätigung in der Idee der Schöpfung *ex nihilo*. Hier erlischt die Ebene des bedürftigen Seienden, das gierig sucht, was es ergänzt, und es entsteht die Möglichkeit einer Sabbat-Existenz, in der die Existenz die Notwendigkeiten der Existenz suspendiert. In der Tat ist ein Seiendes nur in dem Maße Seiendes, in dem es frei ist, d. h. außerhalb des Systems, das Abhängigkeit bedeutet.[48]

48 Levinas, Totalität und Unendlichkeit, 148f.

Es gibt über das Bedürfnis hinaus auch das Begehren, das nicht darauf aus ist, die andere oder den anderen in sich einzuverleiben, weil sie/er einem fehlt, sondern das in der Beziehung zur/zum anderen wächst, weil die/der andere anders ist und anders bleibt. Dies ist mit der *creatio ex nihilo* zu vergleichen, hier können Menschen also auf eine Erfahrung verweisen, die es ihnen möglich macht, von sich aus, von der Schöpfung her, Schöpfung zu verstehen und gleichsam den Grund der Schöpfung zu erahnen – nicht zu kennen oder zu wissen, denn dann wüssten man, was in Gott vorgeht. Nein, im Begehren erfahren Menschen, was für sie der Grund der Schöpfung ist, was sich vom Menschen her auftut und hier, in der Zuwendung zur/zum geliebten oder ungeliebten anderen erfahren sie, warum es besser ist, dass etwas ist, als dass nichts ist. Hier wird nicht gierig gesucht, hier zeigt sich die Ausbruchsmöglichkeit aus der Totalität, aus dem System und aus allen Abhängigkeiten. Hier erst ist Freiheit und dies und nichts anderes zeigt der Sabbat an: Ausbruch aus der Linearität, aus dem Immer-weiter-so, Unterbrechung der Zeit.

Diese Unterbrechung der Zeit hat einerseits mit der ethischen Dimension der Wirklichkeit zu tun, dass Menschen auf die andere und/oder den anderen verwiesen sind. Sie hängt aber auch, phänomenologisch betrachtet, mit der Dia-chronie des Bewusstseins zusammen. Der Mensch denkt immer in Raum und Zeit und ist gleichzeitig als leibliches Wesen der Zeit unterworfen, sodass er die Zeit nicht anhalten kann. Die Zeit zerrinnt dem Menschen zwischen den Fingern, sie/er ist nicht Herr*in ihrer/seiner selbst. In dieser Erfahrung gründet die phänomenologisch-existentielle Interpretation des Axioms der creatio *ex nihilo*, auf die vorhin schon hingewiesen worden ist: Der Mensch ist nicht Herr*in ihrer/seiner selbst und deshalb wird sie/er sich in jedem Augenblick seiner Existenz immer wieder neu geschenkt, denn sie/er hat weder den Anfang noch das Ende ihres/seines Lebens im Griff. Weil der Mensch aber nicht Herr*in ihrer/seiner selbst ist, deshalb kann sie/er auch nicht über den Anfang ihres/seines Seins hinausdenken und auch nicht einfach ihr/sein Denken nach hinten hin beliebig ausdehnen. Während Augustinus davon ausgeht, dass die Zeit nichts anderes ist als die Ausdehnungsfähigkeit der Seele auf den Anfang und das Ende, interpretiert Levinas die Zeit sehr viel eher von der Leiblichkeit her und von der Erfahrung des passiven Bewusstseins. Augustinus kann Vergangenes erinnern und Zukünftiges antizipieren, Levinas spricht von der Dia-chronie der Zeit, von ihrer Unterbrochenheit, davon, dass das Subjekt nicht in der Lage ist, jedenfalls grundsätzlich nicht davon gekennzeichnet ist, dass es Vergangenes erinnern und Zukünftiges antizipieren kann. Levinas geht sehr viel mehr von der Unterbrochenheit und Gestörtheit des Subjektes aus, das der Zeit unterliegt und nicht Herrin ihrer oder Herr ihrer/seiner selbst ist.

> Dasselbe gilt für die Vergangenheit, in der ich ebensowenig jemals auf einen Schöpfergott zurückgehe, sondern auf eine Vergangenheit, die älter ist als alle erinnerbare Vergangenheit und in der die Zeit sich in ihrer Dia-chronie, die stärker ist als die Ver-gegenwärtigung, beschreiben läßt, und zwar gegen alle Erinnerung und alle Antizipation, die diese Dia-chronie synchronisieren.[49]

Levinas stellt sich das Subjekt nicht so vor, dass es alles einfach in ihrem/seinem Denken in die Gegenwart holen kann, Vergangenes und Zukünftiges, sondern erkennt, dass hier der Modus der Dia-chronie, des Unterbrochenseins sehr viel stärker betont werden muss. Der Mensch ist nicht Herr*in über ihren/seinen Anfang und auch nicht Herr*in über ihr/sein Ende. Hier gelten die Gesetze der Kausalität nicht mehr und deshalb kann das Davor und das Danach nicht einfach im Denken des Menschen erinnert oder antizipiert werden. Der Mensch muss sich ihres/seines Denkvermögens bewusst bleiben und sich eingestehen, dass es eine Zeit gab, in der sie/er noch nicht war, und dass es eine/einen gibt, die/der vor dieser Zeit ‚*war*', die/der also seinen Anfang bedingt hat, ohne dass der Mensch selber diesen Anfang gewählt hätte. Von hierher erschließt es sich, wenn Levinas von einer unvordenklichen Vergangenheit spricht, also von einer Vergangenheit, die nicht in der Erinnerung eingeholt und in die Gegenwart hineingezogen werden kann. Dies gilt besonders für die Erfahrung der Geschöpflichkeit, die für Levinas den Weg zur Ethik weist.

> Was gemeinhin am Begriff der Schöpfung schockiert, ist dies, daß er in einer Sprache der Herstellung, in einer Sprache der Gegenwart interpretiert wird. Doch in diesem Begriff einer Zeit vor der Zeit nimmt etwas Sinn an im Ausgang vom Ethischen, etwas, das nicht eine bloße

49 Levinas, Wenn Gott ins Denken einfällt, 125f.

> Wiederholung der Gegenwart ist, etwas, das nicht zu ver-gegenwärtigen ist.[50]

Schöpfung hat mit Ethik zu tun und Ethik ist bei Levinas – und im Gefolge von ihm bei einigen wichtigen Theologinnen und Theologen Unserer Tage – nichts anderes als die Verwiesenheit auf die Andere und/oder den Anderen, die Unterbrechung des Ich, das nicht seine Kreise ziehen darf, sondern auf die andere und/oder den anderen verwiesen ist, der/dem anderen zugetan ist, der/dem anderen Raum gewähren muss, und das Angst hat, den Raum der/des anderen einzunehmen ohne dafür eine Berechtigung zu haben.

> Dia-chronie, die von keiner thematisierenden und interess-ierten Bewegung des Bewußtseins – Erinnerung oder Hoffnungen – in sich aufgelöst oder in die Gleichzeitigkeit hinein vereinnahmt werden kann, die eine solche Bewegung jeweils schafft ... Für-den-anderen-Menschen und dadurch Zu-Gott! In dieser Weise denkt ein Denken, das mehr denkt, als es denkt.[51]

Der Mensch ist also immer auf die andere und/oder den anderen verwiesen und dies zeigt sich vor allem in der Erfahrung, dass das Subjekt auf den anderen Menschen verpflichtet ist, noch bevor es selber existiert. Levinas denkt hier wieder einmal radikal ethisch: Noch bevor Ich ich sagen kann und mir meines Lebens bewusst werde, habe Ich die Pflicht, die andere und/oder den anderen zu ernähren, ihr/ihm mehr zu gehorchen als Mir selber, ihr/ihm das Brot zu geben, das Ich zum Überleben nötig hätte.

Es zeigt sich hier unserer Meinung nach der unveräußerliche Zusammenhang zwischen Sprache, Zeit und Ethik. Eschatologie hat mit jedem Meiner Atemzüge zu tun, weil Ich Mir selber gegeben bin, weil Ich nicht Herr*in Meiner Zeit bin, weil Ich nicht über Meinen Anfang und Mein Ende herrsche. Ich bin Mir gegeben und dies zeigt sich besonders deutlich im Phänomen des Sprechens, weil Ich zum Sprechen den Atem benötige. Dieser Atem erhält Mich und Ich muss ihn an die andere/den anderen verschwenden, wenn Ich Mich ihr/ihm zuwende, um ihr/

---

50 Levinas, Wenn Gott ins Denken einfällt, 127.

51 Levinas, Wenn Gott ins Denken einfällt, 20f.

ihm etwas zu sagen. Ich kann den Atem nicht anhalten, Ich muss atmen und so muss Ich Mich auch der/dem anderen zuwenden, denn ohne die andere/den anderen bin Ich nicht. Hier ereignet sich nach Levinas die heimliche Geburt des Subjektes, das sich empfängt, indem es sich vom anderen her empfängt, weil es sich von ihr/ihm verpflichten lässt. Hier liegt beständig der Vorgang der Unterbrechung vor, der immer mit dem Jenseits zu tun hat, denn die Begegnung mit der/dem anderen lässt in Mir den ganz Anderen erfahrbar werden, der Mir den Raum der Güte eröffnet und dem Ich Mich öffne, wenn Ich gut bin.

3.3 Tod: Erleben des Jenseits (totale Passivität)

Der letzte Abschnitt drehte sich um die Fragen von Störung und Unterbrechung der eigenen Kreise durch die andere/den anderen, die jeweils ein Hinweis sind auf die Begegnung mit der/dem ganz Anderen. Im folgenden Abschnitt geht es um ein Zeichen der grundlegenden Passivität des Menschen. Zeit macht den Menschen älter ohne ihr/sein Zutun. Levinas nennt dieses Phänomen auch Seneszenz, das unaufhaltsame Älterwerden der Menschen, dessen sie gewahr werden, wenn sie sich der/dem anderen zuwenden und an sie/ihn ihre Zeit verschwenden, sie/ihn ansprechen und ihr/ihm damit den Lebensatem zukommen lassen, der sie selber am Leben erhält. Im Folgenden geht es nicht um die Unterbrechung durch die/den andere*n, sondern um die Einsicht, dass der Mensch an vielen Punkten nicht aktiv ihr/sein Leben gestalten kann, sondern passiv erscheint und sich machtlos erfährt im Angesicht dessen, was sie/ihn bewegt. Es geht um den Tod. Es werden einige Gedanken aus bekannteren Theologien des Todes vorgestellt und danach wollen wir selber ein paar systematisierende Worte zu diesem Problemfeld verlieren.

Dass der Tod innerhalb der Eschatologie behandelt werden muss, liegt auf der Hand, denn wenn der Tod das endgültige Aus für den Menschen bedeutet, dann erübrigt sich das Nachdenken über etwas, das den Tod überdauert. Eigentlich möchten wir nicht davon sprechen, dass etwas nach dem Tod kommt, denn das wissen wir nicht und wir haben oft genug auf diesen Aspekt hingewiesen. Wir wissen nicht, was nach dem Tod kommt und ob es einen Ort gibt, an dem sich Menschen dann in welcher Gestalt auch immer aufhalten werden. Diese Art der Sprechweise würde bedeuten, dass Menschen ihre Gedanken von Raum und Zeit über den Punkt hinaus verlängern, an dem mit dem Tod des Menschen auch Raum und Zeit ihren Sinn und ihren Haltepunkt verlieren. Denn der Mensch ist es, die/der den Raum erfährt, und der Mensch ist es, die/der die Zeit erlebt. So jedenfalls denkt es Martin Heidegger: Der Mensch zeitigt die Zeit. Er unterscheidet dabei die unweigerlich ablaufende Zeit als physikalische Größe und die Zeitigung der Zeit durch den Menschen, weil die erlebte Zeit von der physikalischen Zeit unterschieden werden muss. Wenn man auf einen Bus oder Zug warten, dann können zwei Minuten zur unendlichen Qual werden. Wenn ein Mensch die Hand des/der Geliebten hält, dann sind zwei Minuten sehr schnell verflogen, ohne dass man sagen kann, wo diese Zeit hin ist. Der Mensch zeitigt also die Zeit, er ist die Zeit und er ist auch der Raum, denn nur als Leibwesen kann man sich zu Dingen und anderen Menschen verhalten, sodass menschliche Erfahrung der Welt immer durch Leiblichkeit vorgeprägt ist.

Was passiert nun, wenn der Tod diesen Meinen Raum und diese Meine Zeit beendigt, wenn das Subjekt zu einem relativ wahllosen Materiehaufen wird? Einerseits gibt es den Respekt vor den Toten – Wir müssen sie begraben. Es zeigt sich, dass der dort liegende Leichnam nicht mit einem beliebigen Stein verglichen werden kann. Tote sollen begraben werden, so schreibt es Benedikt in seiner Regel (4,17). Die/Der Tote ist also nicht ein beliebiger Materiehaufen und der Streit um das richtige Begräbnis zeigt sich ja auch in Unseren Tagen, sodass der Friedwald immer mehr zur Mode wird oder die anonyme Bestattung oder die anfänglich von der Kirche nicht gern gesehene Feuer- bzw. Urnenbestattung. Im Umgang mit dem Leichnam, dem Körper der/des Toten drückt sich vieles von dem Wissen oder Glauben aus, wie es ‚nach' dem Tod weitergeht. Der Umgang mit den Toten offenbart etwas von der Hoffnungskultur, die mit dem Tod zusammenhängt. In Mittelamerika werden an bestimmten Tagen regelrecht Feste auf den Gräbern gefeiert, weil man der Toten gedenkt und mit ihnen zusammen das Leben genießt. Der Tod ist also Thema der Eschatologie.

Was nun ist der Tod? Darüber gehen die Meinungen sehr weit auseinander. Es wäre nicht nützlich, hier einen Überblick über die Diskussion darzustellen, weil diese Diskussion viel zu kleinteilig ist. Trotzdem sollen ein paar Thesen aus der Diskussion aufgegriffen und im zweiten Teil ein paar systematisierende Worte zum Thema Tod gesagt werden.

3.3.1 Deutsche Bischofskonferenz

Der Katholische Erwachsenen-Katechismus, herausgegeben von der Deutschen Bischofskonferenz, bietet in seinem ersten Teil ein paar einfühlsame, wenn auch kurze Ausführungen über den Tod. Sie sollen für die folgenden Ausführungen als Leitwort dienen.

> Der Tod ragt schon in dieses unser Leben hinein, er bestimmt und bedroht das Leben jeden Tag aufs neue in hundertfacher Weise. Krankheit, Mißerfolg, Leiden sind Vorboten des Todes; sie sind Zeichen dafür, daß wir unser Leben letztlich nicht in der Hand haben, daß es uns vielmehr immer wieder entgleitet und daß es uns im Tod endgültig entzogen wird. So bestimmt der Tod unser ganzes Leben ... Doch dies ist nur die eine Seite. Denn das Bewußtsein des Todes macht das Leben nicht nur nichtig, sondern auch bedeutsam und spannungsvoll. Weil unser Leben begrenzt ist, ist die Zeit des Lebens kostbar ... Jede Stunde könnte auch die letzte sein. Kein Augenblick kehrt wieder; jeder muß genutzt werden. So ist der Tod auch in einem positiven Sinn im Leben präsent; angesichts des Todes wird unser Leben drängend, unaufschiebbar, endgültig. Ohne den Tod dagegen wäre das Leben eine große Langeweile; angesichts des Todes wird es zur Herausforderung, zur Entscheidung hier und heute.[52]

Nach den Ausführungen der Deutschen Bischöfe bedeutet der Tod das Ende des Lebens und gleichzeitig macht der Tod das Leben sinnvoll, weil er die Lebenszeit begrenzt, sodass vom Tod her jedem einzelnen Augenblick Bedeutung zukommt. Jeder einzelne Augenblick ist einzigartig und er vergeht unwiderruflich. Bedeutung erhält das menschliche Leben durch seine Begrenztheit. Hier und heute muss man sich entscheiden.

Wie sieht die moderne Theologie den Tod?

52 Katholischer Erwachsenen-Katechismus, 401.

3.3.2 Karl Rahner

Karl Rahner denkt den Tod vom Märtyrertum her, was sowohl für den Tod Jesu als auch für den Tod derer gilt, die für ihren Glauben in den Tod gehen:

> Das heißt aber: der Tod selbst ist im Begnadeten als ein Heilsereignis anzusehen. Die im Glauben Gestorbenen sind nicht nur ‚Tote in Christus', weil sie in Christus lebten, sondern auch weil ihr Sterben selbst in Christus war. Ja wir können sagen, daß der Tod der Höhepunkt des Heilsempfanges und des Heilswirkens ist, wenn wir bedenken, daß der Tod als Tat des Menschen das Ereignis ist, das die ganze personale Lebenstat des Menschen in die eine Vollendung einsammelt, und wenn wir bedenken, daß im ‚Tod' ‚pragmatisch' … das geschieht, was ‚mystisch' in den sakramentalen Höhepunkten des christlichen Daseins in Taufe und Eucharistie geschehen war, eben die Angleichung an den Tod des Herrn.[53]

Rahner vertritt hier eine sehr weitreichende These zum Tod der Christin oder des Christen. Dieser Tod geschieht in Christus, denn mit ihm sind sie in der Taufe begraben worden, um mit ihm auch aufzuerstehen. D. h. dass der Tod die endgültige Vollendung dessen ist, was in einem christlichen Leben eingeübt wurde, nämlich das Sterben in Christus,[54] das Leben aus seinem Tod heraus. Damit wird der Tod zum Höhepunkt des Heilsempfangs: In Taufe und Eucharistie übt sich der Christ in das Sterben ein und Taufe und Eucharistieempfang bedeuten für ihn Heil, weil er hier Anteil erhält an Leben, Sterben und Auferstehen des Herrn, sodass der in Christus vollzogene Tod Heil ist für die Christin und den Christen. Dies kann aber nur behauptet werden, wenn der Tod aktiv gestorben wird: Der Tod ist Tat des Menschen, in der er all das vollzieht, was er vorher eingeübt hat. Der Tod als Tat des Menschen: Im Tod zeigt sich, ob der Mensch es ernst gemeint hat mit seinem Glauben und ob er

53 Rahner, Zur Theologie des Todes, 63.

54 Rahner, Das Ärgernis des Todes, 142: „Wir sollten im Leben den Tod einüben, weil es zwar klar ist, daß man auf jeden Fall den biologischen Exitus fertigbringen wird, nicht aber schon eindeutig ist, daß wir den wahrhaft menschlichen Tod zu sterben vermögen, in dem das Unverfügbare die Mitte der bereiteten Freiheit wird."

im Ernstfall mit seinem Leben für seinen Glauben einsteht. Der Tod als Tat des Menschen.

Nun ist es bei Rahner aber nicht so, dass er den Tod verklärt. Er weiß darum, dass der Tod aufgrund der Sünde als Bitterkeit und als Gottferne verstanden und erfahren wird. Der Tod ist nicht einfach der glorreiche Hinübergang der Christin oder des Christen in das Leben, für das man eigentlich bestimmt ist. Aufgrund der Sünde und des Sündenfalls hängt dem Tod ein Erschrecken an,[55] das auch durch Tod und Auferstehung Christi nicht einfach überwunden ist. Der Tod ist also auch als Tat und als Ereignis des Heilsempfanges nicht frei von Bitterkeit, Kälte und Gottverlassenheit:

> Von da aus wird verständlich, was der Christ durch Christi Gnade im Tod tut (im Sterben, das er durch sein ganzes Leben betätigt): er erfährt sein in die Leere und Ohnmacht des Todes zerrinnendes Leben als Gottesferne, als die Bitterkeit der Schuld (des Geschlechtes und der eigenen), und er glaubt doch an das Erbarmen Gottes, und er hofft doch sein Leben in Gott hinein, und er liebt doch diesen fernen Gott ... Und insofern diese drei Grundakte [von Glaube, Hoffnung und Liebe; FB] Momente am Tod als Tat des Menschen selbst sind, wird der Tod selbst verwandelt: das schreckliche Fallen in die Hände Gottes, das der Tod als Inerscheinungtreten der Sünde zu bleiben scheint, ist in Wirklichkeit das ‚In Deine Hände empfehle ich meinen Geist'.[56]

Der Tod bleibt auch für Christinnen und Christen ambivalent: Wir sterben in die Hände Gottes hinein, aber dieses Hineinsterben wird als Fallen erfahren. Und niemand fällt gerne. Die Macht der Sünde überlagert so die Hoffnung des Glaubens. Dass der Tod als Fallen erfahren wird ist die Folge der Sünde. Aus dieser Folge steigt die Christin oder der Christ nun nicht einfach aus. Aber gleichzeitig mit dem Gedanken,

55 Rahner, Zur Theologie des Todes, 50: „Das Leere, Ausweglose, Zerrinnende, das Wesenlose, das unauflösliche Ineinander von höchster Tat und niederstem Getriebenwerden, von Eindeutigkeit und letzter Fragwürdigkeit – alle diese Eigentümlichkeiten des Todes, den wir tatsächlich sterben, sind nicht anderes als Erscheinungen der Sünde, der in einer höheren und verborgeneren Dimension analog dieselben Eigentümlichkeiten eignen."

56 Rahner, Zur Theologie des Todes, 65.

dass die Bitterkeit des Todes aufgrund der Sünde erfahren wird, versucht Rahner die Unbegreiflichkeit des Todes auch noch einmal mit der Geheimnishaftigkeit Gottes in Verbindung zu bringen. Bei Rahner offenbart sich Gott als Geheimnis, er ist in seinem Wesen und von sich her Geheimnis. Und wenn dies so ist und wenn Gott selber in Jesus Christus den Tod auf sich genommen hat und somit der Tod zum Leben Gottes dazugehört, weil jeder Mensch den Tod sterben muss und Gott sterblicher Mensch geworden ist, dann muss die Geheimnishaftigkeit des Todes mit der Geheimnishaftigkeit Gottes selber in Verbindung gebracht werden.

> Wenn uns aber der Beruf und die Gnade gegeben ist, mit ihm zu sterben, dann ist das alltägliche und banale Vorkommnis, das wir den Tod des Menschen nennen und dem auch jeder von uns entgegenstrebt, erhoben in die Geheimnisse Gottes.[57]

> Im Kreuz Jesu werden die transzendentale und die geschichtliche Dimension des Menschen endgültig und unwiderruflich versöhnt: die absolute Verwiesenheit des Menschen in das sich selbst schenkende Geheimnis Gottes wird geschichtliches Ereignis, und zwar im geglückten Tod als solchen, ohne den dies nicht möglich wäre.[58]

Gott ist in sich Geheimnis, sie/er offenbart sich als Geheimnis und hebt in der Offenbarung ihre/seine Geheimnishaftigkeit nicht auf, weil sie/er in sich Geheimnis ist. In diese Geheimnishaftigkeit wird der Mensch durch den Tod bei Rahner hineingerissen, weil sich der Mensch im Tod ganz der/dem anderen übergibt, weil sich der Mensch entschließt sich von dem her bestimmen zu lassen, die/der ihn auf sich hin geschaffen hat. Der Mensch kann sich im Tod, der in Christus geschieht, in das

57 Rahner, Zur Theologie des Todes, 72. Vgl. Ruster, Karl Rahner und die Modernisierung der katholischen Dogmatik, 39.

58 Rahner, Tod Jesu und Abgeschlossenheit der Offenbarung, 169f. Vgl. ders., Zu einer Theologie des Todes, 197: „Bei den Menschen ist es unmöglich, aber von Gott her ist es möglich, diese Mitte zu finden, in der der Mensch sich weder in Verzweiflung noch in selbstgemachter Illusion verschanzt, sondern sich glaubend, liebend in Hoffnung dem unbegreiflichen Geheimnis überläßt, das im Tode aufgeht und wirkt."

Geheimnis seines Lebens einlassen und damit Anteil bekommen am Geheimnis des Lebens Jesu, der sich auf Gott eingelassen hat, sich auf Gott verlassen hat und damit zum Offenbarer der Geheimnishaftigkeit Gottes geworden ist. Im frei vollzogenen Tod gibt sich der Mensch in die Offenheit und Unverstehbarkeit Gottes und wird Teil des göttlichen Lebens, weil Jesus nicht von Gott zu trennen ist, weswegen in seinem Tod jeder menschliche Tod in Gott hineingenommen ist.

3.3.3 Eberhard Jüngel

Bei Karl Rahner haben Wir den Tod als Tat des Menschen kennengelernt, wobei diese Tat überschattet ist von der Dunkelheit der Sünde und dennoch mit der Geheimnishaftigkeit Gottes zusammenhängt. Ein ganz anderes Todesverständnis legt Eberhard Jüngel vor. Dieser leitet aus der Hl. Schrift ab, dass Leben bedeutet, in Verhältnis zu anderen und zu Gott zu stehen, weswegen er den Tod als „*Verhältnislosigkeit*“[59] versteht. Im Tod brechen alle Verhältnisse ab. Jüngel betont also in erster Linie den sozialen Aspekt des Todes: Durch ihn wird jede Kommunikation verunmöglicht und ein Mensch wird aus all seinen Verhältnissen und Relationen herausgerissen. Ein wichtiger Teil der Kommunikation ist bei Jüngel nun die Eingebundenheit in einen Geschichtszusammenhang: Wer erzählt, hat eine Geschichte, hat also Erinnerung, und wer erzählt, hat Zukunft, er entwirft und plant mit anderen Menschen zusammen, das, was sein wird. Dies hängt damit zusammen, dass der Mensch Zeit hat: Sie/Er hat Zeit hinter sich und sie/er hat Zeit zur Verfügung, die sie/er gestalten kann (148). Gleichzeitig wehrt sich Jüngel aber gegen die Vorstellung, dass Leben bei Gott einfach eine Verlängerung der Gegenwart bedeuten würde: Ewiges Leben ist nicht die bis in alle Ewigkeit fortgeführte Erweiterung irdischen Lebens (149f.). Und so kommt Jüngel zu seiner zentralen Umschreibung dessen, was Erlösung als Rettung über den Tod hinaus bedeutet:

> Und Erlösung kann dann doch nichts anderes heißen, als daß *dieses gelebte* Leben erlöst wird, nicht aber, daß *aus* diesem Leben erlöst wird.

---

59 Jüngel, Tod, 145.

> Erlösung wäre also Rettung des gelebten Lebens durch Gott, wäre Teilhabe des irdischen, begrenzten Lebens an Gottes Leben, Teilhabe befristeter Lebenszeit an Gottes Ewigkeit, Teilhabe schuldig gewordener Existenz an Gottes Ehre. Teilhabe an Gottes Ehre bedeutet ehrenvolle Rettung schuldigen Menschenlebens. Das endliche Leben wird als endliches *verewigt.* Aber eben nicht durch unendliche Verlängerung: eine Unsterblichkeit der Seele gibt es nicht. Sondern durch Teilhabe an Gottes eigenem Leben. In seinem Leben wird das unsrige *geborgen* sein. In diesem Sinn ist die kürzeste Form der Auferstehungshoffnung der Satz ‚Gott ist mein Jenseits'. Er wird's wohlmachen. Und zwar das, was wir waren. Unsere *Person* wird dann unsere *offenbare Geschichte* sein.[60]

Was beschreibt Jüngel hier?

1. Er geht nicht davon aus, dass Erlösung eine Beendigung oder gar Negierung des Lebens bedeutet. Es geht bei Erlösung vielmehr darum, dass das gelebte Leben bejaht und verewigt wird. Hier zeigt sich eine Wertschätzung der eigenen Person, der Individualität eines jeden Menschen, die ihre/der seine ganz eigene Geschichte hat. Ein wenig vor dem angeführten Zitat beschreibt Jüngel, dass er sich Erlösung so vorstellt, dass Gott den Menschen nicht aus seinem Verhältnis zu ihm entlässt. Er schreibt:

> Wenn aber Gott auch im Tode nicht aufhört, sich zu uns zu verhalten, ja wenn er sich mit dem toten Jesus identifizierte, um sich durch den Gekreuzigten allen Menschen gnädig zu erweisen, dann erwächst mitten aus der Verhältnislosigkeit des Todes ein *neues Verhältnis* Gottes zu den Menschen. Wohlgemerkt: das neue Verhältnis Gottes zum Menschen besteht darin, daß Gott die von ihm entfremdende Verhältnislosigkeit des Todes selber erträgt.[61]

Gott schafft durch seine Identifizierung mit dem toten Jesus von Nazareth ein neues Verhältnis zwischen sich und allen toten Menschen, Gott überbrückt von sich aus den Graben der Verhältnislosigkeit, sodass Wohlmuth Jüngels These dahingehend versteht, dass er von einer „Verewigung in Gottes Gedächtnis"[62] ausgeht. Sehr deutlich wird bei dieser

60 Jüngel, Tod, 151f.
61 Jüngel, Tod, 139.
62 Wohlmuth, Mysterium der Verwandlung, 164.

These Jüngels, dass alle Macht bei Gott liegt und der Mensch im Tod der total Passive ist.

2. Aber zurück zum Ursprungszitat. Gott lässt den Menschen im Tod nicht in die Verhältnislosigkeit fallen, sondern sie/er erlöst ihn zur Teilhabe an ihrem/seinem Leben. Hier beginnen unsere Probleme: Was soll es bedeuten, dass das endliche Leben als endliches verewigt wird? Ist es so, dass Jüngel nicht von einer unendlichen Verlängerung oder Fortsetzung des Lebens im Jenseits ausgeht, sondern von einer Aufhebung der Zeit? Dann würden Anfang und Ende und Gegenwart in eins fallen und das gelebte Leben und vor allem das Wissen um dieses Leben absolut präsent gesetzt werden. So wird der Mensch ihrer/seiner Geschichte bewusst, ihr/sein Leben liegt vor ihr/ihm und vor Gott offen dar und der Mensch weiß dieses ihr/sein wohl auch sündiges Leben in Gott geborgen, ohne dass sie/er sich dafür schämen müßte, weil Gott ihr/ihm verziehen und sie/ihn erlöst hat. Damit ist dann auch verbunden, dass Jüngel von einer irgendwie gearteten Kontinuität der Individualität ausgeht, weil er betont, dass die Personalität weiterhin eine Rolle spielt. All dies hat aber eigentlich keine Bedeutung, denn – ganz protestantisch – die eigene Person mit ihrer Geschichte, ihren Sünden und ihren womöglich guten Taten zählt im Angesichte Gottes nicht. Zwar ist die Person mit ihrer Geschichte und Individualität in Gott geborgen, aber dennoch geht sie gleichsam in Gott auf, denn Gott allein ist die Hoffnung des Menschen. Hier hofft der Mensch nicht auf die Bestätigung ihres/seines eigenen Lebens – das wäre wohl in den Augen von Jüngel zu viel der Selbstgerechtigkeit –, sondern nach Jüngel hofft die Christin oder der Christ ganz auf Gott. Gott alles in allem. Und hier schlägt dann wieder der relationale Charakter der Jenseitsvorstellung Jüngels durch:

> Auferstehung von den Toten heißt Versammlung, Verewigung und Offenbarung gelebten Lebens.[63]

Dieser Vorstellung, dass Tod die Entgrenzung hin auf Gott und damit Teilnahme an Gottes Leben bedeutet, können auch Wir einiges abgewinnen. Hier zeigt sich, dass Gott Relation ist, dass sie/er Gemeinschaft liebt, dass sie/er nicht alleine ist. Allerdings verstehen Wir bei Jüngel

63 Jüngel, Tod, 153; vgl. 160.

nicht, wie er diese Gemeinschaft zwischen Gott und Mensch und den Menschen untereinander noch einmal aufhebt in die unendliche Größe Gottes. Fast scheint es so zu sein, als ob die Vereinigung aller Menschen in Gott das Ziel jenseitigen Lebens ist, weil Vereinigung der Menschheit nur möglich sein wird, wenn sich die Menschen im Angesichte Gottes auch die Sünden verzeihen, die sie einander begangen haben. Durch diesen Vorgang des Verzeihens werden die Auferweckten in das Leben Gottes mit einbezogen, sie/der dann alleine alles in allem ist, ohne dadurch die Geschichten der Menschen so zu überstrahlen, dass sie keine Bedeutung mehr hätten. Wie dem auch sei, jedenfalls lässt Jüngel seine Büchlein über den Tod etwas kryptisch enden:

> Tod soll sein und muß werden, was Jesus Christus aus ihm gemacht hat: die Begrenzung des Menschen allein durch Gott, der da, wo wir schlechthin ohnmächtig sind, seine Macht nicht mißbraucht. Wo wir nichts machen können, ist er für Uns da. Er führt es herrlich hinaus.[64]

Uns imponiert bei Jüngel, dass die Hoffnung für das Jenseits von allen egoistischen Zügen befreit wird: Es geht ihm nicht in erster Linie um die Hoffnung für Mich, sondern um die Hoffnung für die andere/den anderen. Jenseits muss als Versammlung der Toten gedacht werden. Das impliziert für Mich, dass das Subjekt für die andere/den anderen hofft, denn nur gemeinsam mit ihr/ihm kann es zu ihrem/seinem Ende gelangen, in Gemeinschaft, in geglückter Relationierung. Damit geht der Tod der anderen/des anderen, die/der für Mich ja zuerst einmal das Ende einer Beziehung bedeutet, damit geht dieser Tod der anderen/des anderen Mir eigentlich näher als Mein eigener Tod und mich betrifft der Tod der anderen/des anderen, in christlicher Lesart der Tod Jesu von Nazareth, mehr als Mein eigener Tod.

Dieses Moment, dass Mich der Tod der anderen/des anderen mehr betrifft als Mein eigener Tod, im Folgenden mit Hinweisen auf Emmanuel Levinas weiter vertieft, was nur nach einem kurzen Blick auf Martin Heidegger möglich ist.

---

64 Jüngel, Tod, 171.

3.3.4 Martin Heidegger

Was ist der Tod? Was bedeutet Tod? Bei Rahner war er die höchste Tat des freien Menschen, der im Tod all seine Freiheitsentscheidungen zusammenzieht und sich hier als die/der erweist, die ihren/der seinen Glauben ernst nimmt. Bei Jüngel bedeutet der Tod Abbruch jeglicher Beziehung, sodass nur vom liebenden Gott her gehofft werden kann, dass sie/er die Beziehungen wieder herstellt. Tod als Tat der Freiheit – Tod als Ende aller Beziehung. Bei laufender Lektüre könnte man versucht sein, hier zwei sich unterscheidende Theorien des Todes vorzufinden, die sich beide mit Martin Heidegger auseinandersetzen. Heidegger versteht den Menschen als diejenige/denjenigen, sie/der sich um sich selber sorgt: „Das Dasein ist Seiendes, dem es in seinem Sein um dieses selbst geht."[65] Der Mensch ist um sich selber besorgt, sie/er will leben, sie/er kümmert sich um sich. Gegen diesen Egoismus hatte ja Jüngel protestiert, indem er die soziale Komponente der Jenseitsvorstellung herausgestellt hat und dieses als Versammlung der Toten bei Gott, in Gottes Gedächtnis beschrieben hat. Rahner bezieht sich sehr viel ausdrücklicher auf Heidegger, für den der Tod auch einen Aspekt der Freiheit birgt, weil das Subjekt um seinen Tod weiß und sich zu seinem Tod verhalten kann. Das Subjekt schaut gleichermaßen in die Zukunft und versteht, dass es eine Zeit geben wird, in der es selber nicht mehr ist. Heidegger schreibt:

> Der Tod ist eine Seinsmöglichkeit, die ja das Dasein selbst zu übernehmen hat. Mit dem Tod steht sich das Dasein selbst in seinem eigensten Seinkönnen bevor. In dieser Möglichkeit geht es dem Dasein um sein In-der-Welt-sein schlechthin. Sein Tod ist die Möglichkeit des Nicht-mehr-dasein-könnens ... Der Tod ist die Möglichkeit der schlechthinnigen Daseinsunmöglichkeit.[66]

Eigentlich sagt Heidegger nichts Neues. Er sagt es nur etwas kompliziert. Der Mensch weiß um seinen Tod und deshalb weiß der Mensch, dass er eines Tages nicht mehr sein wird. Der Mensch weiß um die Möglichkeit seiner Daseinsunmöglichkeit. Diese macht dem Menschen

65 Heidegger, Sein und Zeit, 191.
66 Heidegger, Sein und Zeit, 250.

nach Heidegger Angst, weil sie/er sich um sich selber sorgt. Der Mensch weicht dem Wissen aus, dass sie/er sterben muss.[67] Auch dieses Verdrängen der eigene Sterblichkeit ist nun nichts, was man nicht auch ohne Heidegger gewusst hätte. Der Mensch ist nach ihm sterblich, sie/er muss ihren/seinen eigenen Tod übernehmen, weil sie/er diesen nicht delegieren kann: Keine andere/kein anderer kann für mich sterben, weswegen das Wissen um den Tod vereinzelt und den Menschen dazu zwingt, die Sorge um ihr/sein Dasein selber zu übernehmen. Deswegen eignet dem Wissen um den Tod auch ein gewisser Freiheitsaspekt an,[68] weil der Mensch hier merkt, dass sie/er selber sich zu ihrem/seinem Dasein verhalten muss, ohne dass ihm jemand dieses Verhalten zu sich selber abnehmen könnte. Die Angst vor der eigenen Sterblichkeit ist gleichsam der existentiell negative Aspekt von Freiheit, den Rahner im Hinblick auf das Sterben in Christus sehr viel positiver ausgelegt hat.

3.3.5 Emmanuel Levinas

Emmanuel Levinas setzt sich seinerseits intensiv mit Heidegger auseinander und von ihm ab. Er tut dies bereits in einem sehr frühen Werk, in *Die Zeit und der Andere*, dessen französisches Original 1947 veröffentlicht wurde. Levinas schreibt dort:

> Der Tod bei Heidegger ist ein Ereignis der Freiheit, wohingegen uns im Leiden das Subjekt an die Grenze des Möglichen zu gelangen scheint. Es findet sich gefesselt, überwältigt und in gewisser Weise passiv.[69]

---

67 Heidegger, Sein und Zeit, 253f. Vgl. Philippe Ariès spricht für das Altertum und Mittelalter vom gezähmten Tod, weil man sich ständig an ihn erinnert und auf ihn vorbereitet hat, wohingegen er in der Moderne verdrängt wird (Geschichte des Todes, 13-42).

68 Heidegger, Sein und Zeit, 266: „*Das Vorlaufen enthüllt dem Dasein die Verlorenheit in das Man-selbst und bringt es vor die Möglichkeit, auf die besorgende Fürsorge primär ungestützt, es selbst zu sein, selbst aber in der leidenschaftlichen, von den Illusionen des Man gelösten, faktischen, ihrer selbst gewissen und sich ängstenden Freiheit zum Tode.*“

69 Levinas, Die Zeit und der Andere, 44.

Levinas macht sehr unmissverständlich deutlich, dass dem Tod kein Moment der Freiheit eignet, weil Tod Passivität des Subjektes bedeutet. Im Tod ist das Subjekt nicht, nicht mehr, weswegen der Tod kein Akt der Freiheit sein kann.

> Wenn der Tod da ist, bin ich nicht mehr da, nicht, weil ich nichts bin, sondern weil ich nicht imstande bin zu ergreifen.[70]

Im Tod ist das Subjekt nicht mehr Herrin ihrer/Herr seiner selbst, es ist nicht mehr, es kann nichts mehr tun und deshalb auch nichts ergreifen. Vor diesem Hintergrund kommt Levinas zu seiner entscheidenden Formulierung. Für ihn bedeutet der Tod keine freie Tat und auch nicht die Sorge um sich selbst, sondern der Tod ist für das Subjekt das Gewahrwerden der eigenen Beschränktheit und Sterblichkeit. Daraus folgt aber eben nicht die Sorge um sich, sondern hier erleidet das Subjekt eine Art von Passivität, die sie/ihn auf eine andere/einen anderen verweist. Levinas macht also den Aspekt stark, dass im Tod dem Subjekt etwas zustößt, dass es etwas erleidet, dass ihr/ihm etwas entgegensteht, und er fragt weiter, was diese Passivität des Subjektes bedeutet, was es heißt, dass dem Subjekt etwas zustößt. Levinas bringt hier den Tod und die Erfahrung der Anderheit der Anderen/des Anderen miteinander in Beziehung, denn die andere/der andere stößt Mich auf Mich selber zurück, sie/er stößt Mir zu und Ich kann Mich ihrer/seiner Erfahrung und ihrer/seiner Widerständigkeit so wenig erwehren, wie Ich Mich des Todes erwehren kann. Doch lassen wir den Philosophen selber sprechen:

> Was entscheidend ist im Nahen des Todes, ist dies, daß wir von einem bestimmten Moment an nicht mehr können können; genau darin verliert das Subjekt seine eigentliche Herrschaft als Subjekt ... Der Tod, das ist die Unmöglichkeit, einen Entwurf zu haben. Dieses Nahen des Todes zeigt an, daß wir in Beziehung sind mit etwas absolut anderem, mit etwas, das die Anderheit nicht wie eine vorläufige Bestimmung trägt, die wir uns durch das Genießen gleichmachen könnten ... Die Beziehung mit dem anderen ist weder eine idyllische und harmonische Beziehung der Gemeinschaft, noch eine Sympathie, durch die wir uns als ihm ähnlich

70 Levinas, Die Zeit und der Andere, 45.

erkennen, indem wir uns an die Stelle des anderen setzen, sondern sie ist uns gegenüber außerhalb; das Verhältnis zum anderen ist ein Verhältnis zu einem Geheimnis.[71]

Mit diesem Zitat werden einige Grundintentionen von Levinas und seinem Denken des Todes deutlich. Levinas versteht den Tod als ein Ereignis, in dem der Mensch passiv ist. Diese Passivität erfährt der Mensch aber bei genauem Hinsehen nicht nur im Tod, sondern auch, wenn sie/er einem anderen Menschen begegnet. Warum? Erkenntnistheoretisch könnte man sagen, dass sich der Eindruck der anderen/des anderen dem Menschen in den Weg stellt: Wir können nicht so tun, als würden Wir die andere/den anderen nicht wahrnehmen. Wahrnehmung ist zuerst einmal etwas Passives: Etwas drückt sich Mir ein, stellt sich mir in den Weg. Hier unterscheidet sich Levinas ganz unübersehbar von Jüngel. Jüngel ging vor allem von der geglückten Beziehung aus, im Letzten wohl von Liebe. Levinas geht in seiner Interpretation einen Schritt weiter und versteht die andere/den anderen zuerst einmal als die/den, die/der Mir gegenüber steht, die/der Mir entgegen tritt.

Levinas versteht den Tod als die Grenze der Möglichkeiten des Subjektes, als nicht mehr können können. Hier zeigt sich auch, dass das Subjekt nicht Herr*in über sich selbst und damit auch nicht Herr*in über ihre/seine Zukunft ist. Diese Zukunft ist dem Subjekt entzogen, sie kommt auf das Subjekt zu, das Subjekt kann die Zeit nur annehmen, kann Zukunft nur übernehmen, kann sie aber nicht von sich aus herstellen. Zukunft ist Gabe an das Subjekt, ist seine Aufgabe, aber nichts, was sich das Subjekt selber garantiert. Levinas verbindet nun diesen Aspekt, dass die Zukunft dem Subjekt gegeben wird, dass sie auf das Subjekt zukommt, mit dem Entgegentreten des Anderen.

Zukunft ist das, was nicht ergriffen wird, was uns überfällt und sich unser bemächtigt. Die Zukunft, das ist das andere. Das Verhältnis zur Zukunft, das ist das eigentliche Verhältnis zum anderen. Von Zeit zu sprechen in *einem* Subjekt allein, von einer rein persönlichen Dauer zu sprechen, scheint uns unmöglich.[72]

71 Levinas, Die Zeit und der Andere, 47f.

72 Levinas, Die Zeit und der Andere, 48.

Levinas vertritt ein intersubjektives, ein relationales Zeitverständnis, weil Zukunft von der Begegnung mit der/dem anderen her verstanden wird. Zeit wird bei Levinas zu einer ethischen Größe.[73] Dabei ist das Subjekt aber immer als passiv zu denken, die/der andere begegnet dem Subjekt, tritt ihm entgegen. Deshalb besteht zwischen dem Subjekt und der/dem anderen auch keine Symmetrie. Die/Der andere ist hier das Schwergewicht, die/der andere ist wichtiger. Levinas spricht davon, „daß der intersubjektive Raum nicht symmetrisch ist."[74]

Levinas hat sich immer geweigert, Aussagen über das Jenseits zu machen, über das, was nach dem Tod folgen könnte. Ihm ist vielmehr die Bedeutung des hier und jetzt wichtig, die sich daraus ermisst, wie sich das Subjekt zur/zum anderen verhält, zu der/dem, die/der Unsere Hilfe nötig hat, die/der Uns mit leeren Händen entgegentritt. Im Laufe des Werkes von Levinas wird der ethische Aspekt immer wichtiger, vielleicht sogar übergewichtig. Er spricht davon, dass das Subjekt auf die andere/den anderen verpflichtet ist, noch bevor es selber ist. Das Subjekt wird gleichsam in der Pflicht zur/zum anderen geboren, es steht ständig im Anklagefall, im Akkusativ. Hier ist nicht der Nominativ wichtig, das Ich, sondern das Mich. Wen meinst Du? Mich. Wen siehst Du an? Mich. Die/Der andere wird zum Ausgangspunkt des Denkens des Ich und mit dieser/diesem anderen ist sowohl Gott ins Visier genommen, weil sie/er auf dem Antlitz des bedürftigen Menschen, der Armen, Witwen und Waisen ihre/seine Spur hinterlassen hat, als auch das Erschrecken über die Andersheit, das In-die-Pflicht-genommensein und die Unfähigkeit des Subjektes, über seine eigene Zukunft oder gar über das Leben der/des anderen zu verfügen. Dem Subjekt steht nichts zur Verfügung, es kann das andere nicht in sich einverleiben und das andere zu einem Zweck am eigenen Dasein erniedrigen. Das andere ist Zweck nicht einmal für sich, sondern Zweck für mich. Wobei Zweck

73 Levinas, Die Zeit und der Andere, 51: „Die Situation des Von-Angesicht-zu-Angesicht wäre der eigentliche Vollzug der Zeit; das Übergreifen der Gegenwart auf die Zukunft ist nicht die Tat eines einsamen Subjektes, sondern das intersubjektive Verhältnis." „Ich definiere den anderen nicht durch die Zukunft, sondern die Zukunft durch den anderen, da gerade die Zukunft des Todes in seiner totalen Anderheit bestanden hat." (54)

74 Levinas, Die Zeit und der Andere, 55.

wohl das falsche Wort ist. Das andere ist der Grund meines Daseins, ich bin ihm unweigerlich ausgesetzt. Levinas spricht gleichsam mit einer Hypersensibilität, mit einem ins Unendliche gesteigerten Einfühlungsvermögen, wobei nicht das Subjekt sich in die andere/den anderen einfühlt, sondern diese/dieser in ihm einen Eindruck hinterlässt, dem es sich nicht entziehen kann.

Geht es bei dem gerade Beschriebenen um ein Erleben des Jenseits oder vielleicht noch viel mehr um ein Erleiden des Jenseits? Der Tod war nicht bei allen heute zu Wort gekommenen Autoren Ausdruck totaler Passivität, wie dies bei Levinas der Fall ist. Rahner sieht den Tod als Ausdruck einer letzten, heroischen, jedenfalls höchst freien Tat des Menschen. Jüngel versteht den Tod als den Abbruch jeder Beziehung und Erlösung als die Wiederaufrichtung von Beziehung durch Gott. Heidegger folgert aus dem Wissen um den Tod die Sorge des Subjektes um sich selber, während die Deutschen Bischöfe der Endlichkeit einen Sinn abgewinnen können, weil der Mensch damit die Möglichkeit erhält, der/dem anderen einmalige Augenblicke zu schenken.

Am Schluss dieses Kapitels soll ein Zitat von Levinas stehen, in dem er sich noch einmal mit aller Deutlichkeit von Heidegger absetzt und gleichzeitig der Theologie ins Stammbuch schreibt, über das Jenseits nicht zu schnell Aussagen zu machen. Levinas weiß nichts über das, was danach kommt. Und doch kann mit ihm über die Güte schon im Diesseits nachgedacht werden, weil er die Spuren Gottes auf dem Angesicht der/des anderen erkennt. Das Licht, das hier leuchtet, ist unserer Meinung nach als paradiesisches Licht zu verstehen, als Licht aus dem Jenseits, das im Diesseits gewiss nicht zur Vollendung kommt, das aber wahrgenommen werden kann und in der Eschatologie deutlich macht, dass das Jenseits vom Diesseits her gedacht wird, ohne dass es am anderen vorbei erreichbar wäre: Ins Jenseits gelangen Menschen nur über die andere/den anderen, über die/den, der/dem Wir geholfen haben, weil das Subjekt vom Anfang an, aus dem Paradies gleichsam, auf sie/ihn verpflichtet war, sodass die Andere/der Andere zum Weg ins Jenseits wird, weil sie/er die Einbruchstelle der Transzendenz in die Immanenz markiert.

> Die Unmöglichkeit, Gott zu entkommen – das Abenteuer des Jonas … ruht in meinem Innern als Sich, als absolute Passivität. Passivität, die

> nicht lediglich die Möglichkeit zum Tode im Sein ist, die Möglichkeit zur Unmöglichkeit; vielmehr die dieser Möglichkeit vorausgehende Unmöglichkeit, Unmöglichkeit, sich zu entziehen, absolute Empfänglichkeit, Ernst ohne Leichtfertigkeit, Entstehung eines Sinns in der Stumpfheit des Seins.[75]

3.4 Geschichte und Messias: Leben des Jenseits

Im letzten Kapitel ging es um die Passivität des Subjektes. Es wurden mehrere Deutungen des Todes vorgestellt und am Schluss standen die Ausführungen von Emmanuel Levinas im Mittelpunkt. Im Gegensatz zu Rahner versteht er den Tod nicht als das freiwillige Sich-fallen-lassen des Subjektes in die Dunkelheit und Geheimnishaftigkeit, sondern als die Unmöglichkeit des Subjektes, sein Leben selbstbestimmt zu planen und in der Hand zu halten. Damit widerspricht Levinas auch Heidegger, der von der Möglichkeit der Unmöglichkeit gesprochen, also im Tod einen aktiven Aspekt gefunden hat. Mit Jüngel wurde auf die soziale Dimension des Todes hingewiesen, auch wenn seine Theorie der Rettung aus dem Tod durch Gott in dessen Gedächtnis nicht wirklich überzeugen konnte.

Im folgenden Kapitel geht es um Geschichtstheorien und um die Rolle des Messias für eine biblisch fundierte Eschatologie. Das Feld der Geschichtstheorien ist sehr weit und wieder können nur ein paar Aspekte angesprochen werden, ohne diese im vorliegenden Zusammenhang ausführlich darlegen zu können. Es geht darum, ein paar Orientierungspunkte zu markieren.

3.4.1 Friedrich Nietzsche

Die Vorstellung der Geschichtstheorien beginnt mit Friedrich Nietzsche. Dieser ist für viele Theologinnen und Theologen ein rotes Tuch und das ist verständlich. Trotzdem lohnt es sich speziell bei der Frage, um die es in diesem Kapitel gehen soll, sich mit ihm auseinanderzusetzen.

75 Levinas, Jenseits des Seins, 285f.

Nietzsche hatte in Sils Maria eine geradezu mystische Erfahrung in Bezug auf das Geschichtsverständnis.[76] Es ist fast sicher, wenn auch nicht ganz unbestritten, dass er zu diesem Zeitpunkt bereits an Syphilis erkrankt war, was der Rezeption der von ihm vorgetragenen Idee natürlich einigen Spott oder große Skepsis entgegengebracht hat. Aber das ist hier nicht wichtig. Wichtiger ist, dass die Idee der ewigen Wiederkunft des Gleichen der theoretische Grundgedanke seines Buches *Also sprach Zarathustra* ist. Es geht um die Idee, wie man leben würde, würde sich das Leben immer wieder wiederholen. Das klingt ein bisschen wie Harold Ramis Film *Und täglich grüßt das Murmeltier* mit Bill Murray in der Hauptrolle. Bei Nietzsche geht es aber nicht darum, dass ein bestimmter Tag im Leben eines Menschen sich so oft wiederholt, bis er alles richtig gemacht hat. Bei Nietzsche geht es vielmehr um die Idee, wie man sein Leben führen würde, würde man es immer und immer wieder erleben, erleben müssen. In seinem Buch *Die fröhliche Wissenschaft* umschreibt Nietzsche diese Idee folgendermaßen:

> *Das grösste Schwergewicht.* – Wie, wenn dir eines Tages oder Nachts, ein Dämon in deine einsamste Einsamkeit nachschliche und dir sagte: „Dieses Leben, wie du es jetzt lebst und gelebt hast, wirst du noch einmal und noch unzählige Male leben müssen; und es wird nichts Neues daran sein, sondern jeder Schmerz und jede Lust und jeder Gedanke und Seufzer und alles unsäglich Kleine und Grosse deines Lebens muss dir wiederkommen, und Alles in der selben Reihe und Folge – und ebenso diese Spinne und dieses Mondlicht zwischen den Bäumen, und ebenso dieser Augenblick und ich selber. Die ewige Sanduhr des Daseins wird immer wieder umgedreht – und du mit ihr, Stäubchen vom Staube!" – Würdest du dich nicht niederwerfen und mit den Zähnen knirschen und den Dämon verfluchen, der so redete? Oder hast du einmal einen ungeheuren Augenblick erlebt, wo du ihm antworten würdest: „du bist ein

76 Nietzsche, Ecce homo, 335: „Ich erzähle nunmehr die Geschichte des Zarathustra. Die Grundconception des Werks, der *Ewige-Wiederkunfts-Gedanke*, diese höchste Formel der Bejahung, die überhaupt erreicht werden kann –, gehört in den August des Jahres 1881: er ist auf ein Blatt hingeworfen, mit der Unterschrift: ‚6000 Fuss jenseits von Mensch und Zeit'. Ich gieng an jenem Tage am See von Silvaplana durch die Wälder; bei einem mächtigen pyramidal aufgethürmten Block unweit Surlei machte ich Halt. Da kam mir dieser Gedanke."

> Gott und nie hörte ich Göttlicheres!" Wenn jener Gedanke über dich Gewalt bekäme, er würde dich, wie du bist, verwandeln und vielleicht zermalmen; die Frage bei Allem und Jedem „willst du diess noch einmal und noch unzählige Male?" würde als das grösste Schwergewicht auf deinem Handeln liegen! Oder wie müsstest du dir selber und dem Leben gut werden, um nach Nichts *mehr zu verlangen*, als nach dieser letzten ewigen Bestätigung und Besiegelung? –[77]

Es ist relativ einfach zu erfassen, um was es Nietzsche geht. Er stellt sich einen Dämon vor, der jemanden besucht und sie/ihn mit der Tatsache konfrontiert, dass sie ihr/er sein Leben unzählige Male in genau der Weise wird leben müssen, in der sie/er es gerade lebt. Ist dies nun ein erschreckender Gedanke – nicht schon wieder dieses ganze Affentheater, nicht schon wieder dieses Leiden, diese Kleinheit? Oder ist dieser Gedanke heroisch-erlösend: Schaut her wie toll mein Leben ist, ich will es viele Male genau so leben, weil es herrlich war, weil ich es genossen habe, weil ich von Wahrheit und Schönheit durchflutet wurde? Erkenntnistheoretisch liegt natürlich das Problem darin, dass man nicht weiß, dass mein sein Leben in genau dieser Art und Weise schon einmal gelebt hat, von daher verstärkt die Idee der ewigen Wiederkunft des Gleichen wahrscheinlich nur den jeweiligen Gefühlszustand: niedergedrückt oder voller Lust und Tatendrang. Gleichzeitig macht Nietzsche aber deutlich, was es bedeutet, dass der Mensch ein sterbliches Wesen ist und jeder Augenblick vergeht, sodass jeder Augenblick seinen Sinn dadurch erhält, dass sie/er einmalig ist und in diesem Leben nichts wiederholt, nichts zurückgeholt werden kann. Würden Menschen ihr Leben anders leben, wenn sie wüssten, dass sie es in der Art, wie sie es leben, immer wieder leben werden? Würde das ihr Tun und Handeln verändern? Nietzsche stellt den Menschen mit aller Macht den Ernst des Lebens vor Augen: Lebe so, dass Du es genau so noch einmal erleben willst, so und nicht anders! Nutze jetzt Deine Chance, koste das Leben, denn Du wirst es so immer wieder erleben!

Im Gegensatz zu dieser Idee der ewigen Wiederkunft des immer Gleichen steht natürlich eine Geschichtskonzeption, die einen klaren Anfang und ein klares Ende kennt. Normalerweise wird dem

77 Nietzsche, *Die fröhliche Wissenschaft*, Aphorismus 341 (S. 570).

Christentum unterstellt, dass es eine solch lineare Geschichtsauffassung hat. Dann wird darauf verwiesen, dass Christinnen und Christen Schöpfung denken, also einen klaren Anfang der Geschichte kennen. Und das Ende ist auch gewiss, weil in Jesus Christus offenbar geworden ist, was Gott für den Menschen will: Leben, das Leben bei ihr/ihm. In diesem Zusammenhang wird dann auf die Wiederkunft Christi verwiesen, mit der die Geschichte an ihr Ende kommt, die Menschen gerichtet werden und nach der Phase der Läuterung ein kosmischer Endzustand erreicht wird, der nur noch das Leben bei Gott oder die Verweigerung dieser ewigen Glückseligkeit kennt.

3.4.2 Georg W. F. Hegel

Für das heutige Geschichtsdenken ist dabei besonders die Ausarbeitung und Interpretation des eben kurz umrissenen linearen Geschichtsdenkens bei Georg W. F. Hegel und in seiner Folge bei Karl Marx wichtig. Hegel sieht sich als christlicher Denker und mit seinen Ideen des Deutschen Idealismus hat er viele Denkerinnen/Denker und auch Theologinnen/Theologen geprägt. Er geht davon aus, dass die Geschichte einen fortwährenden und sich zum Positiven hin entwickelnden Fortschritt kennt, der mittels der Vernunft erkannt werden kann, weil sich die Weltvernunft gleichsam in der Geschichte ausdrückt und in ihr zu sich selber kommt,[78] was sich in der Betrachtung der kollektiven Entwicklung, also der Entwicklung der Völker herausstellt. Dies wird besonders an der Entwicklung des Bewusstseins der Freiheit deutlich, die Hegel beschreibt:

> Die Orientalen wissen es noch nicht, daß der Geist oder der Mensch als solcher an sich frei ist; weil sie es nicht wissen, sind sie es nicht; sie wissen nur, daß Einer frei ist, ... Dieser Eine ist darum nur ein Despot, nicht ein freier Mann. – In den Griechen ist erst das Bewußtsein der Freiheit aufgegangen, und darum sind sie frei gewesen; aber sie, wie auch die Römer,

78 Hegel, Vorlesungen über die Philosophie der Geschichte, 20: „Der einzige Gedanke, den die Philosophie mitbringt, ist aber der einfache Gedanke, daß die *Vernunft* die Welt beherrsche, daß es also auch in der Weltgeschichte vernünftig zugegangen sei." (Bd. 12, 19) Vgl. ebd., Bd. 12, 72.

> wußten nur, daß einige frei sind, nicht der Mensch als solcher. Dies wußten selbst Platon und Aristoteles nicht ... Erst die germanischen Nationen sind im Christentum zum Bewußtsein gekommen, daß der Mensch als Mensch frei [ist], die Freiheit des Geistes seine eigenste Natur ausmacht. Dies Bewußtsein ist zuerst in der Religion, in der innersten Region des Geistes aufgegangen.[79]

Was sehen Wir hier? Hegel beschreibt aus einer sehr enthobenen Perspektive die Geschichte: Indem er mit dem Willen zur spekulativen Interpretation die Geschichte betrachtet, entdeckt er in ihr als Gesamtheit eine Entwicklung, und diese Entwicklung betrifft wiederum ein Kollektiv, nämlich die Völker. Es handelt sich dabei um die Entwicklung des Freiheitsbewusstseins, die einem steten Fortschritt gleicht:

> Die Weltgeschichte ist der Fortschritt im Bewußtsein der Freiheit – ein Fortschritt, den wir in seiner Notwendigkeit zu erkennen haben.[80]

Dabei ist die Erkenntnis, dass es in der Weltgeschichte unter der großen Perspektive der Entwicklung der Völker zu einem Fortschritt der Freiheit kommt und dass es damit letztlich vernünftig zugeht, ein Ergebnis der Betrachtung der Geschichte, also des Rückblicks auf die Geschichte.[81] Und genau hier liegt das Problem. Nicht, dass die Interpretation der Geschichte im Nachhinein, also im Rückblick erfolgt, sondern dass Hegel geradezu den Anspruch erhebt, auf die gesamte Geschichte zu schauen. Hegel spricht von einem „Resultat, das mir bekannt ist, weil ich bereits das Ganze kenne."[82] Hier muss Kritik einsetzen, weil es nicht möglich ist, das Ganze der Geschichte zu kennen. Ein solcher Standpunkt ist nur einem allwissenden Gott möglich: Nur sie/er kennt alle Einzelheiten, alle Ereignisse, aus denen sich Geschichte zusammensetzt und nur sie/er kann eine Gesamtschau wagen. Und im Rahmen der vorliegenden Ausführungen lässt sich formulieren: Weil nur Gott die Geschichte kennt und nur sie/er den Sinn der Geschichte versteht,

---

79 Hegel, Vorlesungen über die Philosophie der Geschichte, Bd. 12, 30.

80 Ebd., Bd. 12, 31.

81 Ebd., Bd. 12, 21: „Es hat sich also erst aus der Betrachtung der Weltgeschichte selbst ergeben, daß es vernünftig in ihr zugegangen sei."

82 Ebd., Bd. 12, 21.

kann auch nur sie/er als Richterin/Richter angesehen werden. Wer sonst sollte über die einzelnen Menschen und womöglich über verschiedene Völker oder gar die gesamte Menschheit richten, wenn nicht die/der, die/der als einzige/einziger über das nötige Wissen verfügt, gerecht richten zu können?

3.4.3 Emmanuel Levinas

Nietzsche spricht von der Wiederkunft des ewig Gleichen; Hegel wagt eine Gesamtschau auf die Geschichte und verhebt sich mit diesem Unternehmen. Wie kann eine christlich konzipierte Geschichtstheorie und eine christlich konzipierte Eschatologie noch aussehen, wenn der Mensch weder sich dazu ermächtigen soll, als Triumphator die Geschichte so auszukosten, dass er sie immer wieder durchleben will und wenn der Mensch trotz Tod und Auferstehung darauf verzichten muss, die Geschichte in ihrer Totalität zu verstehen und sich auf das gewiss gute Ende zu freuen? Mit Emmanuel Levinas und dem Gedanken des Messias kann man unserer Meinung nach zu einer verantworteten Rede über die Geschichte und über das Jenseits bzw. die Verantwortung des einzelnen Menschen im Hinblick auf das Jenseits gelangen. Dies soll im Folgenden skizziert werden.

Hegel wagt einen Blick in die Entwicklung der Geschichte und folgert, dass im Preußischen Staat die Entwicklung der Freiheit an ihr glückliches Ende gekommen ist. Von daher nimmt er einen Standpunkt ein, in dem er den gesamten Zeitlauf der Geschichte überblickt: Er sieht in die Vergangenheit, lebt in der Gegenwart und weiß, dass die Zukunft nichts Besseres mehr bringen kann. Hegel vereint alle drei Zeitmodi – Vergangenheit, Gegenwart, Zukunft – in seinem Geist und bedient sich eines synthetisierenden Bewusstseins: In einem solchen fließen die genannten Zeitmodi zusammen. Ein Subjekt, das über ein synthetisierendes Bewusstsein verfügt, kann sowohl die Vergangenheit als auch die Zukunft in die Gegenwart hereinholen, und ist damit auch Herr*in über das, was war, und das, was sein wird. Wie kommt es zu dieser Herrschaft? Bei Hegel zeigt es sich sehr deutlich: Er weiß um den Sinn des Vergangenen, er sieht die stete Höherentwicklung der Freiheitsgeschichte und er weiß um die Zukunft, weil er davon ausgeht, dass die Geschichte nicht mehr weitergehen kann, immerhin ist sie ja bereits auf ihrem Höhepunkt angelangt. Levinas wehrt sich gegen ein so geartetes synthetisierendes Zeitbewusstsein, weil es weder der Tatsache entspricht, dass das Subjekt nicht Herr seiner selbst ist, dass es dem Älterwerden unterliegt und damit weder Herr über seine Zeit noch Herr über die Zeit überhaupt ist. Es gibt Zeit, über die das Subjekt nicht verfügen kann, weil es eine Zeit gibt, die das Subjekt nicht kausal zeittheoretisch einholen kann: Das Subjekt ist sich gegeben, ist sich übergeben, ist sich geschenkt, ist sich aufgegeben, weil es nicht gefragt wurde, ob es sein will. Am Anfang des Subjektes liegt also die Grenze, die das Subjekt nicht überspringen kann und deshalb auch nicht einfach so tun kann, als könnte es diese Grenze mit dem eigenen Geist überbrücken. Es muss sich bewusst sein, dass dieser Anfang von außen gesetzt worden ist. Und das Gleiche zeigt sich im Hinblick auf das Ende: das Subjekt könnte sich zwar selber ein Ende setzen, aber es kann nicht darüber verfügen, dass es ein Ende haben muss. Das Ende, also der Tod, ist dem Subjekt vorgegeben, ist ihm aufgegeben und das Subjekt muss diesen Tod übernehmen, ob es will oder nicht. Der Tod lässt sich vielleicht hinauszögern, man kann den Tod verdrängen, man kann aber nicht nicht sterben. Somit verfügt das Subjekt weder über den eigenen Anfang noch über das eigene Ende und deshalb verfügt es noch weniger über den Anfang der Welt noch über deren Ende. Levinas spricht sich gegen das Gebaren einer philosophischen Tradition aus, die meint, man könne ohne hermeneutische Probleme Aussagen über Anfang und Ende machen und man könne aus dem Wissen über Anfang und Ende und aus dem Wissen dessen, was sich dazwischen entwickelt hat, Schlussfolgerungen ziehen, die sich auf das Ganze beziehen. Levinas geht noch einen Schritt weiter und gibt zu bedenken, was von Menschen angerichtet worden ist, die glaubten, über ein Wissen über die Geschichte zu verfügen: Er weist auf die Opfer der Geschichte hin, vor allem auf die, die um einer höheren Idee willen umgebracht worden sind – sei diese Idee nun der Kommunismus oder der Nationalsozialismus. Wer über ein Wissen über den Gesamtsinn der Geschichte verfügt, der ist bereit, für diese Idee Opfer zu bringen, nicht nur persönliche Opfer, sondern Opfer zu produzieren, Leichen zu häufen. Somit identifiziert Levinas die Zeit der Geschichte mit der Zeit der Opfer und der Zeit des Krieges. In der Zeit gibt es Krieg und Krieg ist schlecht.

Hier setzt Levinas mit seiner Totalitätskritik an: Totalitäre Ideologien sind davon gekennzeichnet, dass sie den Sinn der Geschichte kennen und für diesen Sinn bereit sind, zu opfern, Menschen auf die Schlachtfelder der Geschichte zu führen. In diesem Sinne kritisiert Levinas Hegel scharf, der – wie Wir gesehen haben – eine Kollektivgeschichte entwirft (Orientalen, Griechen, Römer, Germanen), weil hier die Individualität des Einzelnen glattgebügelt wird und nicht mehr vorkommen kann:

> Der Krieg zeigt nicht die Exteriorität und das Andere als anders; er zerstört die Identität des Selben. Das Gesicht des Seins, das sich im Krieg zeigt, konkretisiert sich im Begriff der Totalität. Dieser Begriff beherrscht die abendländische Philosophie. In der Totalität reduzieren sich die Individuen darauf, Träger von Kräften zu sein.[83]

Auf den ersten Blick erscheint dieses Zitat etwas kryptisch. Was will Levinas sagen? Er macht den eben beschriebenen Zusammenhang zwischen einem bestimmten Menschenbild und dem Krieg aus. Nach Levinas ergeben sich zwei Möglichkeiten: Entweder Menschen achten auch im Denken die Andersheit der/des anderen oder sie achten diese Andersheit nicht. Wenn man sich über alle Differenzen erhebt und weiß, was am Ende für alle gut sein wird, auch wenn dies vielleicht das eine oder andere Opfer kostet, dann achtet man die Andersheit der/des anderen nicht, dann ist man totalitär. Dieser Weg ist für die Theologie nicht gangbar. Menschen dürfen sich nicht über die Opfer der Geschichte erheben und sagen: Ach, irgendwie wird am Ende doch alles gut werden. Das wäre ein Hohn und eine Verachtung derer, die in den Öfen derjenigen verbrannt sind, die sich sicher waren, dass sie im Namen der von ihnen erkannten höheren Idee über alle möglichen Opfer gehen dürfen.

Wer diesen Einwand von Levinas ernst nimmt, kann sich getrost auf das von ihm vorgeschlagene Modell einlassen, dass es in der Eschatologie nicht darum geht, auf einen jüngsten Tag zu warten. Es geht nicht darum, sich bis zu einem weit entfernten Tag hinauszuzögern, sondern es geht um das Durchbrechen der Totalität im jeweiligen Augenblick,

83 Levinas, Totalität und Unendlichkeit, 20.

es geht also um den „Bruch der Totalität“[84]. Dieser Bruch der Totalität, also des Versuches, über die/den anderen zu verfügen und sie/ihn der eigenen Idee zu unterwerfen, sie/ihn unter das zu zwingen, was das Subjekt für gut hält, und durch diese Unterwerfung die Andersheit der/des anderen nicht zu achten, dieser Bruch der Totalität hat bei Levinas mit dem zu tun, was außerhalb der Totalität angesiedelt werden muss. Dieses Außerhalb hat bei ihm mit der Güte und der Transzendenz zu tun. Das Gute erlebt Levinas immer als Unterbrechung der eigenen Kreise, als Hinwendung zur/zum anderen, die/der eigentlich stört, die/der meinen eigenen Wünschen und Bedürfnissen entgegensteht.

> Die Eschatologie setzt uns in Beziehung mit dem Sein *jenseits der Totalität* oder der Geschichte ... Sie ist Beziehung zu *einem Mehr, das immer außerhalb der Totalität ist* ... Freilich ist die Beschreibung dieses ‚Jenseits‘ der Totalität und objektiven Erfahrung nicht bloß negativ. Das ‚Jenseits‘ spiegelt sich wider *innerhalb* der Totalität und der Geschichte, *innerhalb* der Erfahrung. Das Eschatologische, als das ‚Jenseits‘ der Geschichte, entzieht die Seienden dem Richterspruch der Geschichte und der Zukunft – es läßt die Seienden zu ihrer vollen Verantwortung entstehen, es ruft sie zur vollen Verantwortung auf. Indem das Eschatologische die Geschichte als ganze dem Urteil unterwirft, indem es sogar außerhalb der Kriege ist, die ihr Ende bezeichnen, gibt es jedem Augenblick seine volle Bedeutung in eben diesem Augenblick zurück: Jede Sache ist reif, um vor Gericht gehört zu werden. Nicht auf das Jüngste Gericht kommt es an, sondern auf das Gericht all der Augenblicke in der Zeit, in der man über die Lebenden urteilt.[85]

Levinas hat ein sehr klares Konzept von Eschatologie. In dieser geht es nicht um ein zukünftiges Gericht – denn dieses verleitet immer zur Vertröstung aufs Jenseits –, es geht nicht um ein zukünftiges Gericht, sondern um das Gericht in jedem Augenblick. Dieser muss gemeistert werden, hier, jetzt und heute findet das Gericht statt, hier wird das Subjekt zu seiner vollen Verantwortung gezogen und hier ersteht es gleichsam in seiner vollen Freiheit. Es geht also nicht um die Gesamtbetrachtung der Geschichte, sondern um jeden einzelnen kleinen Augenblick. Diese

84 Levinas, Totalität und Unendlichkeit, 23.
85 Levinas, Totalität und Unendlichkeit, 22.

einzelnen Augenblicke können als kleine Öffnungen auf das Jenseits hin verstanden werden, denn mit diesem Jenseits kann es zu einer Beziehung kommen. Diese Beziehung ist gekennzeichnet von einem Bruch der Totalität, weil diese dazu verleiten würde, die/den anderen in mein System einzugliedern und ihn gegebenenfalls diesem meinem System zu opfern. Dies darf nicht sein. Du wirst nicht morden – so steht es im Dekalog. Du wirst nicht morden. Dieses Gebot ist eigentlich nicht als Aufforderung formuliert, es steht nicht geschrieben: Du sollst nicht morden. Sondern es steht geschrieben: Du wirst nicht morden. Denn wenn Du mordest, dann bist Du nicht mehr Du. Ein Subjekt, das mordet, ist nicht weiter ein Du, es verliert nicht nur die andere bzw. den anderen als Gegenüber, es verliert seine Freiheit und existiert als Sünderin oder Sünder, in Gottes Augen als Tote oder Toter. Es ist ein anderes Subjekt geworden, das erlöst werden muss. Von daher wird formuliert: Du wirst nicht morden, denn mit dem Mord verliert nicht nur das Opfer sein Leben, sondern auch Du Deine Seele.

Bei Levinas ist die Ethisierung jeden Augenblicks so konsequent, dass die offene Begegnung mit der/dem anderen eine Beziehung zu einem echten Außerhalb und damit zum Jenseits impliziert.

> Eine solche Situation ist das Erstrahlen der Exteriorität oder der Transzendenz im Antlitz des Anderen.[86]

Levinas konzipiert die Eschatologie also vom Verhalten zur/zum anderen, er konzipiert eine ethische Eschatologie. Bei ihm geht es also weniger um das Wissen um das zukünftige Gericht, sondern bei ihm geht es um das Tun der Wahrheit, die Hinwendung zur/zum anderen, das Eintreten für sie/ihn, das Sich-in-Beschlag-nehmen-lassen. Levinas geht sogar so weit, dass er von der Geiselhaft spricht: Das Subjekt wird zur Geisel der/des anderen, weil es auf sie/ihn verpflichtet ist, noch bevor es war,[87] und weil es für sie/ihn eintreten muss.[88] Hier kommt es dann

86 Levinas, Totalität und Unendlichkeit, 25.

87 Levinas, Jenseits des Seins, 126: „Verantwortlichkeit für den Anderen, die älter ist als jedes Engagement." Ebd., 272: „Diese Vorzeitigkeit der Verantwortung im Verhältnis zur Freiheit bedeutet die *Güte* des *Guten*".

88 Levinas, Jenseits des Seins, 42.

auch zur Übernahme der Verantwortung durch das Subjekt: Das Ich wird verantwortlich für die andere/den anderen, oder besser: das Ich *ist* verantwortlich für die andere/den anderen. Die Idee der (ethischen) Stellvertretung ist systematisch hier verankert: Ich für die andere, ich für den anderen.

> Die Identität des Subjekts hat hier in der Tat ihren Grund in der Unmöglichkeit, sich der Verantwortung, der Sorge und des Einstehens für den Anderen zu entziehen.[89]

Das Ich kann sich der Sorge um die/den anderen nicht entziehen. Es ist auf sie/ihn verpflichtet und es hat diese Verpflichtung nicht gewählt, sondern ist Subjekt eigentlich nur, indem es für die/den anderen Verantwortung übernimmt.[90] Natürlich ist die/der andere in ihrem/seinem Tod nicht vertretbar, aber ich kann für sie/ihn in den Tod gehen. Dafür steht das Einstehen von Pater Kolbe oder das stellvertretende Leiden, Sterben und Auferstehen Jesu von Nazareth. Es ist möglich, für die andere/den anderen zu sterben, an ihrer/seiner Stelle zu sterben, auch wenn dies nicht bedeuten kann, dass die andere/der andere dann auf ewig leben wird. Hier zeigt sich der Unterschied zwischen der kontinuierlich ablaufenden Zeit und der diskontinuierlichen, der unterbrochenen oder unterbrechenden, der einbrechenden Zeit: In der Unterbrechung der normalen Zusammenhänge und Systemzwänge ist es möglich, für die andere/den anderen einzustehen, das enthebt sie/

---

89 Levinas, Jenseits des Seins, 48; vgl. 254; 258f.; 280: „*Meine* Stellvertretung. Die Stellvertretung für den Nächsten vollzieht sich immer als *meine* Stellvertretung ... Niemand kann für mich die Stellvertretung übernehmen, der ich die Stellvertretung für alle habe ... Ich *für* den Nächsten ..., vorgeladen, für ihn Verantwortung zu tragen. Denkt man solche Beziehung zu Ende, bedeutet sie die nicht vernarbende Wunde des Sich im Ich, das durch den Anderen angeklagt wird bis hin zur Verfolgung und das auch für seinen Verfolger noch verantwortlich ist. Unterwerfung und Erhebung, die sich in der Geduld *über* die Unfreiheit erhebt. Unterwerfung in der Verpflichtung auf das *Gute*."

90 Levinas, Jenseits des Seins, 47: „Stellvertretung als die eigentliche Subjektivität des Subjekts ... Unterbrechung dieser Identität in der Übernahme der Verantwortung, die mir aufgebürdet wird, unausweichlich".

ihn aber nicht der weiterhin ablaufenden physikalischen Zeit. Nur als Phänomen der Diachronie erhält Stellvertretung einen Sinn, nur hier kann sie verstanden werden. Und hier wird auch der Unterschied zwischen Wiederbelebung und Auferstehung deutlich: Lazarus wurde durch das Gebet Jesu wiederbelebt, musste aber später sterben. Dies ist ein Vorgang in der kontinuierlichen Zeit. Im Gegensatz dazu ist die Auferweckung Jesu ein Phänomen der unterbrochenen Zeit: Jesus wird von Gott auferweckt; hier kommt die Zeit an ihr Ende, sie wird unterbrochen und damit ist der Auferweckte nicht mehr Teil der Zeit, er ist ihr enthoben.

Hier zeigt sich, dass die Theologie aufgrund der Auferweckung Jesu nicht mit einem kontinuierlichen, einem linearen Zeitkonzept agieren darf, sondern auf ein Zeitverständnis verwiesen ist, das mit Unterbrechung und Diskontinuität umgehen kann. Im gleichen Atemzug muss gesagt werden, dass sich hier auch eine Subjekttheorie nahe legt, die mit einem passiven Bewusstsein arbeitet, das nicht in der Lage ist, jede Vergangenheit und die komplette ausstehende Zukunft in die Gegenwart hereinzuholen und so das Zurückliegende und das Ausstehende in der Gleichzeitigkeit zu synthetisieren. Zukunft ist dann nicht mehr eine kausal verlängerte Gegenwart, sondern Zukunft bekommt einen ethischen Charakter, weil es nicht um die Zeit geht, die dem Subjekt noch bleibt, um das eigene Leben zu genießen, sondern Zukunft bedeutet die Möglichkeit, der/dem anderen Leben zu schenken. Zukunft macht ethisches Handeln möglich und das ist der Sinn von Zukunft.[91] Es kann also nicht darum gehen, dass das Subjekt ein perfektes System erstellt und sich selber zurechtzimmert, in dem alles und jede ihren/jeder seinen Platz erhält, aber nichts und niemand mehr Meine Kreise stören kann und darf. Um es mit Jesaja zu sagen:

91 Levinas, Emmanuel, Diachronie und Repräsentation, 212: Die „Urbedeutung des Futurs“ besteht darin, im Anderen einen Sinn und eine Verpflichtung zu erkennen, „die mich über meinen Tod hinaus verpflichtet ... Futurisierung des Futur – nicht als ‚Gottesbeweis‘, sondern als ‚Fall Gottes in den Sinn‘. Einzigartige Bedeutung der Zeitdauer – über die Bedeutung der Zeit als Gegenwart oder als reduzierbar auf Gegenwart ... hinaus –: Zeit als das ‚Hin-Zu-Gott‘ (à-Dieu) der Theologie.“

> 6 Nein, das ist ein Fasten, wie ich es liebe: die Fesseln des Unrechts zu lösen, die Stricke des Jochs zu entfernen, die Versklavten freizulassen, jedes Joch zu zerbrechen, 7 an die Hungrigen dein Brot auszuteilen, die obdachlosen Armen ins Haus aufzunehmen, wenn du einen Nackten siehst, ihn zu bekleiden und dich deinen Verwandten nicht zu entziehen. (Jes 58,6f.)

Wir sehen: es geht um die Möglichkeit der Unterbrechung aufgrund der Verpflichtung auf die andere/den anderen. In dieser Verpflichtung zeigt sich, dass man Zeit anders denken muss, nämlich diachron, unterbrochen. Für die Zukunft wurde dies bereits ausgedeutet: Zukunft ist die Möglichkeit, gut zu handeln, und nicht die Möglichkeit, möglichst viel zu genießen. Die Diachronie gilt aber nicht nur für die Zukunft, sondern – wie schon häufiger gesehen – in gleichem Maße für die Vergangenheit, die ebenfalls zerbricht, wenn sie ethisch gedeutet wird.[92]

> Unvordenklich, unvorstellbar, unsichtbar fällt die Vergangenheit ... Uneinholbar für die Erinnerung nicht aufgrund ihrer Entfernung, sondern weil sie kein gemeinsames Maß hat mit der Gegenwart ... Die Diachronie ist Verweigerung der Verbindung, das Nicht-Totalisierbare und in diesem Sinne genau Unendliche.[93]

Um das Gesagte ein wenig zu bündeln: Inzwischen sollte deutlich geworden sein, dass es auch für die christliche Theologie nach Levinas nicht mehr möglich ist, ein synthetisierendes Zeitkonzept zu verwenden. Das bedeutet, dass Theologie gut beraten ist, wenn sie nicht einfach kausal über den Anfang der Welt und kausal über das Ende der Welt spricht. Anfang und Ende sind dem Denken entzogen, sie liegen vor dem Denken. Hier treffen sich Kant und Levinas auf erkenntnistheoretischer Ebene sehr deutlich. Das, was über das Denken hinausgeht, kann nicht gedacht werden. Es ist nur innerhalb der praktischen Vernunft einholbar, nicht aber in der theoretischen. Innerhalb der Ethik kann und muss über das gesprochen werden, was das Subjekt übersteigt,

---

92 Levinas, Jenseits des Seins, 200: „Die Nähe ist Störung der wiedererinnerbaren Zeit. Man kann dies apokalyptisch Zersplittern der Zeit nennen." Dieses Zersplittern des vulgären Zeitbewusstseins hängt eng mit dem „Auseinanderfallen der Identität" zusammen, „in der das Selbe nicht mehr das Selbe erreicht" (ebd., 126).

93 Levinas, Jenseits des Seins 42.

nämlich das Gute. Das Gute ist aber immer als gütige Tat eine Unterbrechung der einfach ablaufenden Geschichte, weil in dieser der Mensch für den anderen Menschen zum Wolf wird (*homo homini lupus*). In einer linear konzipierten Geschichte kommt es zu einer Knappheit der Güter und vor allem zu einem Ende der dem Subjekt zur Verfügung stehenden Zeit. Ein Subjekt, das unter der Knappheit von Gütern und vor allem unter der Gewissheit des eigenen Endes steht, ein solches Subjekt neidet der anderen/dem anderen das, was sie/er hat und will es selber haben. Wenn man das Subjekt linear konzipieren will, dann wird sich die Theologie sehr schwer tun. Deshalb verfolgen wir mit Levinas eine unterbrochen-unterbrechende Konzeption des Subjektes, das sich seiner leiblichen Verfasstheit bewusst ist und das in der Nähe zur anderen/zum anderen nicht erdrückt wird, sondern dergestalt zu sich selber kommt, dass es seiner Verpflichtung auf die andere/den anderen gewahr wird. Wir stehen hier also an einem systematischen Knotenpunkt, an dem sich entscheidet, wie Wir den Menschen denken, und aus dieser Entscheidung ergeben sich sehr viele Konsequenzen: Ist das Urbild, das Wir vor Augen haben, ein Mensch, der der/dem anderen das Brot neidet, das diese/dieser hat, oder ist das Urbild, das Wir vor Augen haben, ein Mensch, der der/dem anderen von ihrem/seinem Brot gibt? Gehen Wir vom Neid aus, dann gelangen Wir in eine lineare Zeitkonzeption und sehen Uns auf dem Schlachtfeld wieder. Gehen Wir von der Güte aus, dann gelangen Wir zu einer diachron-diskontinuierlichen Zeitkonzeption und kommen – je nach Blickrichtung – in den endzeitlichen Himmel oder das anfängliche Paradies.

Dies kann man sich z. B. durch ein Bild verdeutlichen, das Paul Klee gemalt und das Walter Benjamin in seinen Geschichtsthesen bedacht hat: Der Angelus Novus. Der dargestellte Engel wird durch die Geschichte getrieben. Er schaut erschrocken in die Vergangenheit und sieht nur Trümmer: Die Opfer der Geschichte. Was treibt diesen Engel vorwärts? Es ist der Wind, der aus dem Paradies weht. Dieser Wind, Benjamin spricht sogar von einem Sturm, treibt den Engel in die Zukunft, der er aber den Rücken zugewandt hat. Er schaut mit erschrocken aufgerissenen Augen immer in die Vergangenheit und sieht dort die Trümmerhaufen.[94] Und hier ergibt sich dann für Benjamin der

94 Benjamin, Über den Begriff der Geschichte, 697f.

Aufruf, zu handeln. Der Engel wird vom Paradies fortgetrieben und fliegt einer ungewissen Zukunft entgegen. Dies ist beim Menschen anders. Ja, auch der Mensch kennt die Zukunft nicht, aber sie/er weiß um das Paradies und im Gegensatz zum Engel der Geschichte wird sie/er nicht weitergetrieben, ohne dass sie/er etwas anderes tun kann als die Opfer der Geschichte zu betrachten. Der Mensch hingegen ist nach Benjamin aufgerufen, zu handeln. Zu handeln, weil er um die Opfer der Geschichte weiß, und zu handeln, weil er um das Paradies weiß. Der Mensch, weiß wie es sein könnte, oder wie es sein sollte und sie/er kann etwas dafür tun, dass das Paradies immer wieder einmal Wirklichkeit wird. Dazu ist der Mensch aufgerufen und dann bricht etwas vom Jenseits ins Diesseits.

Man könnte sich fragen, ob es hier nicht zu einer totalen ethischen Überforderung des Menschen kommt. Wo ist der Mensch, der so zu handeln vermag, wie hier dargestellt? Levinas verwendet den doch sehr krassen Ausdruck, dass man der anderen/dem anderen das Stück Brot geben muss, das man selber zum Überleben braucht. Womöglich handelt es sich hierbei um eine Übertreibung. Aber Theologinnen und Theologen sind es gewohnt, die *via eminentiae* zu gehen, also den Weg der sprachlichen Superlative, wenn sie von Gott immer nur das Beste und Höchste und Uneinholbarste sagen. In der ethischen Eschatologie befindet man sich gleichsam am anderen Ende der *via eminentiae* und man wird sich des Ernstes des Lebens bewusst. Dieser Ernst des Lebens rührt letztlich von der Schöpfungsordnung her. Als Geschöpfe sind Menschen Verfügte, sie sind ins Leben geworfen. Diese Geworfenheit macht aber nicht in erster Linie Angst, sondern verpflichtet sie auf die andere/den anderen, denn erst in der Begegnung mit ihr/ihm erkennt sich das Subjekt selbst und kommt es zu sich. Ohne die andere/den anderen ist es auf sich selbst zurückverwiesen, und das geht nicht gut. Augustinus denkt Sünde, indem er von einem *homo in se curvatus* spricht, einem Menschen, der sich selber liebt, der in sich verkrümmt ist und sich nicht von anderen unterbrechen oder stören lässt. Die hier aufgezeigte Verpflichtung auf die andere/den anderen entspricht der Schöpfungsordnung, so wie Menschen sie vorfinden; daran führt kein Weg vorbei. Und diese Schöpfung ist noch nicht an ihr Ende gekommen, sie ist nicht vollendet. Christinnen und Christen wissen – von Christus her – um die Möglichkeiten der Schöpfung, davon, was sein soll, was sein könnte, sie haben ein Bewusstsein von der Realität der Königsherrschaft Gottes, aber sie erfahren Schöpfung als nicht vollendet, sie leiden an der Unerlöstheit, am Noch-nicht-gegenwärtig-sein des Jüngsten Tages. Sie hoffen auf den Messias, dass er bald kommt, auch wenn sein Kommen zuerst einmal wohl wiederum Leid bedeutet, weil er eine Figur der Entscheidung ist. Noch einmal muss sich der Mensch entscheiden, wie sie ihr/er sein Leben versteht, was ihr/sein Urbild ist, das Bild des Neides oder das Bild der Gabe. Mit dem Messias kommt also die Entscheidung auf sie zu, und so können wir formulieren, dass jede Entscheidung eschatologisch-messianisch ist: Entscheidet sich das Subjekt für das Gute, arbeitet es mit im Weinberg des Herrn und lässt es durch sich die Königsherrschaft Gottes Wirklichkeit werden, oder entscheidet es sich für das Gegenteil, entscheidet es sich dafür, den eigenen Hunger zu stillen, im Wissen darum, dass es wieder Hunger haben wird, und im Wissen darum, dass es nie mehr wird schlafen können, weil es der anderen/dem anderen den Bissen Brot verweigert hat, der sie/ihn hätte retten können.

Ja, es gibt Menschen, die sich von dieser Schöpfungsordnung treiben lassen. Hier könnte man einfach auf Jesus von Nazareth verweisen oder mit Levinas darauf, dass jeder Mensch die Aufgabe hat, für die/den anderen einzutreten und so für sie/ihn zum stellvertretenden Messias zu werden.[95] Wissenschaftstheoretisch muss man bei der Frage nach der Überforderung durch die hier aufgezeigte ethische Konzeption von Zeit und Geschichte noch einmal unterscheiden zwischen der Schöpfungsordnung und Schöpfungsverantwortung, wie sie eben beschrieben wurde, und einer ausgearbeiteten Ethik, die nicht Aufgabe der vorliegenden Untersuchung ist. Hier geht es erst einmal um die Grundlagen, auf denen dann Ethik aufbauen kann. Diese Ethik sollte aber genau diese Grundlagen nicht vergessen.

Um es noch einmal christologisch zu sagen: „Was ihr einem meiner geringsten Brüder getan habt, das habt ihr mir getan." Der endzeitliche Richter – eine Figur der Eschatologie! – identifiziert sich im Matthäusevangelium (Mt 25,31-46) mit den Notleidenden, denen geholfen wurde. Von hierher wird deutlich, dass die Eschatologie ein sehr

95 Levinas, Jenseits des Seins, 272: *„Das Universum tragen – erdrückender Auftrag, aber göttliche Mühsal."*

praktisches Unterfangen ist: Das Gericht ereignet sich nicht erst am Ende der Tage, sondern geschieht jeden Augenblick, immer wenn sich ein Mensch zur Güte hinreißen lässt – selbst wenn sie/er dafür keine Vergeltung im Jenseits erwartet[96] – hinreißen lässt zur Güte, in einer Welt, die nach Paulus in Geburtswehen liegt und die um die unerfüllten Hoffnungen der Menschheit weiß (Röm 8,22-24).[97]

Natürlich kann auch Levinas das Rätsel der Theodizee und des Bösen nicht lösen. Dennoch gibt er ein paar Gedanken und Hinweise, die sich auf das Rätsel und das Mysterium der Existenz des Bösen beziehen lassen. Das Böse hat keinen Wert an sich, es ist zu verachten. Trotzdem entsteht gerade im Durchsetzen gegen das Böse das Gute. Man wird hier wohl nicht davon sprechen dürfen, dass das Böse die Bedingung der Möglichkeit des Guten ist. Das wäre ein kausaler Gedanke und Levinas ist wahrlich kein Denker der Kausalität. Das Böse bleibt Rätsel, es ist ein Geheimnis. Wenn man das Böse aber als die Bedingung der Möglichkeit des Guten denkt, dann fügt man es in einen Sinnhorizont ein. Wenn man aber die Zeit als Zeit des Krieges versteht und damit die Zeit mit dem Bösen in Verbindung bringt, dann besteht das Gute in der Unterbrechung der Zeit, im Einbruch, im Aufblitzen der Güte.

> Warum bedarf es – um auf das Gute zuzugehen – des Bösen ...? Der Neuanfang in der diskontinuierlichen Zeit bringt die Jugend und damit die Infinition der Zeit ... Die Wahrheit fordert zugleich eine unendliche Zeit

---

96 Levinas, Ethik und Unendliches, 88: „daß man, um der messianischen Ära würdig zu sein, zugestehen müsse, die Ethik habe einen Sinn, selbst ohne die Verheißungen eines Messias."

97 Vgl. Lumen gentium, 48: „Das Ende der Zeiten ist also bereits zu uns gekommen (vgl. 1 Kor 10,11), und die Erneuerung der Welt ist unwiderruflich schon begründet und wird in dieser Weltzeit in gewisser Weise wirklich vorausgenommen. Denn die Kirche ist schon auf Erden durch eine wahre, wenn auch unvollkommene Heiligkeit ausgezeichnet. Bis es aber einen neuen Himmel und eine neue Erde gibt, in denen die Gerechtigkeit wohnt (vgl. 2 Petr 3,13), trägt die pilgernde Kirche in ihren Sakramenten und Einrichtungen, die noch zu dieser Weltzeit gehören, die Gestalt dieser Welt, die vergeht, und zählt selbst so zu der Schöpfung, die bis jetzt noch seufzt und in Wehen liegt und die Offenbarung der Kinder Gottes erwartet (vgl. Röm 8,19-22)."

> und eine Zeit, auf die sie das Siegel setzen kann – eine vollendete Zeit. Die Vollendung der Zeit ist nicht der Tod, sondern die messianische Zeit, in der das Fortwährende sich in Ewiges verwandelt. Der messianische Triumph ist der reine Triumph. Er ist geschützt gegen die Rache des Bösen, dessen Rückkehr die unendliche Zeit nicht untersagt.[98]

Die Zeit wird unterbrochen und doch ist die Fruchtbarkeit, hier die Jugend, eine Möglichkeit der Weiterexistenz. Hier findet in der Unterbrechung eine Entgrenzung der Zeit statt, ihre Verunendlichung, ihre Infinition. Damit ist aber die Fruchtbarkeit nicht einfach die Lösung des Rätsels, weil es eine zweite Seite der Medaille gibt. Neben der unendlichen Zeit, die Levinas über die Fruchtbarkeit ins Spiel bringt, bedarf es auch der vollendeten Zeit. Diese Zeit ist die messianische Zeit, eine Zeit, die nicht vom Tod, also vom Ende der Zeit geprägt ist, sondern von der Verwandlung lebt. Diese Verwandlung erfasst das Fortwährende, das, was Bestand hat, und führt es in die Ewigkeit über. Warum ist dies nötig? Weil die unendliche Zeit der Fruchtbarkeit keinen Schutz gegen das Böse bietet; das sieht man in der Geschichte: Die Menschheit ist überaus fruchtbar und doch gibt es Krieg. Die Fruchtbarkeit ist also nicht die Lösung für das Problem. Diese kommt erst mit der messianischen Vollendung. Mit dem Messias.

98 Levinas, Totalität und Unendlichkeit, 416.

4. Einzelfragen

4.1 Auferstehung im Tod: Individual- und Universaleschatologie

Nachdem nun der Diskurshorizont abgeschritten und ein paar Überlegungen zu Grundsatzfragen im Hinblick auf die Eschatologie behandelt sind, stehen im Folgenden drei Einzelfragen auf dem Tableau. Es geht darum, das, was in den Grundsatzüberlegungen dargelegt worden ist, exemplarisch auf drei Fragen der Eschatologie anzuwenden und zu schauen, was die Grundsatzüberlegungen dort für Auswirkungen haben.

Zuerst geht es um die These von der Auferstehung im Tod. Die Debatte um diese These ist in Deutschland in den 70er und vor allem 80er Jahren geführt worden und hat noch einige Auswirkungen bis heute. Ideengeschichtlich gesehen ging es in dieser Debatte darum, ob es der Theologie nach den Aufbrüchen des Zweiten Vatikanischen Konzils gelingen kann, traditionelle Erklärungen als defizitär zu beschreiben und selber neue Lösungsansätze zu erarbeiten. Um die Debatte zu verstehen, muss also zuerst kurz geklärt werden, gegen welche Lösung in einer ganz bestimmten Frage der Eschatologie in der Debatte diskutiert wird und welche Alternativlösung stattdessen vorgeschlagen wird. In einem zweiten Schritt kann dann von heute her untersucht und beleuchtet werden, wie sowohl die traditionelle Lösung als auch die These von der Auferstehung im Tod zu bewerten und im Lichte der inzwischen weitergeführten theologischen Reflexion gelesen werden kann.

4.1.1 Ausgangsfrage

Um was ging es in der Debatte? Für eine traditionelle und z. T. volkstümliche Theologie kann gesagt werden, dass sie den Tod als Trennung von Leib und Seele versteht. Der Leib ist sterblich und vergeht. Im Gegensatz dazu ist die Seele unsterblich und unverweslich. Man spricht hier von der *anima separata*, also der bis zum Letzten Gericht vom Leib getrennten Seele – man nimmt also einen Zwischenzustand an, denn im individuellen Tod trennt sich die Seele vom Leib, während ja für das Letzte Gericht die Auferstehung des Fleisches angenommen wird, sodass es zu einer Art Wiedervereinigung der Seele mit ihrem Leib kommt. Während also für die Seele nur während des Zwischenzustandes gilt, dass sie keinen Bezug zum Materiellen hat, nimmt man für die Sphäre der Engel an, dass diese nichts mit der Materie zu tun haben, sodass hier alles Leibliche und Materielle keine Rolle spielt. Das Jenseits der Engel ist ein leibfreier Raum, besser ein leibfreier, rein geistiger Zustand, was für die Auferstandenen Toten so nicht gilt. Die hier auftretenden Spannungen sind unübersehbar.

Zusätzlich zur Trennung von Leib und Seele geht eine eher traditionelle und volkstümliche Theologie bis weit ins 19. Jahrhundert sehr unkritisch von einem jenseitigen Raummodell aus: Es gibt Himmel, Hölle, Fegefeuer und diese drei Bereiche, Sphären oder Zustände existieren irgendwo. Spätestens hier merkt man, dass irgendetwas nicht stimmt, denn wenn die Seele keinen Leib mehr hat, dann ist die Frage hinfällig oder doch eher skurril, ob sie einen Ort hat und einen Raum beansprucht. Eine rein geistige Seele müsste doch eigentlich ohne Ausdehnung gedacht werden können. Dies war aber für die volkstümliche Theologie offenbar zu abstrakt, sodass man von der realen Existenz von Himmel, Hölle und Fegefeuer ausgegangen ist und diese drei Räume verortet hat und ihnen dann nicht nur Existenz im Raum, sondern auch in der Zeit zugeschrieben hat. An dieser Stelle muss mit allem Nachdruck darauf hingewiesen werden, dass die räumliche Vorortung von Himmel, Hölle und Fegefeuer ein klares Indiz für eine nicht zu Ende gedachte Theologie ist, die sich in keinster Weise Gedanken über den hermeneutischen Stellenwert ihrer Aussagen gemacht hat, noch tief im Mythos versunken ist und über kein modernes Weltbild verfügt, das die Unterwelt nicht einfach wie die Antike unterhalb der Erdoberfläche verortet und deswegen Eingänge zu dieser Unterwelt sucht. Theologie muss sich über die Konsequenzen ihrer Sprachbilder im Klaren sein, sie muss darauf reflektieren, wie diese Sprachbilder verwandt werden können, damit es nicht aufgrund der Benutzung dieser Sprachbilder zu falschen Vorstellungen kommt.

Zusätzlich zu den Fragen nach dem Verständnis des Todes (als Trennung von Seele und Leib) und der Frage nach dem Raum des Jenseits stellt sich natürlich auch die Frage nach der Zeit des Jenseits. Gibt es im Jenseits Zeit oder ist die dort angesiedelte Ewigkeit eine Negation der

Zeit? Kann für das Jenseits von Dingen gesprochen werden, die zeitlich unterschieden werden müssen? Diese Frage stellt sich aufgrund der traditionellen Unterscheidung zwischen dem persönlichen und dem allgemeinen bzw. universellen Gericht: Das persönliche Gericht findet im Augenblick bzw. kurz nach dem Tod statt, wohingegen das Letzte Gericht erst bei der Wiederkunft Christi am Ende der Welt stattfinden wird.[99] Hier muss also die komplizierte Vorstellung einer Zwischenzeit eingebaut werden, über deren Qualität eigentlich nichts Genaueres gesagt werde kann. Traditionelle Theologie kommt hier relativ schnell an die Grenzen ihrer Deutungsmöglichkeit und kann kein letztlich befriedigendes Konzept aufstellen.

Diese Defizite der traditionellen Theologie sind auch heute noch wirkmächtig. Dafür genügt ein Blick in den Katechismus der Katholischen Kirche, dessen Kompendium und den Youcat. All diese Dokumente sind von den hier angedeuteten Problemen durchzogen. Im Kompendium für den Katechismus der katholischen Kirche lesen Wir Folgendes:

> 207. Was ist das ewige Leben?
> Das ewige Leben ist das Leben, das gleich nach dem Tod beginnt.[100] Es wird kein Ende haben. Ein besonderes Gericht durch Christus, den

---

99 Gurjewitsch, Das Individuum im europäischen Mittelalter, 139f.: „Doch das religiöse Bewußtsein fürchtet solche Widersprüche nicht. Auf wundersame Weise verschmilzt es die beiden Eschatologien miteinander, und die eine strahlt gewissermaßen durch die andere hindurch. Für unseren Zusammenhang des Problems der Persönlichkeit ist folgendes wichtig: Der Mensch ist in eine Situation gestellt, in der seine eigene Lebensgeschichte in den weltgeschichtlichen Prozeß verwoben ist, den dieser Mensch symbolisch, als Heilsgeschichte, erlebt. Durch die Vermittlung der Kirche und in der Liturgie erfährt er seine persönliche Einbezogenheit in diese Geschichte, denn jedes menschliche Wesen, mag es noch so winzig oder nichtswürdig sein, nimmt in ihr seinen eigenen Platz ein. An diesem Schnittpunkt von Lebensgeschichte und Weltgeschichte wird eine Verschmelzung von ‚kleiner' und ‚großer' Eschatologie nicht nur möglich, sie wird geradezu unvermeidlich. Denn wie sollte die Gleichzeitigkeit von der Hervorhebung der menschlichen Persönlichkeit und von ihrer Einbettung in den Fluß der historischen Zeit geistig anders bewältigt werden?"

100 Interessanterweise formuliert der Youcat, dass das ewige Leben mit der Taufe beginnt (Nr. 156).

> Richter der Lebenden und der Toten, wird für jeden Menschen dem ewigen Leben vorangehen, und durch das Letzte Gericht wird es bestätigt werden.
>
> 208. Was ist das besondere Gericht?
>
> Es ist das Gericht der unmittelbaren Vergeltung, die jeder gleich nach seinem Tod in seiner unsterblichen Seele entsprechend seinem Glauben und seinen Werken von Gott erhält. Diese Vergeltung besteht im Eintreten in die Seligkeit des Himmels, unmittelbar oder nach einer entsprechenden Läuterung, oder im Eintreten in die ewige Verdammnis der Hölle.

Das ewige Leben beginnt gleich nach dem Tod. Hier wird deutlich, dass der Leichnam, also der Körper der/des Verstorbenen für dieses ewige Leben keine Rolle spielt, denn dieser wird in den nächsten Tagen bestattet werden. Mit dem Beginn des ewigen Lebens gleich nach dem Tod wird auch das besondere Gericht angesetzt, das seine Bestätigung im Letzten Gericht finden wird. Es findet ganz offensichtlich zuerst ein besonderes Gericht statt und davon unterschieden das Letzte Gericht. Warum sollen aber zwei Gerichte zu unterschiedlichen Zeitpunkten stattfinden? Darauf wird keine Antwort gegeben, aber im Hinblick auf die ausführliche Version des Katechismus wird man wohl davon ausgehen müssen, dass hier zwei unterschiedliche Aussagereihen innerhalb der neutestamentlichen Schriften vorliegen, die systematisch nicht miteinander vereinbar sind, die also nebeneinander gestellt werden, weil man schließlich der Hl. Schrift nicht widersprechen darf. Dieses Axiom ist richtig, stellt aber vor erhebliche Probleme und lässt eine/einen eher fragend zurück, ohne dass man eine eindeutige Antwort bekäme. Aber weiter im Text: Aufgrund von Nr. 207 darf man annehmen, dass Christus der Richter ist, wohingegen in Nr. 208 Gott als die Instanz der Vergeltung eingeführt wird. Christus ist Richter, Gott ist die ausführende Vergeltungsinstanz, das ausführende Organ. Sowohl für den Himmel als auch für die Hölle wird man annehmen, dass der „Aufenthalt" dort Ewigkeitscharakter hat, was explizit aber nur für die Hölle gesagt wird. Der Läuterungsort, der Aufenthalt im Purgatorium ist dahingegen nur vorübergehend. In den Nr. 209-213 werden Himmel, Fegefeuer und Hölle als Zustände erklärt, um die Vorstellung jenseitiger Orte ein wenig zu mildern und zu präzisieren, und dann kommt das Kompendium auf das Letzte Gericht zu sprechen.

214. Worin wird das Letzte Gericht bestehen?
Das Letzte (allgemeine) Gericht wird im Urteil zum seligen Leben oder zur ewigen Verdammnis bestehen. Wenn Jesus Christus als Richter der Lebenden und der Toten wiederkommt, wird er über die „Gerechten und Ungerechten" (Apg 24, 15), die alle vor ihm versammelt sein werden, dieses Urteil aussprechen. Im Anschluss an das Letzte Gericht wird der auferstandene Leib Anteil erhalten an der Vergeltung, welche die Seele im besonderen Gericht erhalten hat.
215. Wann wird dieses Gericht stattfinden?
Dieses Gericht wird am Ende der Welt stattfinden, dessen Tag und Stunde Gott allein kennt.

Ganz offensichtlich besteht der Unterschied zwischen dem besonderen Gericht und dem Letzten Gericht in drei Punkten:

1. Das besondere Gericht geschieht gleich im Anschluss an den Tod, das Letzte Gericht am Ende der Tage, wenn Christus wiederkommt.
2. Das besondere Gericht hat seinen Ort im Tod (bzw. in der unsterblichen Seele), wohingegen das Letzte Gericht vor dem Richterstuhl Christi stattfindet – ist dies wörtlich zu verstehen oder nicht? Leider zeigt der Katechismus hier keinerlei Sprachhermeneutik an, sodass es sich eher um die Wiederholung traditioneller und biblischer Formulierungen handelt als um einen bewusst metaphorischen Umgang im Hinblick auf das unvorstellbare Jenseits.
3. Die dritte Differenz liegt in der Einbeziehung des Leibes. Denn während das besondere Gericht allein für die Seele gilt, wird nach Nr. 214 der auferstandene Leib nach dem Letzten Gericht an der Vergeltung der Seele Anteil erhalten.

Das Ende der Welt wird nicht genauer beschrieben. Hier ist das Kompendium erfreulich wortkarg. Wie ist diese Kargheit zu verstehen? Man könnte sie negativ bewerten: Man weiß hier nichts und will sich nicht zu weit aus dem Fenster lehnen, weil man gemerkt hat, dass es nicht möglich ist, die widersprüchlichen Aussagen zu den Letzten Dingen zu systematisieren. Oder man könnte die Wortkargheit positiv werten: Seht her, Wir wissen im Letzten auch nicht, was am Ende passiert und legen die Geschehnisse im Jenseits in Gottes Hand. Sie/Er wird schon wissen, was sie/er tut. Es ist also die Frage, mit welcher Hermeneutik man an die kirchenamtlichen Bücher herantritt, mit einer Hermeneutik des Verdachts oder mit einer Hermeneutik des Wohlwollens und des Verstehenwollens.

Egal für welche Hermeneutik man sich entscheidet, es ist klar, dass weder der Katechismus noch das Kompendium oder der Youcat ein ausbuchstabiertes theologisches Konzept für die Rede von den Letzten Dingen vorlegen. Es geht eher darum, das tradierte Wissen in diesen Fragen weiterzuvermitteln. Es wird also nicht eigens über die Hermeneutik reflektiert, sondern es wird biblisch fundiertes Glaubenswissen präsentiert. Dabei wird offensichtlich, dass die hier verwandten metaphorischen Sprachbilder und biblischen Aussagen zu keinem stimmigen Gesamtkonzept zusammengeführt werden können. Ist dies negativ oder positiv? Man kann daran verzweifeln, dass sich das biblisch und traditionell bezeugte Glaubenswissen nicht vereinheitlichen lässt. Man kann aber auch positiv sagen: Schaut her, Wir finden hinsichtlich der Lehre von den Letzten Dingen folgende Aussagen an den Wahrheitsorten der Theologie bzw. des Glaubens und hier eröffnet sich für die Gläubigen eine Ahnung dessen, was kommen wird. Leider müssen Wir feststellen, dass Wir hier aber über kein gesichertes Wissen verfügen und das drückt sich für Uns so aus, dass Wir erstens über all diese Dinge metaphorisch reden müssen, mit einer Metaphorologie, die letztendlich in der Analogizität der Gottrede ruht, sodass es für Uns nicht möglich ist, hier ein absolut perfekt gefügtes theologisches System zu entwickeln, das so schön ist, dass es sofort jede/jeden, die/der es liest und versteht, überzeugen wird.

Wie auch immer man die hier angesprochene Frage entscheidet – versagt das Lehramt oder offenbart es die notwendige Offenheit hinsichtlich der letzten Dinge – ist festzustellen, dass es in der Lehre der Letzten Dinge offensichtlich eine Entwicklung gegeben hat. Theologie entwickelt sich und so entwickeln sich auch die Aussagen des Lehramtes. Oft trägt eine Entwicklung des theologischen Lehramtes zu einer Entwicklung des bischöflichen Lehramtes bei und eine solche Entwicklung innerhalb der Theologie kann man in den Diskussionen der 70er und 80er Jahre entdecken, wenn Gisbert Greshake und Gerhard Lohfink Klärungsbedarf im Hinblick auf das traditionelle Wissen um die Letzten Dinge gesehen haben. Beide haben die Debatte um die These der Auferstehung im Tod in Deutschland entscheidend geprägt. Die drei zur Entscheidung stehenden Fragen sind inzwischen bekannt: *anima separata*, Raum und Zeit.

4.1.2 Diskussion

Zur Darstellung dessen, was diskutiert wurde, soll zunächst der Aspekt der Zeit in den Blick genommen werden. Gerhard Lohfink lehnt in seinen Überlegungen hinsichtlich der christlichen Naherwartung, also des unmittelbaren Bevorstehens und Anbrechens der Wirklichwerdung der Königsherrschaft Gottes, zwei Interpretationsmodelle ab. Er will die Naherwartung nicht auf reine Ethik reduzieren, als ob es nur darum ginge „den Menschen [zu] warnen, sich selber zu verfehlen."[101] Lohfink lehnt eine solche Interpretation der Reich-Gottes-Botschaft ab und spricht sich gegen die Reduzierung auf reine Ethik aus. Er widerspricht aber auch der Relativierung des Zeitfaktors. Eine solche sieht er bei R. Schnackenburg und bei H. Conzelmann. Deren Position umschreibt er folgendermaßen:

> All diesen Ansätzen ist eines gemeinsam: Sie versuchen, für die eschatologische Predigt Jesu die Bedeutung der linearen Zeit zu relativieren und als eigentlichen Predigtinhalt die Unmittelbarkeit Gottes zum Menschen aufgrund der durch die Verkündigung qualifizierten Zeit herauszuarbeiten ... Gott ist nahe, aber doch nicht zeitlich nahe.[102]

Lohfink spricht sich gegen die Reduzierung der Reich-Gottes-Botschaft und der mit ihr verbundenen Naherwartung auf reine Ethik aus und er will die Reich-Gottes-Botschaft auch nicht existential interpretiert wissen und so den Zeitfaktor eliminiert sehen.[103] Was schlägt er selber vor? Er plädiert für ein Zeitverständnis, das Gott jedem einzelnen Zeitpunkt gleich nahe sieht. Er schreibt:

> Es geht nicht an, das Kommen Gottes lediglich an einem postulierten *Endpunkt* unseres Geschichtsverlaufs anzusetzen. Gott ist jedem Punkt irdischer Geschichte gleich fern oder besser: gleich nah. Und wenn

101 Braun, Jesus, 61; zit. b. Lohfink, Zur Möglichkeit christlicher Naherwartung, 54.

102 Lohfink, Zur Möglichkeit christlicher Naherwartung, 57.

103 Ebd., 54: „Das futurum läßt sich aus der Botschaft Jesu nicht eliminieren. Genau hier liegt das Defizit aller rein ethischen Lösungsversuche. Sie sind nicht einfachhin falsch. Aber sie sagen nur die Hälfte."

> Gott kommt, dann kommt er gleichzeitig an jedem Punkt menschlicher Geschichte. (61)

Gott ist jedem Zeitpunkt gleich nah und deshalb kann die Auferweckung der Toten und das Letzte Gericht auch zu jedem beliebigen Zeitpunkt der Geschichte passieren und schon anbrechen. Das Zeitverständnis der Nähe Gottes zu jedem Zeitpunkt ermöglicht es Lohfink, das individuelle und das allgemeine Letzte Gericht zusammenzudenken, sodass die These möglich wird, dass Auferweckung und damit der Beginn des ewigen Lebens im Augenblick des Todes stattfindet. Hier ist die Formulierung von entscheidender Bedeutung: Im Augenblick des Todes. Es geht um genau diese zwei Aspekte: Erstens um den Zeitpunkt des individuellen und damit bei Lohfink auch des allgemeinen Gerichts, es ist der Augenblick des Todes, und zweitens die Bezeichnung des Augenblicks: Es geht um den Tod. Augenblick und Tod. Diese zwei Aspekte der These von Lohfink sollen hier noch einmal kurz belegt werden. Zuerst zum Tod. Der Tod ist die Eingangspforte für das ewige Leben und am Tod kommt niemand vorbei. Lohfink denkt den Tod als notwendige Voraussetzung für den Eintritt in das ewige Leben. Sonst könnte seine These von der Auferweckung im Tod ja auch rein logisch nicht funktionieren. Lohfink muss dem Tod Notwendigkeit zuschreiben und er tut es mit aller Konsequenz:

> Unverhüllte Begegnung mit Gott setzt immer den Tod voraus. Parusie kann es also nicht in dem Sinne geben, daß Gott (beziehungsweise Christus) einer am Ende noch lebenden, letzten Generation erscheinen wird, wie dies in 1 Thess 4,15 vorausgesetzt wird. (61)

Niemand kommt zum ewigen Leben außer durch den Tod hindurch. Das zeigt schon das Schicksal Jesu und diese Tatsache wird sich bei allen anderen Menschen in genau dieser Art und Weise vollziehen. Neben dem Tod als der notwendigen Durchgangsstation geht es Lohfink um den Zeitaspekt: Im Augenblick des Todes.

> Denn wir haben ja gesehen, daß ein reflektierter Zeitbegriff … notwendig dazu führen muß, die Eschata, nicht nur des einzelnen, sondern auch der Welt, *im Tode selbst* anzusetzen. Damit aber sind uns die Eschata unendlich nahe gekommen. Jeder Mensch lebt dann in der ‚letzten Zeit', denn

> er wird schon in seinem Tode am Ende aller Zeit und damit am Ende aller Geschichte angekommen sein. (77)

Zum Schluss seines Beitrages fasst Lohfink die beiden Aspekte seiner These noch einmal ins Auge. Einerseits sieht er sie in der Naherwartung Jesu und des Urchristentums begründet und andererseits folgert er daraus das Zusammenfallen der individuellen und allgemeinen Eschatologie, sodass er keine Zwischenzeit zwischen dem individuellen und dem allgemeinen Letzten Gericht annehmen muss. Dies besagt also die These von der Auferstehung im Tod. In Lohfinks Worten:

> Auferweckung Jesu hieß nämlich im Sinne urchristlichen Verständnisses nichts anderes als: *Gott hat bereits gehandelt*. Er hat seine Herrschaft bereits aufgerichtet. (79)

> In dem Realmodell [Realmodell, weil die Eschata nicht einfach nur ausständig sind, sondern in der Auferweckung Jesu der neue Äon bereits begonnen hat; FB] christlicher Eschatologie, das Jesus selber ist, folgt nach urchristlichem Verständnis auf den Tod unmittelbar die Auferweckung von den Toten, als das was im Judentum [gemeint ist das Frühjudentum vor Jesu Geburt; FB] zur *allgemeinen* Eschatologie gehört. (80)

Leider ist während der Debatte um die These von der Auferstehung im Tod der Zeitaspekt immer mehr in den Hintergrund getreten zugunsten eines anderen Aspektes, auf den gleich zurückgegriffen wird. Davor soll kurz erwähnt sein, dass Lohfink selber gesehen hat, dass mit der These von der Auferstehung im Tod der Ernst der geschichtlichen Verantwortung relativ schlecht betont werden kann, weil in dieser These vor allem die individuelle Vertikalität zum linearen Geschichtsverlauf im Vordergrund steht, sodass diese ablaufende Geschichte selber weniger Wert erhält: Was kümmert mich das, was nach mir kommt, wenn ich schon in meinem Tod gerichtet sein werde? Gleichzeitig vermag z. B. der Lohfink-Kritiker Ratzinger nicht verstehen, wie man die ablaufende lineare Geschichte mit der für den Einzelnen in seinem Tod schon vollendeten Geschichte zusammendenken solle.[104] Natürlich haben Lohfink und

104 Ratzinger, Eschatologie, 98; zit. b. Lohfink, Das Zeitproblem, 148. Sehr deutlich wird Ratzinger an einer anderen Stelle seiner Eschatologie: „Daß

mit ihm Greshake niemals behauptet, dass die Geschichte nach dem individuellen Tod keinerlei Bedeutung habe, aber sie können den Verdacht der Gleichgültigkeit gegenüber der Geschichte nach dem Ende des Subjektes nicht vollumfänglich befriedigend loswerden. Hier zeigt sich eine Schwäche der These von der Auferweckung im Tod.

Anima separata: Ein anderes Problem liegt bei der Frage nach dem Verhältnis von Leib und Seele vor. Zu diesem Problem hat sich in der Debatte vor allem Greshake ausführlich geäußert. Im Prinzip geht es um ein sehr augenfälliges Problem: Lohfink und Greshake wollten ja besonders im Hinblick auf die Verkündigung die Rede von der Eschatologie bzw. den Letzten Dingen reformulieren und haben vor dem Hintergrund der Seelsorge ihre These von der Auferstehung im Tod formuliert. Wenn man diese These vertritt, dann stellt sich doch für diejenigen, die um einen Leichnam stehen, sofort die Frage, welche Rolle dieser spielt. Denn wenn die/der Gestorbene im Augenblick des Todes bereits auferweckt wurde, dann kommt dem Leichnam keinerlei Bedeutung zu. Auch stellt sich die Frage, warum das Christentum so lange betont hat, dass Auferweckung immer etwas mit dem Leib zu tun hat, weswegen man ja von der leiblichen Auferweckung gesprochen hat. Im Angesicht eines Leichnams von der Auferstehung im Tod zu sprechen und diese dann noch als leibliche zu bezeichnen, erscheint pastoral gesehen als ein wenig kompliziert.

Das Problem stellt sich aber nicht nur von der Pastoral her, sondern ist tiefer gelagert. Wie verhalten sich Leib und Seele zueinander? Hier wird nichts weniger verhandelt als die Frage, welchen Wert die Materie hat. Denn wenn es im Letzten nur auf den Geist oder die Seele ankommt, dann hätte die Materie keinen Wert und dann müsste man für das Christentum einen grundsätzlichen Dualismus annehmen:

---

es weder von der Logik noch von der Bibel und Überlieferung angeht, die Auferstehung in den Augenblick des individuellen Todes zu verlegen, ist in unseren bisherigen Überlegungen hinlänglich deutlich geworden. Erinnern wir uns noch einmal an den Hauptgrund: Eine begonnene Ewigkeit ist keine Ewigkeit; wer also in einem bestimmten Zeitpunkt gelebt hat und zu einem bestimmten Zeitpunkt stirbt, kann damit nicht einfach aus der Verfassung ‚Zeit‘ in die Verfassung ‚Ewigkeit‘, Unzeitlichkeit überwechseln.“ (150) „Wie könnte eine Mutter glücklich sein, vollends, hemmungslos, solange eines ihrer Kinder leidet?“ (155)

Materie schlecht, Geist gut. Gegen einen solchen Dualismus hat sich das Christentum aber immer ausgesprochen. So z.B. in der Auseinandersetzung mit der Gnosis in den ersten Jahrhunderten der Urkirche. Die Gnosis vertrat ein dualistisches Konzept, sprach davon, dass nur die Seele vom guten Gott geschaffen ist und dass die Materie ein Unfall ist, das Gefängnis der Seele, aus dem sie erlöst werden müsse. Demgegenüber hat das Christentum immer daran festgehalten, dass es nur einen einzigen Schöpfergott gibt, der/dem nicht eine zweite böse und niedrigere schlechte Gottheit an die Seite gestellt werden dürfe, die für die Schaffung der Materie zuständig ist. Nein, das Christentum hat immer am Monotheismus festgehalten: Es gibt nur einen Gott. Und wenn es nur einen Gott gibt, dann hat dieser Gott die Erde geschaffen, wie sie ist, als Materie. Und damit ist die Materie gut. Sie ist Gottes gute Schöpfung, weswegen Erlösung nicht Befreiung von der Materie sein kann, sondern immer als ganzheitlicher Vorgang gedacht werden muss, eben als leibliche Auferstehung. Die leibliche Auferstehung ist das christliche Bekenntnis zur Gutheit der Materie.

Vor dem Hintergrund dieser Einsicht stellt sich die Frage, welchen Stellenwert die Materie in einem Konzept hat, das die Auferstehung im Tod vertritt und damit dem vorliegenden Leichnam keinerlei Bedeutung beimisst. Greshake kann die Bedeutung der Materie nur retten, indem er sie interpretiert. Wie versteht Greshake das Verhältnis von Leib und Seele und damit von Materie und Nicht-Materie?

> Der Mensch kann auf Grund des Leibes nur so ‚vor Gott' stehen („Seele-Sein'), daß er seine Beziehung zu Gott in einem schöpferischen Ausdruck ‚verleiblicht' und ‚verweltlicht' und sich eben dadurch im Mitsein und Fürsein mit und für andere verwirklicht. Der Leib konstituiert den Menschen also sowohl als kreatives In-der-Welt-Sein wie auch als Glied einer Interaktionsgemeinschaft, in der er seine ihm wesenhafte Relation des Vor-Gott-Stehens konkret und real vollzieht.[105]

Greshake versteht die Materie, den Leib des Menschen als dessen Kommunikationsmedium: Im Leib kann sich der Geist ausdrücken. Diese Aussage steht in einer langen theologiegeschichtlichen Tradition, weil

105 Greshake, Gisbert/Kremer, Jacob, Resurrectio mortuorum, 258.

sich hier Spuren der thomanischen *anima forma corporis* Lehre zeigen, also der Auffassung, dass die Seele die Materie des Körper formt, in Form bringt, sich in der Materie zum Ausdruck bringen kann. Die Seele muss sich also ausdrücken und dafür dient der Leib, den Greshake hier sehr bewusst in Anführungszeichen setzt, weil über die Materie im Jenseits nichts gesagt werden kann. Dennoch versteht er die Aussage der leiblichen Auferstehung so, dass die Funktion des Leibes bestehen bleibt: Die Seele kann sich weiterhin ausdrücken und so kann sie auch mit anderen in Beziehung treten.

> Darüber hinaus ist aber zweitens die zur Leiblichkeit gehörende Kommunikation des Menschen mit anderen Subjekten auch aktueller Art: so wie der Mensch als leiblich verfaßtes Wesen in seinem Leben nur Mensch unter Menschen und mit Menschen ist, so bedeutet auch seine Vollendung ein tieferes Hineingehen in die ‚Mitmenschlichkeit', nämlich in den ‚Leib Christi', in die ‚communio sanctorum'.[106]

Leib und damit auch die Materie wird bei Greshake zur Ausdrucksmöglichkeit und zur Sozialfähigkeit des Menschen. Der Leib behält auch im Jenseits seine Funktion. Doch gleichzeitig ist damit gesagt, dass die Materie an sich keinen Wert hat. Sie ist nur in ihrer Funktion als Medium der Seele oder des Geistes wertvoll. Deshalb schreibt Greshake auch mit aller Deutlichkeit:

> Die Materie ‚an sich' (als Atom, Molekül, Organ ...) ist unvollendbar.[107]

Die Materie hat an sich keinen Wert, ist an sich unvollendbar und hat damit keinen Anteil an der Erlösung oder der Vollendung der Welt bei Gott im Jenseits. Damit kommt der Materie nur dienende Funktion zu,

---

106 Greshake, Das Verhältnis ‚Unsterblichkeit der Seele' und ‚Auferstehung des Leibes', 117. Vgl. Ders., Die Leib-Seele-Problematik, 173.

107 Greshake, Auferstehung der Toten, 386. Greshake, Die Leib-Seele-Problematik, 162 beruft sich dafür auf eine Aussage von Rahner. Dieser schreibt: Rahner, Immanente und transzendente Vollendung der Welt, 594: *„Der Begriff der Vollendung ist auf die so gemeinte Welt und ein Geschehen allein in ihr als solcher sinnvoll gar nicht anwendbar; die physische Welt als solche ist in sich grundsätzlich ‚unvollendbar'"*.

sie ist Ausdrucksmittel des Menschen, weil sich die Seele in der Materie ausdrücken kann und der Mensch mittels seines Leibes mit anderen Menschen in Kontakt treten kann. Damit erhält die Aussage von der Auferstehung des Fleisches eine ganz eigenen Interpretation.

Gegen eine solche Interpretation der Materie hat sich Ratzinger gewandt. Er selber versteht unter Materie etwas anderes, als dass er sie rein in ihrer Funktion als Ausdrucksmöglichkeit der Seele sieht. Er macht darauf aufmerksam, dass hier Schöpfung letztendlich doch dualistisch gesehen wird und die Materie an sich keinen Wert hat. In einer bemerkenswerten Hinwendung zu marxistischem Gedankengut schreibt Ratzinger:

> Es ist nicht einzusehen, warum die Christen, die im Credo die Auferstehung des Fleisches bekennen, hier hinter marxistischen Denkern wie Bloch und Marcuse zurückbleiben sollten, die ganz entschieden von einer neuen Welt auch einen neuen Status der Materie erwarten; dies folgt für sie aus der Einsicht, daß nur so die geschichtliche Entfremdungen wirklich überwindbar sind.[108]

Ratzinger wendet sich eindeutig gegen eine reine Funktionalisierung der Materie und hält daran fest, dass ihr auch ein Wert an sich zukommen muss, weil er sonst eine Spiritualisierungstendenz im Hinblick auf die Eschatologie befürchtet. Der Materie muss ein Wert an sich zukommen, sie darf nicht auf die Aussage- und Kommunikationsfunktion für die Seele beschränkt werden. Er selber bescheidet sich aufgrund hermeneutischer Überlegungen hinsichtlich der Aussagemöglichkeiten der neuen, jenseitigen Welt. Trotz der Nichtvorstellbarkeit des Jenseits hält Ratzinger daran fest, dass es zu einer neuen Zuordnung von Materie und Geist kommen muss, weil sonst weder die christlichen Aussagen noch die Geschichte und Schöpfung an sich verständlich bleiben.

> Halten wir als Ergebnis fest: Es gibt keine Vorstellbarkeit der neuen Welt. Es gibt auch keinerlei irgendwie konkretisierbaren und in die Vorstellung reichenden Aussagen über die Art des Materiebezugs der Menschen in der neuen Welt und über den ‚Auferstehungsleib'. Aber es gibt die Gewißheit, daß die Dynamik des Kosmos auf ein Ziel zuführt,

108 Ratzinger, Eschatologie, 159.

> auf eine Situation, in der Materie und Geist einander neu und endgültig zugeeignet sein werden. Diese Gewissheit bleibt der konkrete Inhalt des Bekenntnisses zur Auferstehung des Fleisches auch heute, gerade heute.[109]

4.1.3 Fazit

Im Rückblick auf die Diskussion um die These von der Auferstehung im Tod sollen vier Punkte festgehalten werden.

1. Die traditionelle Eschatologie muss sich fragen lassen, wie sie sich die Zwischenzeit zwischen dem individuellen und dem allgemeinen, dem Letzten Gericht vorstellt.
2. Eschatologie muss so konzipiert sein, dass sie die fortlaufende Geschichte nicht im Hinblick auf die für die Einzelne/den Einzelnen schon vollendete Geschichte relativiert.
3. Eschatologie darf die Materie nicht auf die Funktionen des Leibes reduzieren, die dann auf das Jenseits ausgedehnt werden.

Aus diesen drei Punkten ergibt sich, dass die Eschatologie einen Mittelweg zwischen Spiritualisierung und Materialisierung einschlagen muss. Einen solchen Mittelweg versucht z. B. der Katholische Erwachsenenkatechismus der Deutschen Bischöfe. Dort ist zu lesen:

> Die Frage ist damals wie heute: Wie sollen wir uns das denken? Wie soll das geschehen? ... Es ist offenkundig, daß diese Fragen innerhalb unseres modernen, von den Naturwissenschaften geprägten Weltbilds nochmals eine ganz neue Dringlichkeit erhalten.
> Die Theologen haben auf die Beantwortung dieser Fragen viel Scharfsinn verwendet und dabei teilweise auch manche uns heute fremd erscheinenden Theorien entwickelt. Zwei Extreme waren zu vermeiden: auf der einen Seite ein primitiver Materialismus, der meint, wir würden bei der Auferstehung der Toten wieder dieselbe Materie, dasselbe Fleisch und dieselben Knochen annehmen wie in diesem Leben. Nun wissen wir aber, daß wir schon in diesem Leben unsere Materie im Lauf von etwa sieben Jahren immer wieder austauschen. Die Identität der Person zwischen diesem und dem künftigen Leben kann also nicht an der Identität

109 Ratzinger, Eschatologie, 160.

der Materie hängen ... Auf der anderen Seite darf man diese Verwandlung nicht im Sinn eines weltlosen Spiritualismus rein geistig verstehen. Es geht um eine neue, durch den Geist Gottes verwandelte und verklärte Leiblichkeit und um eine wesenhafte (nicht stoffliche) Identität auch des Leibes ... Man kann diese Mitte zwischen Materialismus und Spiritualismus als geistlichen Realismus bezeichnen. Er besagt, daß am Ende alles vom Geist Gottes verwandelt und verklärt werden wird. Wir können uns davon keine konkrete Vorstellung machen ...[110]

Gottfried Bachl zieht aus der Verwiesenheit des Menschen auf die Materie einen eschato-praktischen Imperativ, der an den Menschen ergeht und ihm im Hinblick auf die Materialität seiner Leiblichkeit und die Materialität seiner Umwelt einen religiösen Auftrag erteilt und dem Menschen eine schöpfungstheologische Rolle zuweist, die sich im Hinblick auf das Eschaton bewahrheiten muss:

Die Materie ist gewiß kein göttliches Prinzip, aber sie ist dem Menschen auch nicht so übereignet, daß er wie ein absoluter Zweck über sie verfügen könnte. Er bleibt als Geist an sie verwiesen, an ein Sein, das er nie vollkommen einholt, das ihm selbst wie ein anderer Zweck entgegensteht ... Es ist wohl an der Zeit, den Imperativ umzukehren: die Kinder des Lichtes sollen praktisch die Hoffnung der geschaffenen Natur sein.[111]

4. Ratzinger hat seinerseits betont, dass es keine Vorstellung der jenseitigen neuen Welt gibt. Daraus ergibt sich noch einmal zwingend der hypothetische Modellcharakter der Eschatologie, der auch in der Debatte um die Auferstehung im Tod zum Tragen gekommen ist. So schreibt z. B. Lohfink:

Meine Ausführungen über das Geschichtsbild der Apokalyptik wollte durchaus sagen, das klassische Modell, nach welchem Christus erst am Ende der irdischen Geschichte erscheint, sei für die heutige Verkündigung wenig geeignet.
In diesem letzten Punkt habe ich inzwischen meine Meinung geändert. Mir ist deutlich geworden, daß gerade deshalb, weil es sich in der Eschatologie immer nur um Denkmodelle handeln kann, das Nebeneinander

110 Katholischer Erwachsenenkatechismus, 412f.
111 Bachl, Die Zukunft nach dem Tod, 97.

verschiedener Modelle nicht unbedingt ein Nachteil sein muß. Jedes Modell vermag jeweils bestimmte Aspekte der Eschatologie schärfer zu formulieren, muß dabei aber in Kauf nehmen, daß andere Aspekte entsprechend unscharf werden. Das Phänomen ist aus der modernen Physik hinreichend bekannt und gilt wohl generell für jede wissenschaftliche Annäherung an eine komplexe Wirklichkeit.[112]

4.2 Parusie und Gericht

Im letzten Kapitel ging es um die These von der Auferstehung im Tod, die einen Gegenentwurf zur Lehre vom Zwischenzustand bietet und der in diesem Zusammenhang vertretenen Lehre der *anima separata*, der nach dem Tod bis zum Letzten Gericht von ihrem Leib getrennten Seele. Im Folgenden geht es um die Fragen von Parusie und Gericht. Hier wird die Figur des Messias eine besondere Rolle einnehmen.

4.2.1 Biblischer Befund

Der biblische Befund, also die Stellen, aus denen sich die Vorstellung von der Wiederkunft des Herrn am Ende der Tage entwickelt haben, ist relativ leicht aus Handbüchern zu erheben, weswegen im vorliegenden Zusammenhang nur einige wenige aufgegriffen werden. Dabei ist vor allem die Art des Zusammenlesens unterschiedlichster Bibelstellen von Interesse, denn frühere Jahrhunderte waren ja nicht so sehr an den historischen Entstehungszusammenhängen der biblischen Schriften interessiert, sondern versuchten sich vielmehr in einer spirituellen und damit das geistige Leben fördernden Zusammenschau dessen, was die Heilige Schrift zu bestimmten Fragen als Lösung oder Meditationsstoff anzubieten hatte.

1. Tag des Herrn: Aus den hebräischen Schriften der Bibel ist Uns das Motiv des Tages des Herrn bekannt. Gemeint ist jetzt nicht der Sabbat, als ein Tag zur Ehre des Herren (z.B. Jes 58,13), sondern das

112 Lohfink, Das Zeitproblem und die Vollendung der Welt, 152. Vgl. Greshake, Auferstehung im Tod.

prophetisch-apokalyptische Motiv eines endzeitlichen Tages, an dem für Welt, Geschichte und Menschheit entscheidendes passiert. Dieser Tag ist kein einfacher Freudentag, weil an ihm schreckliche Dinge passieren.

> Jes 13,6-9 [6] Schreit auf, denn der Tag des Herrn ist nahe; er kommt wie eine zerstörende Macht vom Allmächtigen. [7] Da sinken alle Hände herab, und das Herz aller Menschen verzagt. [8] Sie sind bestürzt; sie werden von Krämpfen und Wehen befallen, wie eine Gebärende winden sie sich. Einer starrt auf den andern, wie Feuer glüht ihr Gesicht. [9] Seht, der Tag des Herrn kommt, voll Grausamkeit, Grimm und glühendem Zorn; dann macht er die Erde zur Wüste, und die Sünder vertilgt er. (Vgl. Ez 30,3; Joel 1,15)

Der Prophet Amos fasst die Ambivalenz des Tages des Herrn gut ins Wort:

> Am 5,18 [8] Weh denen, die den Tag des Herrn herbeisehnen. Was nützt euch denn der Tag des Herrn? Finsternis ist er, nicht Licht. (Vgl. Joel 2,1f.)

Andererseits ist der Tag des Herren aber kein einseitig schrecklicher und grauenerregender Tag, sondern auch ein guter, ein notwendiger Tag der Offenbarung der Schlechtigkeit der menschlichen Handlungen. So ist dieser Tag mit Gerechtigkeit verbunden, wenn z. B. in Jes 2 geschildert wird, wie die Hochmütigen an diesem Tag gedemütigt werden und den Völkern ihre Taten vergolten werden (vgl. Obd 1,15).

> Zeph 1,7-10 [7] Schweigt vor Gott, dem Herrn! Denn der Tag des Herrn ist nahe. Ja, der Herr hat ein Schlachtopfer vorbereitet, er hat die eingeladenen Gäste schon (dem Tod) geweiht. [8] Am Tag des Schlachtopfers des Herrn rechne ich ab mit den großen Herren und den Königssöhnen und allen, die fremdländische Kleider tragen; [9] an jenem Tag rechne ich ab mit jedem, der über die Schwelle springt, mit allen, die das Haus ihres Herrn mit Betrug und Gewalt anfüllen. [10] An jenem Tag – Spruch des Herrn – hört man vom Fischtor her Geschrei und aus der Neustadt lautes Jammern und von den Hügeln her großes Getöse.

2. Menschensohn und Gericht: Das hier aufgezeigte Motiv des Tages des Herren wird nun in den griechisch-christgläubigen Schriften der Bibel mit der Tradition des Menschensohnes verbunden. Er ist die Gestalt, die den Tag des Herren heraufführt, sodass am Kommen des Menschensohnes abgelesen werden kann, dass jetzt der Tag des Herren beginnt.

> Mt 16,27 [27] Der Menschensohn wird mit seinen Engeln in der Hoheit seines Vaters kommen und jedem Menschen vergelten, wie es seine Taten verdienen.

> Mk 13,26f. [26] Dann wird man den Menschensohn mit großer Macht und Herrlichkeit auf den Wolken kommen sehen. [27] Und er wird die Engel aussenden und die von ihm Auserwählten aus allen vier Windrichtungen zusammenführen, vom Ende der Erde bis zum Ende des Himmels.

3. Jesus als der Wiederkommende: In einem weiteren Schritt wird aus dem Tag des Herren oder des Menschensohnes der Tag Christi (Phil 1,6.10; 2,16), sodass es dazu kommen kann, Jesus als den Menschensohn zu identifizieren, der am Tag des Herren kommen wird.

> Apg 1,11 Ihr Männer von Galiläa, was steht ihr da und schaut zum Himmel empor? Dieser Jesus, der von euch ging und in den Himmel aufgenommen wurde, wird ebenso wiederkommen, wie ihr ihn habt zum Himmel hingehen sehen.

> 1 Thess 4,15-5,2 [15] Denn dies sagen wir euch nach einem Wort des Herrn: Wir, die Lebenden, die noch übrig sind, wenn der Herr kommt, werden den Verstorbenen nichts voraushaben. [16] Denn der Herr selbst wird vom Himmel herabkommen, wenn der Befehl ergeht, der Erzengel ruft und die Posaune Gottes erschallt. Zuerst werden die in Christus Verstorbenen auferstehen; [17] dann werden wir, die Lebenden, die noch übrig sind, zugleich mit ihnen auf den Wolken in die Luft entrückt, dem Herrn entgegen. Dann werden wir immer beim Herrn sein. [18] Tröstet also einander mit diesen Worten! [1] Über Zeit und Stunde, Brüder, brauche ich euch nicht zu schreiben. [2] Ihr selbst wisst genau, dass der Tag des Herrn kommt wie ein Dieb in der Nacht.

4. Jesus als Richter: Wenn Jesus als der Menschensohn am Tag des Herrn kommt, dann wird mit diesem Kommen nicht nur deutlich, dass der Tag des Herrn anbricht, sondern Jesus erhält auch noch die Funktion des Richters. Dies wird in Mt 25,31-46 und in Offb 20, 11-15 deutlich, aber auch z. B. in Joh 5,27:

> 27 Und er hat ihm Vollmacht gegeben, Gericht zu halten, weil er der Menschensohn ist.

4.2.2 Gegenwärtige Interpretation

Nach dem hier geschilderten biblischen Befund müsste jetzt eigentlich ein Blick darauf geworfen werden, wie sich die Lehre von der Wiederkunft des Herrn im Laufe der Dogmengeschichte entwickelt hat. Dafür sei aber auf die entsprechenden Handbücher verwiesen, sodass im Folgenden ein paar Interpretationen von Parusie und Gericht zu Wort kommen können, die in den letzten Jahrzehnten vorgetragen worden sind.

Zuerst einmal ein paar Sätze aus Ludwig Otts *Grundriß der Dogmatik*.

> Am Ende der Welt wird Christus in Herrlichkeit wiederkommen zum Gericht. De fide.[113]

> Der Zeitpunkt der Wiederkunft Jesu ist den Menschen unbekannt. Sent. certa. (581)

> Alle Toten werden am Jüngsten Tage mit ihren Leibern wieder auferstehen. De fide. (582)

> Christus wird nach seiner Wiederkunft alle Menschen richten. De fide. (586)

> Die gegenwärtige Welt wird am Jüngsten Tage untergehen. Sent. certa. (588)

113 Ott, Grundriß der Dogmatik, 578.

> Die gegenwärtige Welt wird am Jüngsten Tage neugestaltet werden. Sent. certa. (589)

Es handelt sich hierbei um die Obersätze aus Otts Dogmatik, der für die Sätze noch jeweils eine biblische Begründung und Verweise auf die Vätertradition anführt. In der hier zitierten Weise bleiben diese Sätze seltsam abstrakt und es wird deutlich, dass sie ohne einen Erzählrahmen blass werden. Das Wissen um die Letzten Dinge wurde im Laufe der Zeit in gut lernbares Handbuchwissen zusammengeschrumpft, verliert in dieser Gestalt aber seinen paränethischen Charakter und kann nicht mehr dafür herangezogen werden, ein Phänomen zu erklären oder zu erhellen.

Diese Reduktion auf ein paar wichtige Daten, die gut transportiert und gelernt werden können, zeigt sich auch bei den Ausführungen zur Parusie, die Josef Finkenzeller in dem 1995 erschienenen Lehrbuch für Dogmatik mit dem Titel *Glaubenszugänge* vertreten hat. Es wurde von Wolfgang Beinert herausgegeben. Finkenzeller definiert zuerst das, was unter Parusie zu verstehen ist, ordnet dem Ereignis dann relativ viele Einzelereignisse zu und kritisiert im weiteren Verlauf die gängige deutsche Übersetzung des ursprünglich griechischen Wortes Parusie. Finkenzeller schreibt:

> Unter Parusie versteht man *das Kommen des erhöhten Herrn (des Menschensohnes) am Ende der Zeiten in Macht und Herrlichkeit*. Mit der Parusie verbunden sind die Auferstehung der Toten, das Weltgericht, die endgültige Existenzweisen des ewigen Heils und Unheils für den auferweckten Menschen und die Neugestaltung der Welt. ...
> Das im Deutschen sowohl in der Theologie wie in der Verkündigung fast allgemein gebrauchte Wort ‚Wiederkunft Christi' ist zumindest mißverständlich, weil die Unterscheidung zwischen der ersten Ankunft Christi in Armut und Niedrigkeit (Phil 2,7; Joh 1,14) und dem Erscheinen Christi in Macht und Herrlichkeit nicht zum Ausdruck kommt, und zudem der Eindruck entsteht, es handle sich um ein Ereignis, das schon einmal stattgefunden hat.[114]

114 Finkenzeller, Eschatologie, 697.

Die Ausführungen von Finkenzeller sind sehr klar und eindeutig. Seine Kritik an dem deutschen Wort für Parusie, nämlich an Wiederkunft, ist deutlich und einsichtig. Er macht eine Differenz zwischen der Inkarnation aus, in der der göttliche Logos seine Herrlichkeit abgelegt und sich selber erniedrigt hat. Von dieser Kenose, dieser Selbsterniedrigung unterscheidet er das Kommen Christi am Ende der Tage, für das Herrlichkeit und Macht ausschlaggebend sind. So definiert er auch die Parusie: Der Erhöhte kommt in Macht und Herrlichkeit, wie es in Mk 13,26 heißt: „[26] Dann wird man den Menschensohn mit großer Macht und Herrlichkeit auf den Wolken kommen sehen." Mit diesem Kommen in Macht und Herrlichkeit sind weitere Ereignisse verbunden, die Finkenzeller aufzählt und die an die Motive erinnern, die auch schon bei Ott zu lesen waren. Ott nennt Auferstehung der Toten, Gericht, Ende und Neugestaltung der Welt. Finkenzeller ergänzt die ewige Gültigkeit des Urteilsspruches und lässt dafür den in der Apokalypse so beliebten Topos des Untergangs oder der Vernichtung der Welt wegfallen.

Als dritte gegenwärtige Interpretation kommen einige Gedanken aus der *Katholischen Dogmatik* von Otto Hermann Pesch zu Wort. Dieser verortet die Rede vom wiederkommenden Richter Christus interessanterweise nicht in die Eschatologie, sondern in den Traktat Christologie ein. Abgesehen von dieser Eigenart erscheint seine Interpretation von Parusie und Gericht aber nicht sehr aufsehenerregend. Er stellt einerseits einen Zusammenhang zwischen jesuanischer und urchristlicher Naherwartung und der Rede von der Parusie des richtenden Christus her. Auf der anderen Seite macht er die Differenz zwischen dem ersten und dem zweiten Kommen Christi nicht wie Finkenzeller in der Differenz zwischen Erniedrigung und Macht und Herrlichkeit aus. Pesch sieht die Differenz vielmehr darin, dass Jesus zwar schon bei seinem ersten Kommen „die definitive, unwiderrufliche und unüberbietbare Selbstmitteilung Gottes an die Menschheit"[115] ist, was für ihn bedeutet, dass „Gott ein für allemal in Christus sein Ja zum Leben des Menschen gesprochen" (826f.) hat, und dass sich dieses definitive Ja zu den Menschen beim zweiten Kommen Christi endgültig durchsetzen wird. Gott hat also schon sein Ja gesprochen und endgültig setzt sich dies am Ende der Tage durch.

115 Pesch, Katholische Dogmatik, Bd. 1, 908.

> ‚Wiederkommender Richter' bedeutet, dass Christus als der Maßstab des Menschlichen und der Existenz des Menschen vor Gott sich endgültig durchsetzt. (910)

Eindeutig ist auch hier das machtvolle richtende Moment betont, indem Pesch davon spricht, dass sich Christus durchsetzt und zwar endgültig durchsetzt. An ihm wird gemessen und an diesem Maßnehmen kommt kein Mensch vorbei.

Was leitet Pesch aus dieser Formulierung weiter ab? Eigentlich sagt er, dass hier formal schon alles gesagt ist, dass aber noch etwas ausführlicher Folgendes ausgesagt werden kann:

> Im Tode komme wir ‚vor sein Angesicht', das heißt: wir werden ihn und in ihm Gott unverstellt, unverkürzt durch die Blindheit unseres Erkennens oder die Interessenverhaftetheit unseres Strebens, als den Maßstab unseres Lebens erkennen. Und dabei auch und zuerst erkennen, was wir ihm schuldig geblieben sind. Da der Maßstab, den wir erkennen, ein Maßstab radikaler Liebe ist, wird es einerseits kein ‚Problem' sein, unsere Schuld gegenüber solcher Liebe rückhaltlos einzusehen und einzugestehen. Und anderseits wird dieses Einsehen und Eingestehen ein tiefer Schmerz sein, weil dieser Maßstab ja den Abstand zwischen dem, was wir hätten sein dürfen und was wir faktisch waren, an den Tag bringt. Eben darin besteht das ‚Gericht' – und weiter ist gar nichts zu ‚verhandeln'. (910)

Während Pesch in seiner Kurzformel für Parusie und Gericht noch sehr stark die Einseitigkeit die Hoheit Christi betont – Christus setzt sich durch –, wird in der Ausführung dieser Formel dieses Geschehen entpersonalisiert und das Gericht wird in die Seele des einzelnen Menschen verlagert. Diese/Dieser erkennt, was sie/er hätte sein können, erinnert sich an das, was sie/er gewesen ist, und erfährt die Differenz zwischen dem, was Gott für sie/ihn gedacht hat, und dem, was sie/er selber daraus gemacht hat, als Schmerz. Leider wird bei dieser Ausformulierung aber nicht klar, ob der Schmerz einmal ein Ende haben wird und was die Parusie des richtenden Christus nun für die gesamte Welt bedeutet, also für den Schuldzusammenhang, aus dem heraus die Menschen sterben. Gericht ist bei Pesch ein mehr oder minder egoistischer zumindest egozentrierter Vorgang, der in keiner Weise reflektiert, was mit der Verantwortung für die/den anderen passiert, die das Subjekt hatte und die es wahrgenommen oder verweigert habe. Gericht findet zwischen einem Subjekt und Christus statt, der sich als Maßstab jedes Lebens durchsetzt. Gericht hat aber offenbar nichts mit den Opfern der Geschichte zu tun. Hier greifen die Ausführung von Pesch nicht weit genug und müssen wohl ergänzt werden.

Nach den Ausführungen von Ott, Finkenzeller und Pesch kommt jetzt noch die Interpretation der Wiederkunft Christi bei Josef Ratzinger ins Blickfeld. Diese Interpretation ist hochinteressant und sehr erstaunlich. Im Prinzip setzt Ratzinger bei dem Markuswort an, auf das schon hingewiesen wurde: Mk 13,26: „[26] Dann wird man den Menschensohn mit großer Macht und Herrlichkeit auf den Wolken kommen sehen." Ratzinger versucht zu verstehen, was Macht und Herrlichkeit bedeuten. Und er versteht sie erstaunlicherweise liturgisch.

> Die Ankunft des Herrn kann ihrem Wesen nach nur bildhaft beschrieben werden. Das Neue Testament hat sein Anschauungsmaterial dafür aus den alttestamentlichen Vorstellungen vom Tag JHWHs genommen ... Es hat darüber hinaus einerseits Vorstellungen aus den politischen Kulten ... und aus seinen eigenen Liturgien entnommen. So wird sichtbar, daß der Tag JHWHs konkret der Tag Jesu Christi ist; zugleich wird gegenüber dem kosmischen und universalen Anspruch der politischen Macht, praktisch: Roms, die umfassende Herrschaft Jesu Christi herausgestellt, der nicht Kultgott eines privaten Vereins ist, sondern der wahre Imperator der Welt.[116]

Christus ist der eigentliche Herrscher, kein anderer darf diesen Titel und diesen Anspruch für sich verbuchen. Damit hat die Vorstellung von der Parusie Christi einen stark politikkritischen Aspekt, der dann auch in kosmologischen Kategorien ausgedrückt wird, weil nach altorientalischer Vorstellung der Herrscher eine Verbindung zur Gottheit darstellt und diese auf Erden repräsentiert bis dahin, dass er wie der Pharao für die Zurückdrängung der Chaosmächte zuständig ist.

> Aus dieser Analyse läßt sich ein doppeltes ableiten: Aus den kosmischen Bildelementen des Neuen Testamentes kann man nichts für eine

116 Ratzinger, Eschatologie, 166.

> kosmische Verlaufsschilderung künftiger Ereignisse gewinnen; alle Versuche dieser Art sind auf dem falschen Weg. Diese Texte gehören vielmehr einer Darstellung des Parusie-Geheimnisses in der Sprache liturgischer Überlieferung zu. Das Neue Testament verbirgt und enthüllt dieses für uns Unsagbare von Christi Kommen dadurch, daß es darüber mit Worten *des* Bereiches spricht, der in dieser Welt die Berührungsstelle mit Gott ausdrücken darf. Die Parusie ist höchste Steigerung und Erfüllung der Liturgie; die Liturgie aber ist Parusie, parusiales Geschehen mitten unter uns. Zum anderen aber kommt darin zum Vorschein, daß eben diese Kirche, die in der Liturgie ganz nach innen zu blicken scheint, damit in die tragende Mitte des Kosmos vorstößt und auf seine befreiende Verwandlung hinwirkt. (166f.)

Ratzinger zieht aus der These, dass die Parusie ein liturgisches Geschehen ist und mit liturgischen Worten beschrieben wird, eine doppelte Folgerung. Erstens ist über die kosmischen Ereignisse am Ende der Tage nichts auszusagen. Das Ende der Welt, das Ende der Geschichte kann nicht aufgrund der Bildworte des NT berechnet und beschrieben werden, es gibt also keinen Ablaufbericht oder kein Protokoll über das, was geschehen wird. Vielmehr ist die Sprache der Parusie die Sprache der Liturgie und damit bekommt die Liturgie selber einen ganz anderen Stellenwert: Sie ist Berührung von Mensch und Gott, hier kommen diese zwei sich nahe, in der Liturgie kommt der wiederkommende Herr zum Vorschein. Ganz nach Matthäus 18,20: „[20] Denn wo zwei oder drei in meinem Namen zusammen sind, da bin ich mitten unter ihnen." Parusie ist also in dieser Deutung nicht etwas, das am Ende linear ablaufender Geschichtszeit passieren wird, sondern Parusie ist das, was diese Zeit unterbricht, denn Liturgie ist Unterbrechung der Zeit, ist die Extrazeit, die nur Gott gebührt, die Zeit, die ökonomisch gesehen keinen Nutzwert hat, die reiner Luxus ist. Liturgie wird hier in ihrer kosmischen Funktion erhellt: Liturgie feiert im Jahreslauf unter Berücksichtigung von Sonne und Mond die Erlösung der Menschheit und damit auch die mögliche Erlösung des Kosmos, denn wenn Gott Mensch wird, dann wird auch der materiehafte Kosmos in das Leben Gottes mit hineingenommen und mit dem Menschen erlöst. Dies kommt bei Ratzinger in jeder Eucharistiefeier zum Ausdruck:

> [J]ede Eucharistie ist Parusie, Kommen des Herrn, und jede Eucharistie ist doch erst recht Spannung der Sehnsucht, daß er seinen verborgenen Glanz offenbare. (167)

Der Mensch lebt in dieser Welt und in dieser Welt ist Gott nicht einfach da und sichtbar, denn in dieser Welt herrschen Tod und Unterdrückung. Und doch lebt jede Eucharistiefeier davon, dass der Mensch sich sehnsüchtig nach der/dem ausstreckt, die/der das Ende des Todes bedeutet, die/der die Macht dessen gebrochen hat, dem Wir so oft alle Macht zuzusprechen scheinen, dem Tod. Jede Eucharistie streckt sich aus nach dem Kommen des Herren. Dieser ist aber nicht von solcher Herrlichkeit gekennzeichnet, dass das von ihm gelebte und durchlittene Leben keinerlei Bedeutung hätte. Das Gegenteil ist der Fall:

> Jesus ist als der Gekreuzigte auch weiterhin der Weggehende und ist zugleich als der Durchbohrte mit den ausgebreiteten Händen der immerfort Kommende ... Im Berühren des Auferstandenen rührt die Kirche an die Parusie des Herrn, sie betet und lebt gleichsam in die Parusie hinein. (167)

Die Kirche lebt in die Parusie hinein, aber nicht, indem sie darauf hofft, dass ein herrlicher Imperator am Ende der Tage den Sieg herbeiführen wird, sondern indem sie auf den Durchbohrten blickt. Der Gekreuzigte ist der Kommende, als der Gekreuzigte kommt Christus nicht am Kreuz vorbei. Hier wird also das Leid der Geschichte nicht einfach vernichtet und übergangen, hier wird des Leides gedacht und hier haben dann auch die Opfer ihren Platz, weil Christus als Opfer, als *victim* (nicht als *sacrifice*) derjenige ist, der kommt. Für Ratzinger wird hier die Parusie von ihrer spekulativen Fremdheit und Befremdlichkeit befreit und zu ihrer vollen Entfaltung gebracht.

> Für solche Betrachtung hört die Parusie-Thematik auf, eine Spekulation über das Unbekannte zu sein. Sie wird zu einer Deutung der Liturgie und des christlichen Lebens in ihrem inneren Zusammenhang und in ihrer steten Selbstüberschreitung. Sie wird zur Verpflichtung, die Liturgie als Fest der Hoffnung und der Gegenwart auf den Kosmokrator Christus hin zu leben. (168)

Die liturgische Deutung Ratzingers ist äußerst aufschlussreich. Parusie hat mit Eucharistie zu tun und ist nicht etwas, das am Ende der linear ablaufenden Weltzeit geschehen wird, sondern das sich in der Unterbrechung dieser Zeit in jeder Liturgie ereignen kann.

Dabei ist nach Josef Wohlmuth darauf zu achten, dass die Liturgie kein ethikfreier Raum ist, sondern sich aus eschato-praktischen Gründen die Hinwendung zur/zum anderen ergibt. Dies macht Wohlmuth immer wieder deutlich, indem er auf Mt 25,31-46 verweist,[117] weil dort der richtende Christus sich mit dem identifiziert, dem geholfen worden ist: „Amen, ich sage euch: Was ihr für einen meiner geringsten Brüder getan habt, das habt ihr mir getan." (Mt 25,40) Für den Zusammenhang von Liturgie und Diakonie sei noch auf zwei Zitate von Wohlmuth verwiesen. In seiner kleinen mystagogischen Christologie *Jesu Weg – unser Weg* schreibt er:

> Die ästhetische Gestalt der Liturgie mußte von Anfang an davor bewahrt werden, in die ethische Belanglosigkeit zu depravieren, als sei der Leib der Gemeinde nicht nach dem Leib des Gekreuzigten gebildet. Die Diakonie wurde immer zum Testfall der Ernsthaftigkeit einer liturgischen Ästhetik."(51)

Liturgie darf also nicht nur schöner Schein sein. Vielmehr hat Liturgie immer mit dem Gekreuzigten zu tun und dies bedeutet, dass aus der Liturgie ein ganz bestimmtes Verhalten resultieren muss.

> Eine christologische Ästhetik muss zeigen, daß es in der Feier der Liturgie um eine Gegenwärtigkeit des Heils (praesentia salutis) geht, die auch die Gleichzeitigkeit sprengt und in den ewigen Anfang und in das ewige Ende hineinreißt. Ohne Gegenwart des Heils wäre die Feier der Liturgie leer, ohne Rettung des Vergangenen kraftlos, ohne Bezug auf die Zukunft bar der Verheißung. Auch die Begegnung mit dem notleidenden Bruder oder der hilfesuchenden Schwester durchbricht das Zeitkontinuum und stellt ins Gericht des kommenden Messias, der mit Jesus identisch ist (vgl. Mt 25,31ff.). (83)

117 Wohlmuth, Mysterium der Verwandlung, 131f.

4.2.3 Weiterführende Gedanken

Krewani interpretiert Levinas richtig, wenn er schreibt, dass die rationale Durchdringung der Welt das Subjekt zum Herren der Welt macht.

> Aber als Herren der Welt begegnen wir nur immer uns selbst und unseren eigenen Produkten, niemals dem wirklich Anderen. Die wahre Transzendenz kann nicht Sache des intentionales Subjekts sein; sie kann nur einem passiven Subjekt widerfahren, das alle Intentionalität aufgegeben hat. Der Prozeß der Reduktion des Subjekts auf die Ebene der reinen Passivität, der Welt auf eine Ebene reiner Materialität ohne Form, ist der Untergang der Welt und der Vorstellung. Da der Weltverlust zugleich der Zusammenbruch aller Möglichkeiten und das Ende des Könnens ist, ist er das Sterben oder der Tod des intentionales Subjekts. Der Tod des intentionalen Bewußtseins ist die Voraussetzung dafür, daß das Subjekt dem Anderen begegne.[118]

Levinas schlägt kein Subjekt vor, das intentional auf die Welt zugeht und sie sich einverleibt und damit letztendlich zerstört, weil es sie verselbigt, sondern ein Subjekt, das sich der/dem anderen öffnet. Dadurch bekommt auch die Zeit einen anderen Charakter, weil die Zukunft zum Ermöglichungsgrund von Güte und Vergebung wird. Diese Gedanken sind für eine mögliche Interpretation, was Zukunft und Gericht bedeuten, von entscheidendem Gewicht.

> Das Paradox der Vergebung der Schuld verweist auf die Vergebung als dasjenige, das die Zeit selbst konstituiert. Die Augenblicke hängen nicht aneinander, als seien sie einander gleichgültig – vielmehr entfalten sie sich vom Anderen her zu mir. Die Zukunft kommt nicht auf mich zu aus einem Gewimmel ununterscheidbarer Möglichkeiten, die meine Gegenwart entgegenströmen und von mir ergriffen werden; sie kommt durch ein absolutes Intervall hindurch auf mich zu.[119]
>
> Es ist nicht die Endlichkeit des Seins, die das Wesen der Zeit ausmacht, wie Heidegger glaubt, sondern seine Unendlichkeit. Das Ende des Todes nähert sich nicht wie ein Ende des Seins, sondern wie ein Unbekannter,

---

118 Krewani, Emmanuel Lévinas, 86.

119 Levinas, Totalität und Unendlichkeit, 413f.

> der als solcher das Können aufhebt. Die Konstitution des Intervalls, das das Seiende von der Begrenzung durch das Schicksal befreit, fordert den Tod. Das Nichts des Intervalls – eine tote Zeit – ist das Ereignis des Unendlichen. Das zentrale Geschehen der Zeit ist die Wiederauferstehung. Es gibt also keine Kontinuität im Sein. Die Zeit ist diskontinuierlich. Ein Augenblick geht nicht ohne Unterbrechung ekstatisch aus dem anderen hervor. In seiner Fortsetzung findet der Augenblick einen Tod und steht wieder auf. Tod und Auferstehung machen die Zeit aus. (415)

Die folgenden Ausführungen zu Parusie und Gericht konzentrieren sich vor allem auf den präsentischen Aspekt der Eschatologie, ohne dabei 1. den eschatologischen Vorbehalt und 2. das wirklich noch Ausstehende, also echte Zukünftigkeit, vergessen oder außer Acht gelassen wird. Zeit muss im Hinblick auf die Eschata anders gedacht werden: Linear weiterlaufende physikalische oder geschichtliche Zeit muss von der vertikal zu dieser anzunehmenden qualifizierten Zeit unterschieden werden. Diese qualifizierte Zeit ist als Unterbrechung der linearen Zeit zu denken, als Systembruch, als störend.

Bei der Rede von Parusie und dem endzeitlichen Gericht geht es weniger um eine Frage dessen, was am Ende der Welt geschieht, sondern vielmehr um den menschheitsumgreifenden Aspekt dessen, was das Subjekt im hier und jetzt tut. Der Menschensohn richtet eine jede/einen jeden, weil sie/er ihm den Becher Wasser reicht, sodass das Subjekt – eucharistisch-pneumatologisch gesprochen – Anteil erhält an seiner Messianität und Stellvertretung für alle: Er ist für alle gestorben. In der Taufe werden Christinnen und Christen auf seinen Tod getauft und erhalten Anteil an seinem Leben. Für dieses Leben werden sie in der Eucharistie gestärkt, sodass sie beginnen (könnten), eschato-praktisch zu handeln. Im eucharistischen Handeln wird der Mensch in Christus zum Messias, der für die anderen verantwortlich ist. Dann ist der Messias keine absolut ausstehende fremde Person oder Figur, deren Kommen erwartet wird, sondern die Übernahme der jeweils subjektiven Verantwortung für die andere/den anderen, in der/dem ich Christus begegne und in dieser Begegnung selber ihm ähnlich werde, also an seiner Messianität Anteil erhalte. Nicht ich lebe, sondern Christus lebt in mir (Gal 2,20). Der Messias ist der Andere und der Andere in mir. Damit kommt der Messias immer dann, wenn ein Mensch Gutes tut und damit geschieht endzeitliches Gericht immer dann, wenn ein Mensch Gutes tut. Endzeit ist nichts, was aussteht, es steht herein in den menschlichen Alltag. Warum ist dies das Ende der Welt? Weil hier ein System zusammenbricht. Es werden meine Kreise gestört, die Kreise, in die niemand einbrechen soll, die Bibliothek, die Augustinus verteidigt, der Computer, dem Wir gegenübersitzen und den Wir vor Viren schützen, mit dem Wir Uns vereinsamen, weil Wir keinen realen Menschen anblicken, weil Wir keine Wunden pflegen, keinen Schweiß riechen und keinen Mundgeruch. Wir chatten in klinisch reinen Räumen, sind nur ein paar Straßenzüge voneinander entfernt und wissen doch fast nichts voneinander. Der Messias ist nicht nur die/der andere, die/den Ich erwarte, sondern die/der andere, die/der vor Meiner Tür steht, vor der Tür Meiner Verantwortung. Diese Tür will sie/er durchschreiten, sie/er steht vor ihr, sie/er klopft an sie, sie/er spricht durch sie hindurch. Ich werde diese Tür aufstoßen – gemeinsam mit ihr/ihm. Ich werde sie nicht von den Sturmfluten der Geschichte zudrücken lassen, der Fuß der/des anderen hält sie einen Spalt weit offen. Sie/Er zwängt sich Mir auf und im Blick auf ihr/sein Gesicht merke ich zweierlei: Es ist erleuchtet von der Herrlichkeit Gottes und es ist Meinem Gesicht ähnlich, es ist gleichsam Mein Spiegelbild. Sie/Er ist Ich, ohne dass sie/er Ich wäre. Sie/Er ist Meine Differenz zu Mir, das, was in Mir fremd ist, das was durch Mich geschieht, ohne dass es Mich von Mir so entfremdet, dass Ich hier sündig würde. Es ist Mir fremd, sodass Ich Mir fremd bleibe, aber doch entdecke, dass Ich hier Ich werde, dass Ich hier Mir und der/dem anderen in Mir Raum und Möglichkeit gewähre, dass die/der andere in Mich hineinsteht, Mir zum Grund wird und Ich den Bissen Brot zum Essen gebe, der Mich erhält.

Der Messias kommt. Er kommt am Ende der Welt, Wir müssen ihn erwarten. Das bedeutet, dass mit dem Kommen des Messias mein Egozentrismus gebrochen wird, weil die/der andere in Mich einbricht, sie/er unterbricht Mich, lässt Mich Meine Kreise nicht in Ruhe zeichnen. Dies bedeutet aber für Mich nicht das Ende, sondern nur das Ende Meines Systems, der von Mir beherrschten Totalität, Meines kleinen idyllischen Heimes. Christinnen und Christen sind nicht berufen, ihren/seinen Schrebergarten zu pflegen: Im Haus meines Vaters gibt es viele Wohnungen (Joh 14,2). Wir müssen also umziehen, Wir sind auf andere Wohnungen verwiesen, Wohnungen, deren Eingangstür wo anders liegt. Diese Eingangstür ist der Herr selbst. Ich bin der Weg und die Wahrheit und das Leben (Joh 14,6). Christus ist der Weg, weil Menschen in ihm die Möglichkeit eröffnet wird, sich so wie er auf die andere/den anderen hin zu öffnen, auf die andere/den anderen, in der/dem ich wiederum Christus erkenne. Ich erkenne ihn nicht, bevor Ich an ihr/ihm gehandelt habe, sondern Ich erkenne in der anderen/im anderen Christus immer nur, nachdem Ich ihr/ihm den Becher Wasser gereicht habe. Die linke Hand soll nicht wissen, was die rechte tut (Mt 6,3). So sieht eschatologisches bzw. eschato-praktisches Handeln aus. Es geht hier nicht darum, sich das Himmelreich zu verdienen, sondern in der Begegnung mit der anderen/dem anderen sich von dieser/diesem her anrühren zu lassen, sodass Ich Mich ihr/ihm öffne. Dies kann unwillig geschehen, gegen Meinen Willen. Warum? Ich würde lieber ungestört bleiben. Aber von Christus her gelingt das nicht. Sein Geist unterbricht Mich, Ich höre das Seufzen dieses Geistes und kann nicht mehr weghören. Ich wäre so gerne ungestört, aber aus den Augen der anderen/des anderen sehen mich ganz andere Augen an. Sie/Er unterbricht Mich und macht Mich dadurch zu ihrem/seinem Nächsten. Herr, wer ist mein Nächster, fragt ein Pharisäer bei Lukas. Und was erzählt er? Jesus erzählt die Geschichte vom barmherzigen Samariter. Dort wird nicht gesagt, dass Mein Nächster der ist, dem Ich helfen soll. Sondern der Samariter ist der Nächste. Der Nächste ist der, der hilft. Ich kann also zum Nächsten werden, wenn Ich helfe, wenn ich wie der Messias Verantwortung für die andere/den anderen Übernehme, und damit werde ich zu der/dem, die/der geliebt werden soll. Ich werde für die andere/den anderen zum Nächsten und damit werde Ich in Christus zum Messias.

Natürlich *bin* Ich nicht der Messias, aber das Subjekt wird als helfendes Subjekt, als Subjekt, das sich der/dem zuwendet, die/der unter die Räuber gefallen ist, der/dem anderen zum Messias, zu der/dem, die/der kommen soll. Hier geschieht Unterbrechung der Geschichte, hier ereignet sich Gericht, hier wird das Subjekt zum Messias, d. h. hier übernimmt das Subjekt seine stellvertretende Verantwortung. Diese stellvertretende Verantwortung ist Uns biblisch vertraut: Adam hatte sie, Moses hat sie auf sich genommen, David hat sie geschultert, sie kommt in den Gottesknechtliedern bei Jesaja vor, in der Israeltheologie, auch in der Mariologie und der Christologie. Mariens stellvertretendes Ja hat ja durchaus Auswirkung auf die Heilsgeschichte und Jesu Tod ist irgendwie anders als ein weiterer Tod eines beliebigen Revolutionärs. Im Geist Gottes zeigt sich hier messianisches Handeln, das Verantwortung für die andere/den anderen übernimmt, indem es sich zu ihm entschließt, sich auf ihn öffnen lässt und sich auf ihn hin entäußert, d. h. zu seiner Dienerin/seinem Diener wird. Der Messias steht noch aus, weil sich nicht alle Menschen von diesem Geist bewegen lassen – manche verweigern sich selbst, viele sind aufgrund der Strukturen, die sie binden, gefesselt, sodass ihnen die Öffnung verwehrt ist. Der Messias steht noch aus, bis alle zum Messias geworden sind. So ist der Messias eine Korporativpersönlichkeit, so wie die Kirche ein Leib ist, deren Haupt Christus ist. Die Menschen müssen Messias werden; bis dies alle ergreift, steht sein Kommen aus. Wenn er alle ergreift, bedeutet es das Ende der Welt, weil sich dann alles ändern wird, weil dann alles Systeme zusammenbrechen und Freiheit endlich wahr wird.

4.3 Himmel: Ort der Vollendung

Im letzten Kapitel ging es um Parusie und Gericht, und die vorgetragene Interpretation der zu verhandelnden Theologumena lehnte sich sehr stark an die Überlegungen von Wohlmuth zur Eschatopraxie an. Der kommende Messias wurde nicht als zu erwartende externe Gestalt verstanden, sondern subjekttheoretisch als Meine stellvertretende Handlung an einer anderen oder einem anderen. Im Folgenden soll es um den Himmel als den Ort der Vollendung gehen.

4.3.1 Problemanzeige

Kommen wir noch einmal zum *Grundriß der Dogmatik* von Ludwig Ott zurück:

> Am Ende der Welt wird Christus in Herrlichkeit wiederkommen zum Gericht. De fide.[120]

120 Ott, Grundriß, 578.

> Der Zeitpunkt der Wiederkunft Jesu ist den Menschen unbekannt. Sent. certa. (581)

> Alle Toten werden am Jüngsten Tage mit ihren Leibern wieder auferstehen. De fide. (582)

> Christus wird nach seiner Wiederkunft alle Menschen richten. De fide. (586)

> Die gegenwärtige Welt wird am Jüngsten Tage untergehen. Sent. certa. (588)

> Die gegenwärtige Welt wird am Jüngsten Tage neugestaltet werden. Sent. certa. (589)

Es ist schwer, in den hier dargebotenen Sätzen den Ort für den Himmel zu finden. Denn der Himmel hat nach traditioneller Theologie eigentlich einen zweifachen Ort: Einerseits wird er nach der Trennung von Leib und Seele, also nach dem individuellen Tod im Hinblick auf die verhandelt, die direkt der glückseligen Schau inne werden – also die Heiligen. Auf der anderen Seite wird über den Himmel noch einmal verhandelt im Zusammenhang mit dem Letzten Gericht, weil dann die Toten auferstehen und die Seelen gleichsam mit ihren Leibern wiedervereint werden und dabei auch noch der Weltenbrand stattfindet, diese Erde also zugrunde geht und eine Neuschöpfung in Gang gesetzt wird. Im eschatologischen Zeitgefüge kommt der Himmel also zwei mal zur Sprache. Dieses doppelte Eingehen auf den Himmel muss verändert und zusammengefasst werden, wenn man für die Eschatologie ein anderes Zeitgefüge anstrebt und zu der These tendiert, dass die Auferstehung im Tod stattfindet. Ist es möglich, dass man den Himmel und damit auch das Vergehen dieser Welt und die Neuschöpfung am Ende der Tage, auf den Augenblick des Todes zusammenzieht? Kann gedacht werden, dass die individuelle und die allgemeine Eschatologie gemeinsam behandelt werden können und zwar nicht so, dass es zu einem Warte- oder Zwischenzustand der von ihrem Leib getrennten Seele kommt? Wie kann dies zusammengedacht werden, ohne dabei und dadurch die weiterlaufende Geschichte zu relativieren und ohne dabei die Materialität des Leibwesens Mensch zu marginalisieren, weil ja doch ein Leichnam vorliegt?

Schwierigkeiten drängen sich hier auf: Ja, es ist fürchterlich, wenn jemand stirbt, zumal wenn sie/er früh stirbt, wenn sie/er bei einem Unfall stirbt oder wenn sie/er gar ermordet wird. Trotz dieses schrecklichen Ereignisses geht aber die Geschichte weiter, sie bricht nicht ab, die Zeit, die man als lineare Geschichtszeit versteht, läuft weiter, sie bricht nicht ab. Und gleichzeitig liegt der Leichnam der/des Gestorbenen vor, sodass man hier schlecht davon reden kann, dass die Materie verherrlicht oder verändert worden ist. Es hat kein Weltbrand stattgefunden und die Neuschöpfung des Kosmos steht noch aus. Trotz dieser schwerwiegenden Einwände muss gesehen werden, dass auch die Annahme eines Zwischenzustandes nicht befriedigend ist, weil nicht deutlich wird, warum eine Seele, die bereits der glückseligen Schau teilhaftig ist, von der auch noch gesagt wird, dass sie im Prinzip ewig dauert, zu einem wie auch immer zu denkenden späteren Zeitpunkt wieder mit ihrem Leib vereint wird und dann zum zweiten Mal in den Himmel gelangt, ohne dass dieser zweite Eintritt einem späteren Bewährungsgericht unterzogen werden wird.

Trotz und vor dem Hintergrund der skizzierten Schwierigkeiten soll im Folgenden der Himmel als Ort der Vollendung verstanden werden, indem wir auf die zeittheoretischen Überlegungen zurückgreifen, die mit Rückbindung an Emmanuel Levinas bereits häufiger vorgetragen wurden. Daraus wird sich eine Betrachtung des Himmels ergeben, die eher für die These von der Auferstehung im Tod offen ist, sodass es zu keiner Zweiteilung der Ewigkeit kommt, sondern in erster Linie der gegenwärtig ethische Aspekt der Eschatologie hervorgehoben wird – ganz im Sinne der Eschatopragmatik, wie sie Wohlmuth vorschlägt. Das große Problem bei dieser Interpretation ist nicht das Fortlaufen der linearen Geschichtszeit, sondern die noch ausstehende Verwandlung der Materie. Wenn das Verständnis von Materie nicht spiritualisiert und entmaterialisiert wird – was durchaus leicht möglich wäre – dann ist das Vorliegen der Materie das zentrale Gegenargument für eine solche Interpretation.

Welche biblischen Fundamente sind für die Aussagen über den Himmel, die Auferstehung der Toten, den Weltenbrand und die Neuschöpfung ausschlaggebend?

4.3.2 Biblischer Befund

1. Die Leiblichkeit der Auferstehung und des Jenseits

Der Prophet Ezechiel bietet ein herrliches Beispiel für den Glauben an die leibliche Auferweckung der Toten.

> Ez 37,12-14 [12] Deshalb tritt als Prophet auf, und sag zu ihnen: So spricht Gott, der Herr: Ich öffne eure Gräber und hole euch, mein Volk, aus euren Gräbern herauf. Ich bringe euch zurück in das Land Israel. [13] Wenn ich eure Gräber öffne und euch, mein Volk, aus euren Gräbern heraufhole, dann werdet ihr erkennen, dass ich der Herr bin. [14] Ich hauche euch meinen Geist ein, dann werdet ihr lebendig, und ich bringe euch wieder in euer Land. Dann werdet ihr erkennen, dass ich der Herr bin. Ich habe gesprochen, und ich führe es aus – Spruch des Herrn.

Auch dem Propheten Jesaja ist ein solcher Glaube bekannt:

> Jes 26,19 [19] Deine Toten werden leben, die Leichen stehen wieder auf; wer in der Erde liegt, wird erwachen und jubeln. Denn der Tau, den du sendest, ist ein Tau des Lichts; die Erde gibt die Toten heraus.

Auch das für die Apokalyptik so wichtige Buch Daniel spricht von einer Auferstehung von Toten:

> Dan 12,2 [2] Von denen, die im Land des Staubes schlafen, werden viele erwachen, die einen zum ewigen Leben, die anderen zur Schmach, zu ewigem Abscheu.

Der Evangelist Matthäus hat ebenfalls eine sehr leibliche Auffassung vom Jenseits:

> Mt 5,29f. [29] Wenn dich dein rechtes Auge zum Bösen verführt, dann reiß es aus und wirf es weg! Denn es ist besser für dich, dass eines deiner Glieder verlorengeht, als dass dein ganzer Leib in die Hölle geworfen wird. [30] Und wenn dich deine rechte Hand zum Bösen verführt, dann hau sie ab und wirf sie weg! Denn es ist besser für dich, dass eines deiner Glieder verlorengeht, als dass dein ganzer Leib in die Hölle kommt.

Mt 10,28 [28] Fürchtet euch nicht vor denen, die den Leib töten, die Seele aber nicht töten können, sondern fürchtet euch vor dem, der Seele und Leib ins Verderben der Hölle stürzen kann. (Vgl. 18,8f.)

2. Untergang der gegenwärtigen Welt

Ps 102,26f. [26] Vorzeiten hast du der Erde Grund gelegt, die Himmel sind
das Werk deiner Hände. [27] Sie werden vergehen, du aber bleibst; sie alle
zerfallen wie ein Gewand; du wechselst sie wie ein Kleid, und sie schwinden dahin.

Mt 24,29 [29] Sofort nach den Tagen der großen Not wird sich die Sonne verfinstern, und der Mond wird nicht mehr scheinen; die Sterne werden vom Himmel fallen, und die Kräfte des Himmels werden erschüttert werden.

Der Psalmist und Matthäus beschreiben das Ende der Welt relativ undramatisch und auch Paulus erwähnt es eher nebenbei.

1Kor 7,29-31 [29] Denn ich sage euch, Brüder: Die Zeit ist kurz. Daher
soll, wer eine Frau hat, sich in Zukunft so verhalten, als habe er keine,
[30] wer weint, als weine er nicht, wer sich freut, als freue er sich nicht, wer
kauft, als würde er nicht Eigentümer, [31] wer sich die Welt zunutze macht,
als nutze er sie nicht; denn die Gestalt dieser Welt vergeht.

Das Ende der Welt ist hier nur nebenbei erwähnt, aber der Text hat es in sich und kommt in den weiteren Ausführungen noch einmal zur Sprache. Bemerkenswert ist das als ob nicht. Ist ein Leben in dieser absoluten Naherwartung möglich, ein Leben unter ständiger Beobachtung des als ob nicht, ein Leben kurz vor dem Ende, das mit der Nichtigkeit der Welt rechnet und von ihrem baldigen Vergehen überzeugt ist? Hier tun sich sehr spannende Fragen für die Eschatologie auf.

Kurz sei der 2. Petrusbrief erwähnt, weil hier die Vorstellung vom Weltenbrand grundgelegt ist:

2Petr 3,10 [10] Der Tag des Herrn wird aber kommen wie ein Dieb. Dann wird der Himmel prasselnd vergehen, die Elemente werden verbrannt und aufgelöst, die Erde und alles, was auf ihr ist, werden (nicht mehr) gefunden.

3. Neue Schöpfung

Die Rede von der Neuschöpfung der Erde ist wiederum beim Propheten Jesaja zu finden. Er schreibt:

> Jes 65,17 [17] Ja, vergessen sind die früheren Nöte, sie sind meinen Augen entschwunden. Denn schon erschaffe ich einen neuen Himmel und eine neue Erde. Man wird nicht mehr an das Frühere denken, es kommt niemand mehr in den Sinn.

Die Vorstellung von der Neuschöpfung der Welt ist hier mit der problematischen Idee des Vergessens der alten Welt verbunden. Es stellt sich hier eindringlich die Frage, welchen Wert Unsere Welt und Geschichte hat, wenn sie wirklich so neu geschaffen wird, dass sie vergessen werden wird. Andererseits ist zu beachten, dass Neuschöpfung wirklich Schöpfung ist und Schöpfung bedeutet immer das Erstaunen darüber, dass überhaupt etwas ist und nicht vielmehr nichts. Von daher muss der Graben zwischen dem Tod als dem Ende und damit dem Einstieg in das Nichts und der Auferstehung aus dem Tod als Neuschöpfung nicht klein, sondern groß gemacht werden – nur so wird das Wunder der Auferweckung aus den Toten wirklich als Wunder wahrgenommen werden können. Wohlmuth schreibt zu diesem Problem:

> Die Rede vom zeitüberdauernden Gedächtnis Gottes betont m. E. die Kontinuität so sehr, dass der Eindruck entsteht, man müssen den Hiatus zwischen Nichtsein und Sein, zwischen irdischem Leben und plötzlichem Emporgerissen- und Verwandeltwerden gar nicht mehr eigens bedenken. Letzteres sollte aber nicht als selbstverständlich übergangen werden.[121]

Schon in einem kleinen Jesaja-Zitat liegen große Probleme der Systematik verborgen, denn Jesaja betont die Neuheit der Neuschöpfung und spricht nicht davon, dass alles im Gedächtnis Gottes verankert bleibt. Wäre man etwas blasphemisch, so könnte man an dieser Stelle fragen, ob nicht Nietzsches Idee von der Wiederkehr des Ewig Gleichen darin begründet sein könnte, dass Gott, wenn sie/er schuf, immer dasselbe schuf, weil das, was sie/er schafft, gut ist, sodass sie/er das Alte vergisst

---

121 Wohlmuth, Mysterium der Verwandlung, 221f.

und wieder genau so schafft, wie sie/er schon einmal geschaffen hat. Aber das ist nur Spekulation. Es muss festgehalten werden, dass der Tod der/des Einzelnen nur dann wirklich ernst genommen wird, wenn er als Ende, als Abbruch, als Verlust verstanden wird und nicht als ein einfacher Durchgang, den zu überbrücken für Gott keinerlei Problem darstellt, so als würde man aus ein paar Legosteinen einen Turm bauen, diesen zerhauen und dann den Turm einfach wieder aufbauen. Neuschöpfung ist ein Wunder und nur als Wunder ist die Auferweckung der Toten zu würdigen. Dies gilt auch für die Neuschöpfung der gesamten Welt.

Matthäus erwähnt das Motiv der Neuschaffung der Welt wieder einmal eher beiläufig:

> Mt 19,28 Jesus erwiderte ihnen: Amen, ich sage euch: Wenn die Welt neu geschaffen wird und der Menschensohn sich auf den Thron der Herrlichkeit setzt, werdet ihr, die ihr mir nachgefolgt seid, auf zwölf Thronen sitzen und die zwölf Stämme Israels richten.

Und auch im 2. Petrusbrief ist dieses Motiv vertreten:

> 2Petr 3,13 Dann erwarten wir, seiner Verheißung gemäß, einen neuen Himmel und eine neue Erde, in denen die Gerechtigkeit wohnt.

4.3.3 Noch einmal: Hermeneutik eschatologischer Aussagen

Auferstehung der Toten, verstanden als Auferstehung der Leiber oder noch präziser: Auferweckung des Fleisches, das Ende der Welt und ihre Neuschöpfung – wie ist das zu verstehen und dann auch noch mit dem in Verbindung zu bringen, was Wir traditionell unter Himmel und der dort anzusiedelnden *visio beatifica* verstehen, der glückseligen Schau Gottes? Es seien noch einmal kurz die Probleme eschatologischer Rede in Erinnerung gerufen, um von dorther eine Interpretation des Himmels und dann der Theologumena von der Auferweckung des Fleisches, des Endes der Welt und ihrer Neuschöpfung in den Blick zu nehmen:

> 1. Wir haben kein Wissen über das Jenseits und besitzen kein Protokoll über das, was am Ende der Tage geschehen wird.

2. Damit ist klar, dass es sich hier um echte Zukünftigkeit handelt: Etwas wird kommen, das jetzt noch nicht absehbar ist. – Einer wird kommen, den Wir nicht kennen, den Wir Christinnen und Christen aber als den Christus Jesus von Nazareth kennenlernen werden.
3. Das, was kommen wird, betrifft den gesamten Kosmos, weil sich hier dessen Bedeutung und Sinn bewahrheiten wird – das bedeutet dann auch, dass die linear ablaufende Geschichtszeit des Kosmos im Prinzip weiterlaufen kann, auch wenn sie unter eschatologischer Perspektive, der Perspektive Gottes, bereits verändert und verwandelt ist. Hier ist das Eschaton nicht an das gekettet, was sichtbar ist.
4. Dennoch ist das Eschaton nicht einfach losgelöst von dem Sichtbaren und seiner Zeit: Der Himmel, die Vollendung des Kosmos geschieht nicht an der Materie vorbei, sondern zielt „auf eine Situation, in der Materie und Geist einander neu und endgültig zugeeignet sein werden."[122] Deswegen ist das Eschaton aber trotzdem keine Utopie, denn diese hoffen auf eine Änderung in der Zeit – Eschaton ist eine Verwandlung der Zeit, des Raumes, der Materie.
5. Obwohl das Eschaton vieles bringen wird, was Wir nicht wissen können, kommt es doch nicht so, dass es jetzt überhaupt noch nicht eingesehen werden kann. Es muss mit den Ereignissen um den Glauben an die Auferweckung Jesu aus den Toten in Verbindung stehen, sodass sich die Ereignisse des Endes nicht gegen diesen Glauben durchsetzen werden.
6. So gesehen steht das Eschaton noch aus, steht aber auch in die Gegenwart hinein, weil sie diese immer wieder durchbricht und so in der Unterbrechung immer wieder auf die eschatologische Dimension menschlichen Handelns und Erkennens hinweist.
7. Damit hat das Eschaton eine eschato-logische, eschato-ästhetische und eschato-praktische Dimension: Wir können nichts wissen über das Eschaton, weil dort Raum und Zeit nicht mehr sein werden, so dass Wir über das, was kommen wird, nur bildlich bzw. metaphorisch reden können, ohne dass Wir dabei die Analogie aus den Augen verlieren dürfen; Wir können das Eschaton aber erfahren, weil uns die Kunst auf das Fehlen der Erlöstheit hinweist, die Sakramente innerhalb einer ästhetischen Liturgie das Präsens des Heils vor Augen und Ohren stellt; Wir richten uns selber, weil unser Handeln von der Ernsthaftigkeit vergehenden Lebens gekennzeichnet ist, sodass das Subjekt in jedem einzelnen Augenblick dazu aufgerufen ist, die Verantwortung der Welt zu übernehmen und sich der/dem anderen wie den Bissen Brot zu geben,

122 Ratzinger, Eschatologie, 160.

> weil die Herrlichkeit Gottes auf dem Antlitz der/des anderen ihre Spur hinterlassen hat.

Was nun lässt sich über den Himmel, die Auferweckung des Fleisches, das Ende der Welt und deren Neuschaffung sagen, wenn die hier vorgetragenen Punkte beachtet werden?

Wenn Eschatologie nicht als Verlängerung der Zeit, der Geschichte und des Raumes gedacht werden darf, sondern als Verwandlung von Raum, Zeit und Geschichte gedacht werden soll, dann verändert das die menschliche Rede vom Himmel. Das Verständnis des Himmels ist gleichsam ein Kulmulationspunkt der Anthropologie, weil der Himmel ja als Vollendung und Erlösung des Menschen gedacht wird, sodass man sich diese Vollendung und Erlösung natürlich so vorstellt, dass im Himmel das zum Durchbruch kommt, wozu der Mensch eigentlich angelegt ist. Deshalb hat man die *visio beatifica*, die glückselige Schau Gottes im Himmel auch je unterschiedlich verstanden, je nach dem eigenen anthropologischen Konzept. Gleichzeitig ist es Aufgabe der Eschatologie, die Hermeneutik des eigenen Denkens zu verändern und zu einem Zerbrechen festgefügter Gedanken und Hoffnungsbilder beizutragen.[123]

4.3.4 Traditioneller Lehrgehalt

Die Idee von der jenseitigen, glückseligen Schau gründet auf 1 Joh 3,2:

> Liebe Brüder, jetzt sind wir Kinder Gottes. Aber was wir sein werden, ist noch nicht offenbar geworden. Wir wissen, dass wir ihm ähnlich sein werden, wenn er offenbar wird; denn wir werden ihn sehen, wie er ist.

Christinnen und Christen glauben, dass sie im Jenseits Gott ähnlich sein werden, weil man sie/ihn sehen wird, wie sie/er ist. Dies ist wohl so zu verstehen, dass man durch das Schauen Gott ähnlich wird, das Schauen hat gleichsam theophoren Charakter, es verändert die Schauende/den Schauenden und kommt damit einem mystisch-mystagogischen

---

123 In diesem Sinne spricht Christian Polke von einer „*Labilisierung* geschlossener Wirklichkeitsmuster" (Polke, Von letzten Dingen).

Vorgang gleich.[124] Durch das Schauen werden Menschen Gott ähnlich. Hier nun setzt eine lange mittelalterliche Tradition an und arbeitet sich an einem Verständnis der *visio beatifica* ab. Man war schlichtweg fasziniert von der Möglichkeit himmlischer, glückseliger Schau und fand in ihr erfüllt, was man sich nur wünschen konnte. Dabei ist es von vornherein bezeichnend, dass diese Überlegungen in erster Linie für die individuelle Eschatologie angestellt worden sind, also sich nur auf die Seele beziehen, weil diese ja erst im allgemeinen Letzten Gericht wieder mit ihrem Leib verbunden werden wird. Darauf bezieht sich die Lehre von der *visio beatifica* eigentlich nicht.

Ott definiert den Himmel in seinem *Grundriss* folgendermaßen:

> Der Himmel ist ein Ort und Zustand vollendeter übernatürlicher Glückseligkeit, die in der unmittelbaren Anschauung Gottes und der damit verbundenen vollkommenen Gottesliebe ihren Grund hat.[125]

Leider führt Ott nicht aus, wo dieser Ort liegen soll. Er könnte dies wohl auch nicht ausführen, sodass das Verständnis des Himmels als Zustand wohl treffender ist. Es ist spannend zu sehen, dass sich die großen Theologenschulen des Mittelalters in ihrem Verständnis des Menschen grundlegend unterschieden haben und diesen Unterschied natürlich auch in ihr Verständnis des Grundaktes der glückseligen Schau einbringen. Nach thomistischer Auffassung ist dort die Erkenntnis als Grundakt anzusiedeln, nach skotistischer Auffassung aber viel mehr die Liebe. In der lehramtlichen Tradition hat sich eher die thomistische Auffassung niedergeschlagen, weil dort an mehreren Stellen von der visio Gottes gesprochen wird und dieser Begriff als Erkenntnisbegriff verstanden wurde, so z. B. in der Konstitution „Benedictus Deus" vom 29. Januar 1336 (DH 1000f.) oder auf dem Konzil von Florenz am 6.7.1439 (COD dt. 527f.).

---

124 Vgl. Klauck, Der Erste Johannesbrief, 182.
125 Ott, Grundriß, 568.

4.3.5 Weiterführende Gedanken

1. Eschato-logisch: Materie als Prinzip der Unterbrechung

In *eschato-logischer* Perspektive muss an der mittelalterlichen Ausformung der Lehre von der *visio beatifica* Kritik geübt werden. Dies sei ganz kurz mit Jacques Derrida angedeutet. Dieser wirft – unserer Meinung nach zu Recht – der gesamten abendländischen Philosophie ihren Logozentrismus vor. Dies bedeutet, dass die traditionelle abendländische Metaphysik und mit ihr große Teile der Theologie einen sehr starken Hang zur Spiritualisierung haben, weswegen alles Leiblichmaterielle aus dem Denken ausgeschlossen wird und nur Wert auf das rein Geistige gelegt wird. Der Körper und die Materie stehen für den Verfall, für die Veränderung, für die Zeitlichkeit, für das Vergehende. Demgegenüber ist die Ratio und die Vernunft all diesem Verfallenden enthoben, sodass eben auch das Jenseits von allem Materiellen befreit wird. Derrida macht das Konzept des Logozentrismus z. B. daran fest, dass man normalerweise davon ausgeht, dass das Subjekt eine Idee von etwas hat und dass es diese Idee zu jedem beliebigen Zeitpunkt ohne Veränderung sich selber wieder bewusst machen kann. Wenn ein Subjekt weiß, was ein Tisch ist, dann kann es jederzeit von allen real existierenden Tischen abstrahieren und kann etwas als Tisch identifizieren oder sich viele verschiedene Tischmodelle ausdenken. Die Idee des Tisches ist gleichsam dem Raum und der Zeit entzogen und kann jederzeit herbeizitiert werden.[126] Dies klingt an sich ganz gut, wenn man dieses Phänomen aber näher betrachtet, dann ist es viel komplizierter. Denn Derrida weist darauf hin, dass das Denken des Subjektes immer in einer Nationalsprache vor sich geht und dass das Subjekt sich selber beim Denken hört: Menschen denken in ihrer Muttersprache und mit ihrer Stimme. Dies weist darauf hin, dass menschliches Denken kein abstrakter Vorgang ist, sondern erstens erlernt ist und von den Bedingungen der jeweiligen Sprache abhängt und dass zweitens menschliches Denken auch immer ein körperlicher Vorgang ist und damit eine materiale Konnotation beinhaltet. Der Logozentrismus der abendländischen Philosophie geht von einem Subjekt aus, das sich

126 Vgl. Derrida, Die Stimme und das Phänomen, 13.

selber im Denken hört und versteht,[127] das sich selber ganz besitzt und sich selber präsent ist.[128]

Es zeigt sich sehr eindrücklich, dass mit Derrida die traditionell christliche These einer körperlosen Schau bzw. Erkenntnis Gottes in Zweifel zu ziehen ist. Hier könnte sich meiner Meinung nach ein interessantes Gespräch entwickeln, das zu einer Weiterführung der traditionellen Lehre beitragen würde. Denn dort ist die *visio beatifica* irgendwie ewig und dann doch wieder nicht, weil sie ja noch einmal unterbrochen wird durch das Ende der Welt, die dann erfolgende Auferstehung der Toten, die Wiedervereinigung von Seele und Leib und die so geschehende Neuschöpfung. Die schon glückselige Seele wird unterbrochen – sie ist schon am Ende angekommen, ist glücklich und darf dies doch nicht in alle Ewigkeit sein. Denn sie will sich gleichsam mit sich selber begnügen und muss erfahren, dass sie nicht in reiner Geistigkeit leben kann. Sie braucht den Körper, sie braucht ihren Leib, sie braucht Materie. Sie Seele hält gleichsam die reine Präsenz in der Ewigkeit nicht aus und wird auf ihre Körperlichkeit verwiesen. Reine Gegenwart Gottes ist nicht der Zustand, für den der Mensch gemacht ist, er ist ein Leibwesen, er gehört zur Materie. So kann der Mensch nicht als *anima separata* gleichsam in einem engelgleichen rein geistigen oder ätherischen Zustand gedacht werden. Hier könnte mit Derrida das Defizit mittelalterlichen Denkens bearbeitet werden. Dann würde die Materie vielleicht die Bedeutung der Unterbrechung, der Abwesenheit, der Nicht-Unmittelbarkeit annehmen. Es ginge dann bei Materie nicht um Atome. Atome im Jenseits sind eine etwas hinlängliche Vorstellung, weil das Jenseits dann nichts anderes wäre als eine Verlängerung des Diesseits. Soll das Jenseits aber anders sein, soll es verwandeltes Diesseits sein, dann muss man zu einem Materieverständnis kommen, das den Leib nicht einfach zur Kommunikations- und Ausdrucksfunktion für die Seele macht,[129] weil diese wiederum nur eine Spiritualisierung

127 Derrida, Grammatologie, 19.

128 Derrida, Grammatologie, 26.

129 Anders: Greshake, Gisbert, Zweiter Teil, in: Ders./Kremer, Jacob, Resurrectio Mortuorum, 165-371, 259-263; 318-322. Greshake denkt eine transzendentale Leiblichkeit, die sich durch ihre Kommunikationsfähigkeit auszeichnet. Damit geht es bei ihm eher um eine Fähigkeit des

von Materie ist. Demgegenüber sollte Materie als das Prinzip der Unterbrechung verstanden werden. Dies wäre unserer Meinung nach keine Spiritualisierung des Materiebegriffes, weil Materie hier dann nicht in die Richtung der Gegenwart und der Gegenwärtigkeit gedacht werden würde, sondern im Sinne der negativen Theologie zum Prinzip der Vermitteltheit und der Unterbrechung gedacht werden würde. Materie als Nicht-Unmittelbarkeit. So verstanden wäre es einerseits möglich, die These von der Auferstehung im Tod zu vertreten, weil der vorliegende Leichnam kein Beweis dafür wäre, dass die Materie noch nicht zur Vollendung gelangt ist. Der hl. Paulus spricht im Ersten Korintherbrief davon, dass die atomare Materie selber nicht zum Auferstehungsleib gehört, sondern dass hier eine Verwandlung angenommen werden muss:

> 50 Damit will ich sagen, Brüder: Fleisch und Blut können die Königsherrschaft Gottes nicht erben; das Vergängliche erbt nicht das Unvergängliche. 51 Seht, ich enthülle euch ein Geheimnis: Wir werden nicht alle entschlafen, aber wir werden alle verwandelt werden. (1Kor 15,50f.)

Den Auferstehungsleib hatte Paulus kurz davor als pneumatischen Leib beschrieben, als *soma pneumatikon*:

> σπείρεται σῶμα ψυχικόν, ἐγείρεται σῶμα πνευματικόν. – Gesät wird ein irdischer Leib, auferweckt ein überirdischer Leib. (1Kor 15,44)

Es wird hier deutlich, dass die atomare Materie einer Verwandlung unterzogen wird, sodass es wohl falsch wäre, die Materie in eben dieser Form in die Vollendung mit einzubeziehen. Dann würde man wohl auch sehr große Schwierigkeiten mit den Naturwissenschaften bekommen, die einen ganz anderen Materiebegriff haben, der besonders im Hinblick auf den Anfang und das Ende des Universums einer sehr komplizierten Diskussion unterliegt. Vor dem dargestellten Hintergrund böte es sich unserer Meinung nach an, Materie weder als atomare Struktur noch als bloße Ausdrucks- und Kommunikationsfunktion zu verstehen, sondern als den nicht reduzierbaren oder spiritualisierbaren Rest, als das,

---

Subjektes, während es uns eher um eine Abhängigkeit und ein Angewiesensein des Subjektes geht.

was nicht vergeistigt werden kann, als das Prinzip des Widerständigen. Die Materialität der Seele würde dann bedeuten, dass das Subjekt nicht selber dafür zuständig ist, sich selber in der Schau Gottes zu einem einheitlichen Subjekt zu versammeln, indem es ständig seine Erinnerung mit sich selber und der von Gott auf es einströmenden Liebe in eine versöhnte Einheit bringt, sondern dass das Subjekt vielmehr ständig aus sich herausgerissen wird, weil es nicht in der Lage ist, sich selber zu vereinheitlichen, sondern vielmehr auf seine Materialität zurückgeworfen wird und gleichsam in den Zeitpunkt zurückgedrängt wird, der das Aus- vom Einatmen trennt. Dieser Zeitpunkt ist für das Subjekt nicht beherrschbar, hier wird es sich selber geschenkt, ohne dass es sich selber wählen könnte und ohne dass dieser Vorgang materielos gedacht werden könnte. Das Subjekt wird von einer/einem anderen her erhalten (das wäre der Aspekt der Neuschöpfung als das Ende der Welt) und die/der andere steht in es hinein, ohne dass sich das Subjekt ihrer/seiner entziehen könnte, aber so, dass es nicht ohne die Vermittlung über sich selber und über die/den anderen eine unmittelbare Beziehung zu Gott aufbauen könnte.

2. Eschato-ästhetisch: Offenbarung geschieht durch denjenigen, der sie empfängt.

Von hierher ergibt sich eine Veränderung des Verständnisses der *visio beatifica*. Offenbarung, hier verstanden als Sehen, zeigt sich erstens in einem körperlichen Vorgang, der nicht materielos gedacht werden kann. Wenn Materie verstanden werden darf als das Prinzip der Unterbrechung, die das Subjekt davor bewahrt, in reiner Präsenz ganz es selber zu sein, weil es das Subjekt ständig unterbricht und auf eine andere bzw. einen anderen verweist, die bzw. der es erhält, dann wäre die jenseitige Schau so zu verstehen, dass sich Gott im anderen dem Subjekt so aufdrängt oder nähert, dass es sich gegen sie/ihn nicht verschließen kann, sondern dass es in der Öffnung auf den sich Aufdrängenden oder Nähernden vielmehr es selber wird. Dabei wird aber die Passivität des inkarnierten Subjektes nicht so sehr betont, dass ihm überhaupt keine Aktivität mehr zukommen würde. Dies zeigt sich daran, dass die Offenbarung durch denjenigen geschieht, der sie empfängt.[130] Die/Der

130 Levinas, Jenseits des Seins, 341.

Andere steht also in das Subjekt hinein, drängt sich ihm auf – nähert sich ihm – und gleichzeitig muss sich das Subjekt der/dem Anderen öffnen, so dass die/der Andere ihm zum Unterbrechenden werden kann. Hier würde dann Offenbarung geschehen: Sinn ergibt sich von der Anderen bzw. vom Anderen her, die/den das Subjekt allerdings verstehen und annehmen muss. Sinn ergibt sich nicht am Subjekt vorbei, sondern fällt als zu deutendes Phänomen, als hungernder Andere über das Subjekt her, das allerdings die Gelegenheit beim Schopfe packen muss. Himmel wäre dann der Zeitpunkt, an dem es dem Subjekt gelingt, sich der/dem Anderen wirklich zu öffnen, sodass es auf dem Gesicht der/des Anderen die Herrlichkeit Gottes wahrnimmt. Hier käme es dann zu einem unterbrechenden Aufblitzen von Heilsgegenwart, weil Gottes-, Selbst- und Nächstenliebe wirklich ineinander greifen würden. Diese Erfahrung, dass der Himmel offen steht, hat Stephanus ganz leiblich gehabt, als er denjenigen Verzeihen konnte, die ihn steinigten (Apg 7,56.60). Diese Erfahrung sich aufdrängender Liebe, die als Vorbild ergriffen werden muss, können Christinnen und Christen in der Eucharistie machen, aber auch in der Malerei oder Musik, wenn sich ihnen eine Tonfolge aus dem Nichts aufdrängt, die durch sie Materie werden will, oder als Bild, das Uns anblickt, ohne dass sie sich ihm entziehen könnten.

3. Eschato-praktisch

Wenn die Gottesliebe nicht ohne die Nächstenliebe und die Selbstliebe zu haben ist, wenn also nur die-/derjenige Gott lieben kann, die/der sich selber und die Nächste/den Nächsten liebt, dann kann auch die jenseitige Beziehung auf Gott hin nicht ohne das Subjekt und ohne die Nächste/den Nächsten gedacht werden. Deshalb kennt die Kirche auch die *communio sanctorum*: Es ist nicht so, dass jede/jeder für sich im Himmel ist, dass jede/jeder dort gleichsam eine Einsiedelei bewohnt oder eine nette Einzimmerwohnung mit Balkon, von dem aus Gott als Sonnenersatz betrachtet werden kann. Nein, die Schau Gottes ist auch im Jenseits vermittelt durch das Subjekt – also nicht ohne dessen Eigenheiten und auch nicht ohne dessen Geschichte – und vermittelt durch den Bezug des Subjektes zu einer Anderen/zum Anderen, zum Mitmenschen, zum Bedürftigen.

> Das Unendliche ist nicht Gegenstand einer Kontemplation, d.h. es ist nicht nach dem Maße des Denkens, das es denkt. Die Idee des Unendlichen ist ein Denken, das in jedem Augenblick *mehr denkt, als es denkt.* Ein Denken, das mehr denkt, als es denkt, ist Begehren. Das Begehren ‚ermißt' die Unendlichkeit des Unendlichen.[131]

Mehr denken, als man denkt, ist natürlich zuerst einmal ein etwas schwieriger Ausdruck. Aber eigentlich ist er gut verständlich. Es geht nicht darum, eine Idee des Unendlichen zu haben, denn diese Idee wäre wieder nur nach dem Maßstab des Menschen. Was der Mensch aber denken kann, das ist nicht die Unendlichkeit und schon gar nicht die/der Unendliche. Deshalb muss man mehr denken, als man denkt, man muss über das Denken hinausgehen können, muss es transzendieren. Dies geschieht bei Levinas über das Begehren. Das Begehren ist nicht zu stillen, sondern es wächst mit der Nähe. Bedürfnisse können befriedigt werden, allerdings immer nur für einen kurzen Zeitraum. Das Begehren kann nicht befriedigt werden, es wächst, wenn es erfüllt wird. Man darf hier durchaus an die Grundlage echter Liebe denken. Diese ist von Erotik getragen und bei ihr geht es nicht um schnelle Bedürfnisbefriedigung, sondern darum, dass die Anziehung der/des anderen durch ihre/seine Nähe wächst, weil die/der andere eben immer die/der andere bleibt, weil das Subjekt sie/ihn schätzt, wie sie/er ist, weil sich das Subjekt sie/ihn nicht untertan macht und sie/ihn versklave, sondern sie/ihn liebe.

Der Himmel als *communio sanctorum* ist Liebesgemeinschaft. Dabei kann man noch einmal unterscheiden zwischen einer Liebe ohne Eros und der erotischen Liebe. Bei Levinas ist eine Entwicklung festzustellen: Während er in seinem Frühwerk durchaus noch von Erotik gesprochen hat, tritt dieses Moment mit der Zeit immer mehr in den Hintergrund, sodass irgendwann die Liebe ohne Eros überwiegt. Hierbei handelt es sich darum, dass man ethisch gesehen noch sehr viel mehr liebt, wenn man selber keinen Vorteil davon hat, wenn man also nur gibt, ohne selber auch angenommen zu sein. Während Wohlmuth genau dieses Bild einer Liebe, die nur sich selber gibt, für den Himmel annimmt, wollen wir den Aspekt der Erotik nicht ganz außer acht lassen, weil so wichtige

131 Levinas, Die Spur des Anderen, 201.

mystische Strömungen des Christentums in dieses Bild des Himmels einbezogen werden können und noch einmal betont werden kann, dass die Leiblichkeit auch in der Hingabe an die/den anderen zur Vollendung gelangen kann, wenn diese Hingabe nicht nur auf Kosten des Subjektes geht, sondern dieses mit Leben erfüllt.

Demgegenüber hat Levinas mit zunehmendem Alter immer mehr die Position vertreten, dass sich das Subjekt vor allem für diejenige/denjenigen öffnen muss, die/der es störend unterbricht und der/dem geholfen werden muss. Wenn man diese Grundbestimmung des Subjektes als Ausgangspunkt nimmt, um von dorther ein Bild des Himmels zu malen, dann kommt man mit Wohlmuth dahin, die *communio sanctorum* als eine Liebesgemeinschaft zu verstehen, in der reines Wohlmollen herrscht (*amor benevolentiae*).[132]

Die Radikalität von Levinas Denken zeigt sich – wie gerade gesehen – in einer Abwendung von der Erotik und einer Hinwendung reiner Ethik. Dies wäre eine Ethik, die nur noch für die/den anderen hofft und keinerlei Rücksicht mehr auf sich selber nimmt.

> Eschatologie ohne Hoffnung für sich oder Befreiung von meiner Zeit.[133]

Diese Idee oder Vorstellung ist sehr radikal und legt alles in Gottes Hände. Hier ist es nicht mehr möglich, sich durch eine gute Tat das Jenseits zu verdienen, weil eben alle Hoffnung für sich selber aufgegeben ist. Wiederum wird deutlich, dass Levinas auch die Zeit ethisiert und sie nur von der Ethik her versteht. Das gilt bei ihm sowohl vom Eschaton als auch von der Zukunft. Und so geht das eben begonnene Zitat weiter, indem Levinas Zeit und Zukunft radikal von einer anderen/vom anderen her denkt und das Subjekt dabei gleichsam auslöscht.

> Sein für eine Zeit, die ohne mich wäre, sein für eine Zeit nach meiner Zeit, ... dies ist kein banaler Gedanke, der die eigene Dauer einschließt, sondern der Übergang zur Zeit des Anderen.[134]

132 Wohlmuth, Mysterium der Verwandlung, 202f.
133 Levians, Spur des Anderen, 217.
134 Ebd.

An dieser Stelle tut es unserer Meinung nach gut, sich der Christologie zu vergewissern. Denn zuerst einmal ist es für Christinnen und Christen Jesus von Nazareth, der sich für Uns hingegeben hat und der für eine Zeit nach seiner Zeit gelebt hat. Er hat Uns den Himmel aufgeschlossen, indem er für Uns in den Tod gegangen ist. Ihnen ist dies nur von ihm her möglich und so werden sie in dieser totalen Selbsthingabe ihm gleichgestaltet. Hier zeigt sich dann auch, dass das Eschaton bzw. eschatopraktisches Denken und Handeln trinitarischen Charakter hat: In seinem Geist können die Gläubigen handeln wie er, weil sie auf dem Antlitz des anderen Gottes Herrlichkeit wiederscheinen sehen.

Wichtig bleibt die Feststellung, dass das Eschaton nicht ohne die/den anderen zu denken ist und dass die Idee der/des Unendlichen mit der Zuwendung zu einer/zum hilfsbedürftigen anderen zu tun hat. Dies ist natürlich eine gewagte These, wird damit doch wieder sehr viel über das Jenseits ausgesagt – allerdings von der Ethik her. Dass Gottes-, Nächsten- und Selbstliebe zusammengehören, ist ein Grundsatz christlichen Denkens und direkt von Jesus überliefert. Sollte dies keine Bedeutung für das Eschaton haben, bzw. für das Verhalten der Menschen im Hinblick auf das Eschaton? Wieder also geht es darum, dass das Eschaton ins Diesseits hineinsteht, dass das Diesseits mehr Bedeutung hat, als man vordergründig annehmen will.

5. Was bleibt und was kommt?

Nach vielen Gedanken, Ideen und Wendungen soll im Folgenden eine kurze Zusammenfassung dessen geboten werden, was sich als bleibende Frage oder bleibender Gewinn im Durchgang durch die (Stoff)Fülle der Eschatologie ergeben hat.

5.1 Rückblick

Um diesen Rückblick zu ermöglichen, sei erst einmal auf eine Stelle aus dem *Grundkurs des Glaubens* von Karl Rahner verwiesen. Mit Rahner wurde ja anfangs sowohl auf die notwendig analoge Gottrede aufmerksam gemacht, also die Tatsache, dass man über Gott eigentlich nichts sagen und wissen könne bzw. dass man über Gott nichts eigentlich sagen und wissen könne, weil sie/er viel zu groß und viel zu verschieden ist, als dass sie/er in das Denken des Menschen hinabgezogen werden könnte. Außerdem konnte mit Rahner die Apokalyptik von der Eschatologie unterschieden werden, wobei die Apokalyptik über ein gesichertes Protokoll darüber verfügt, was am Ende der Tage geschehen wird, wohingegen die Eschatologie für die Zukunft etwas erwartet, das wirklich überraschend und neu ist und gleichzeitig über diese echt ausstehende Zukunft bereits etwas sagen kann, weil sie in Jesus Christus schon irgendwie offenbar geworden ist. Rahner bedenkt nun in seinem *Grundkurs des Glaubens* die Zeit, die ihren Wert dadurch erhält, dass sie vergänglich und einmalig und unwiederrufbar ist und er denkt auch über die Ethik nach, die sich aus einem solchen Zeitverständnis ergibt.

> In Wirklichkeit wird in der Zeit als deren eigene gereifte Frucht ‚Ewigkeit', die nicht eigentlich ‚hinter' der erlebten Zeit unseres raum-zeitlichen biologischen Lebens diese Zeit fortsetzt, sondern die Zeit gerade aufhebt, indem sie selber entbunden wird aus der Zeit, die zeitweilig *wurde*, damit in Freiheit Endgültigkeit getan werden könne. Ewigkeit ist nicht eine unübersehbar lang dauernde Weise der puren Zeit, sondern eine Weise der in der Zeit vollbrachten Geistigkeit und Freiheit und deswegen nur von deren rechtem Verständnis her zu ergreifen … durch den Tod geschieht die getane Endgültigkeit des frei gezeitigten Daseins des

> Menschen ... Wer einmal eine sittlich gute Entscheidung auf Leben und Tod getroffen hat, radikal und unversüßt, so daß daraus absolut nichts für ihn herausspringt als die angenommene Güte dieser Entscheidung selbst, der hat darin schon jene Ewigkeit erfahren, die wir hier meinen.[135]

Auch wenn der Anfang des Zitates etwas kryptisch klingt, ist doch deutlich, was Rahner aussagen will: Ewigkeit ist keine Verlängerung der gegenwärtigen, linear ablaufenden Geschichtszeit, sondern muss quer zu dieser angesiedelt werden. Ewigkeit hat nichts mit einer Verlängerung der irdischen Zeit zu tun, sondern ist der Zeitmodus von Freiheit. Eine echt freie Tat ist damit die Unterbrechung der linear ablaufenden Zeit und wird somit zum Einfallstor von Ewigkeit. Dies zeigt sich vor allem darin, dass der Mensch auf den Tod zugeht, dass sie/er also ein sterbliches Wesen ist, das ihre/seine Zeit im Letzten doch nicht in der Hand hat. Weil der Mensch auf den Tod zugeht und sie/er deshalb nur eine begrenzte Lebensspanne an Zeit hat, deshalb wird jeder Augenblick bedeutungsvoll und jeder Augenblick wird wertvoll, weil jeder Augenblick einmalig ist und nicht wiederholt oder wiederrufen werden kann. Die Zeit bekommt ihre Bedeutung daher, dass der Mensch nicht über sie verfügt. Und das zeigt sich in besonderem Maße im Hinblick auf die Ethik. Wie Levinas so spricht auch Rahner von einer sittlichen oder ethischen Entscheidung, die die/der Einzelne nicht so trifft, dass sie/er selber etwas davon hat. Eine solche ethische Entscheidung ist immer noch davon durchdrungen, dass man sie zu seinem eigenen Vorteil trifft, wenigstens, um sie im Jenseits vergolten zu bekommen. Eine Solche Vergeltungsgesinnung ist aber nicht die Haltung, die im Letzten zählt. Das soll nicht bedeuten, dass solche Handlungen keinen Wert haben, das wäre falsch verstanden. Es geht ja auch bei Levinas nicht darum, dass die Philosophie durch eine unerträgliche Portion Moralismus unterwandert und so moralinhaltig wird, dass sie ungenießbar ist. Levinas erhebt nicht ständig den moralischen Zeigefinger und sagt den Menschen, wie sie handeln sollen. Das wäre ein falsch verstandener Levians. Ihm geht es vielmehr darum, den Philosophinnen und Philosophen die Augen zu öffnen und klar herauszustellen, welche Bedeutung die Hinwendung zur/zum anderen eigentlich hat. Levinas will

135 Rahner, Grundkurs des Glaubens, 267.

sensibilisieren, will herausarbeiten, wie Subjektivität gedacht werden muss, wenn man den Dingen auf den Grund geht und wenn man das Subjekt nicht als Herrscherin/Herrscher und Besitzerin/Besitzer ihrer/seiner selbst versteht, wie es der Idealismus getan hat. Wie ist das Subjekt zu verstehen, wenn man der Tatsache auf den Grund geht, dass es sich nicht selber wählt, sondern dass es in diese Welt geworfen wird, dass es sich eines Tages oder in einem längeren Prozess selber entdeckt, dass es der Zeit unterworfen ist, die es nicht anhalten kann und dass es auf einen Tod zugeht, den es erleidet ohne ihn beherrschen zu können? An dieser Stelle war ein fundamentaler Unterschied zwischen Rahner und Levinas auszumachen: Rahner denkt den Tod als die letzte große freie Tat des Menschen, in dem sie ihr/er sein ganzes Glaubensleben versammelt und noch einmal gefragt wird, ob sie/er es wirklich ernst gemeint hat damit, dass sie/er auf das Geheimnis Gottes baut und sich in es hineinfallen lassen will. Während der Tod bei Rahner also freie Tat des Menschen ist, ist er bei Levinas Ausdruck für das nicht mehr können können des Subjektes: Es ist am Ende, es hat seine Zeit nicht in der Hand und es wird jeglicher Initiative beraubt. Trotz dieses Unterschiedes sind sich Rahner und Levinas einig in der Bewertung der eschatologischen Qualität einer sittlich guten Handlung: In einer solchen Handlung gibt sich die/der Einzelne weg, behält sie/er nichts für sich und sucht nicht ihren/seinen eigenen Vorteil. Damit wird eine solche Handlung zum Einbruch der Ewigkeit in die Zeit, zur Unterbrechung der Zeit, der linear ablaufenden Geschichtszeit.

Von dorther erschließt sich auch noch einmal ganz neu und anders die These, dass die Auferstehung kein Ereignis ist, das am Ende der Tage auf die gesamte Menschheit zukommt, sondern bereits im Tod einsetzt. Diese These wurde mit Lohfink und Greshake vorgestellt. Sie wurde deshalb innerhalb der Theologie relevant, weil mit ihr einige der Probleme der traditionellen Eschatologie gelöst werden können. Denn diese unterscheidet ja zwischen der individuellen und der allgemeinen Eschatologie, sodass es zu einer Verdopplung des Gerichtsvorganges kommt. Im Augenblick des Todes wird über die/den Einzelnen gerichtet, der bald nach dem Tod allerdings ohne eigenen Leib, sondern vielmehr als *anima separata*, in den Himmel oder die Hölle gelangt, bzw. einen Läuterungsvorgang im Fegefeuer durchschreiten muss. Die hier getroffene Entscheidung über die Werthaftigkeit des einzelnen Lebens wird dann aber noch einmal im Letzten Gericht bestätigt, das mit dem Untergang der Welt und deren Neuschöpfung zusammenfällt. Bei dieser These der traditionellen Eschatologie konnte leider keinerlei Gewinn daraus gezogen werden, dass zum Endgericht die Seelen wieder mit ihren Leibern vereint werden. Um die hier aufgezeigten Defizite zu lösen, versucht die These von der Auferstehung im Tod die individuelle und die allgemeine Eschatologie in einen einzigen Augenblick zusammenzuziehen. Hier kommt es zu einer Rezeption modernen Zeitdenkens, das nicht mehr von einer einfachen Verlängerung der Zeit in der Ewigkeit ausgeht und Himmel, Hölle und Fegefeuer als Zustände beschreibt und diese nicht ganz real als Jenseitsorte versteht, die irgendwo auf der Welt oder im Weltall gefunden werden könnten. Gleichzeitig damit muss aber auch das Materieverständnis verändert werden, weil der vorliegende Leichnam deutlich vor Augen führt, dass die in ihm versammelte Materie nichts zu tun hat mit dem Auferstehungsleib. Deshalb vertreten die Anhängerinnen und Anhänger der These der Auferstehung im Tod ein Materieverständnis, das die Materie auf ihre Funktion als Ausdrucks- und Kommunikationsmöglichkeit der Seele reduziert: In der Materie kann sich die Seele ausdrücken und mittels der Materie kann die Seele mit anderen Menschen in Kontakt treten. Mit Ratzinger haben wir wiederholt darauf aufmerksam gemacht, dass ein solches Materieverständnis wohl zu kurz greift und die Schöpfung doch hoffentlich auch an der Erlösung teil hat, sodass es im Eschaton zu einem ganz neuen Verhältnis oder Zueinander von Materie und Geist kommen muss. Mit Derrida haben wir dann noch einmal die Leibvergessenheit mittelalterlicher Theologie bedacht und von ihm her versucht, ein anderes Materieverständnis zu erarbeiten. Wir haben dabei die Materie als das verstanden, was nicht auf den Geist zurückgeführt oder auf ihn reduziert werden kann. Materie ist das Widerständige, das nicht vergeistigt werden kann, das, wovon der Geist abhängt, das, was ihm widersteht, was ihn auf das zurückführt, was er ist: Geist in Leib oder besser: Geist als Leib. Nur als Leib ist der Mensch und die Seele kann nicht einfach vom Leib getrennt werden. Natürlich konnten die weitreichenden Konsequenzen eines solchen Materieverständnisses nicht vollumfänglich ausgeführt werden; für den vorliegenden Zusammenhang reicht aber eine Neubestimmung des Materieverständnisses, das die Materie nicht nur als Ausdrucks- und Kommunikationsmedium versteht, sondern ihr einen eigenen Wert zuschreibt, der allerdings nicht auf die atomare Struktur des vorliegenden Leichnams beschränkt werden darf. Leichen müssen mit Respekt behandelt werden, aber ihr Eingehen in den Auferstehungsleib wird wohl noch einmal ganz anders sein, als Menschen sich das vorstellen können. Deshalb spricht auch der hl. Paulus davon, dass Fleisch und Blut das Himmelreich nicht erben können, sondern der Auferstehungsleib als *soma pneumatikon*, als geistiger Leib zu verstehen ist – nicht als ein Leib, der auf den Geist oder die Seele reduziert wäre, sondern als ein Geist, der davon gekennzeichnet ist, dass er nicht reduziert werden kann auf eine Idee oder ein reines Seelenwesen, weil er durch Widerständigkeit gekennzeichnet ist, die sich in der grundlegenden Schöpfungspassivität zeigt: Der Geist wurde nicht gefragt, ob er sein wolle und deshalb wird auch das Jenseits als neue Schöpfung davon gekennzeichnet sein, dass der dort anzunehmende geistige Leib empfangender ist, einer, der sich vorfindet, einer, der sich geschenkt wird und der sich aufgrund dieser Geschenktheit selber schenken kann.

Man muss sich hier offensichtlich vor Einseitigkeiten bewahren: Weder ist mit dem Tod und dem Zerfallen des Körpers alles aus, noch kann die Seele ohne Leib gedacht werden. Deshalb gehört die Auferstehung des Fleisches, die *resurrectio carnis* zum Glaubensbekenntnis dazu und deshalb wird auch die materielle und eben nicht-geistige Schöpfung nicht einfach aus der Idee der vollendeten Welt ausgeschlossen. Es zeigt sich noch einmal sehr deutlich der Zusammenhang zwischen Schöpfung und Vollendung: Beide bedeuten im Letzten das Gehaltenwerden, das ins Dasein-gerufen-werden durch eine/einen Anderen. Diese/Dieser Andere zeigt sich als Spur auf dem Gesicht der/des hilfsbedürftigen anderen, was nicht bedeutet, dass man in einem ethischen Rigorismus alle Menschen dazu verdonnern könnten, dass sie sich der/dem anderen zuwenden müssen. Nein, Zuwendung zur/zum anderen ist immer freiwillig und ohne Zwang. Hier wird kein ethischer Rigorismus aufgemacht, sondern es wird aufgezeigt, was es bedeutet, sich einer/einem anderen zuzuwenden, sich einer/einem anderen zu öffnen, sich selber in einer Welt vorzufinden, die man so nicht gewählt hat und die einen auf sehr grundlegende Phänomene immer wieder zurückwirft: Das Subjekt ist als Leib Geist, d.h. Menschen müssen schlafen, Menschen müssen essen und trinken, Menschen müssen atmen. Diese leiblichen Phänomene sind nicht wegzudenken oder wegzumeditieren,

Menschen hängen von diesen Vorgängen ab, oder besser: Sie sind diese Vorgänge. Es geht also nicht darum, irgend jemand davon zu überreden, dass sie/er entsprechend dieser Bedeutung und dieser Sinnzuschreibung handeln muss, es geht vielmehr darum, zu verstehen, was es bedeutet, dass der Mensch als inkarniertes Subjekt auf Erden in einer grundsätzlichen Passivität steckt und hier Passivität erleidet und erfährt, die über das hinausgeht, was sie/er selber beherrschen kann. Wenn der Mensch grundsätzlich als passives Wesen verstanden werden muss und wenn die Eschatologie besonders im Hinblick auf die Vollendung bzw. den Himmel nichts anderes ist als eine Verlängerung der Anthropologie, sodass sich hier zeigt, wozu der Mensch berufen ist, dann kann eine intellektuell verantwortete Eschatologie heute unserer Meinung nach nicht mehr an diesen Erkenntnissen vorbeigehen.

5.2 Giorgio Agamben

Jetzt gilt es noch das Versprechen einzulösen, etwas über das „als ob nicht" zu schreiben. Es hatte sich ja in einem zentralen Zitat finden lassen:

> 1 Kor 7,29-31 [29] Denn ich sage euch, Brüder: Die Zeit ist kurz. Daher
> soll, wer eine Frau hat, sich in Zukunft so verhalten, als habe er keine,
> [30] wer weint, als weine er nicht, wer sich freut, als freue er sich nicht, wer
> kauft, als würde er nicht Eigentümer, [31] wer sich die Welt zunutze macht,
> als nutze er sie nicht; denn die Gestalt dieser Welt vergeht.

Wo ist in diesem Zitat das angesprochene „als ob nicht" zu finden? Es ist die von uns favorisierte Übersetzung für das griechische „ὣς μὴ", zu deutsch „dass nicht", in der Einheitsübersetzung mit „als" plus Negation wiedergegeben. Es handelt sich um einen Text mit einer befremdlich-bedrückenden Option der Naherwartung. Paulus war offensichtlich davon überzeugt, dass mit der Auferweckung Jesu aus den Toten die Endzeit begonnen hatte und dass die Parusie des Herrn, hier wirklich die Wiederkunft des Herrn, in sehr kurzer Zeit zu erwarten ist. Diese Naherwartung hat nun aus Paulus keinen total rastlosen Menschen gemacht – immerhin war er nach seinem Bekehrungserlebnis noch jahrelang im vorderen Orient, bevor er zu seinen Missionsreisen aufgebrochen ist. Dann allerdings geht er davon aus, dass nicht alle sterben werden, bis der Jüngste Tag anbricht, wofür er in 1 Thess 4,15-5,2 ein beredtes Zeugnis ablegt (vgl. Mk 9,1 parr). Paulus ist hier von einer Naherwartung erfüllt, die davon ausgeht, dass noch zu seinen Lebzeiten der Herr wiederkommt. In seinem sehr lesenswerten *Kommentar zum Römerbrief* mit dem Namen: *Die Zeit, die bleibt* versteht Giorgio Agamben die hier angesprochenen Lebenden, die bis zur Ankunft des Herrn nicht sterben werden, als den messianischen Rest, der die Rettung erwartet. Denn es bedarf einer kleinen Gemeinde, eines Restes, der auf die Rettung hofft, der selber nicht zu denen gehören wird, die verdammt werden werden, und der selber noch nicht gestorben sein wird.[136] Diese kleine Gemeinde lebt das *als ob nicht*.

> *Hōs mē*, ‚als ob nicht': Das ist die Formel des messianischen Lebens und der tiefste Sinn der *klēsis*. Die Berufung ruft zu nichts und zu keinem Ort: Deswegen kann sie mit dem faktischen Rechtszustand, zu dem jeder berufen wird, zusammenfallen, gerade deswegen aber wird dieser auch ganz und gar wiederrufen. *Die messianische Berufung ist der Widerruf jeder Berufung*. (34)

Agamben macht auf die verrückte Ambivalenz der Naherwartung bei Paulus aufmerksam: Durch den Ruf des Messias sind die einzelnen Gemeindemitglieder aus ihren innerweltlichen Zusammenhängen herausgerufen. Deshalb gilt für sie kein Rechtszustand mehr, denn das Recht ist die Sphäre dieser Welt. Aber durch den Messias, durch das Anbrechen der Endzeit, gilt diese Sphäre nicht mehr, hat sie keine Bedeutung mehr, ist sie an ihr Ende gekommen. Deshalb bedeutet das Auftreten des Messias, bedeutet die Ankunft Jesu das Ende der Welt, wie Menschen sie kennen. Dies muss Auswirkung haben auf das Lebensgefühl und die Lebensgestaltung derjenigen, die Jesus als den Messias glauben und bekennen. Sie leben in einem seltsamen Schwebezustand:

136 Agamben, Die Zeit die bleibt, 69: „In der Jetztzeit aber, die die einzig reale Zeit ist, gibt es nur den Rest. Er gehört nicht eigentlich zur Eschatologie des Niedergangs noch zu derjenigen der Rettung, sondern ist nach den Worten Benjamins vielmehr jenes Unrettbare, aus dessen Perspektive allein eine Rettung erreichbar ist."

Sie leben in dieser Welt, sind aber nicht Kinder dieser Welt, sie leben das „als ob nicht". Für sie gelten die Regeln der Welt nicht mehr und doch brechen sie nicht aus dieser Welt aus. Da die Welt keine Bedeutung mehr hat für sie, müssen sie diese Welt nicht selber verändern, sie sehen sie verändert, weil sich alle Bedeutungen verändert haben, aber dies hat nicht zur Folge, dass man die Welt selber verändert. So jedenfalls versteht Agamben das paulinische „als ob nicht". Er beschreibt es als „stillstehende Dialektik" (33) – man beachte den Zeitindex dieser Aussage – und geht davon aus, dass hier ein Selbstbezug hergestellt wird, aufgrund dessen das Ende vorbereitet ist:

> Indem das messianisch *Als-ob-nicht* alles auf sich selbst bezieht, löscht es dieses nicht einfach aus, sondern läßt es vorübergehen, bereitet sein Ende vor. (36)

Weinen als ob man nicht weinen würde – hier wird das Weinen selbst verändert und dies trifft auch auf das Heiraten und das Erwerben von Gegenständen zu. Diese sollen nicht irgendwie besessen werden, sondern nur noch zum Gebrauch zur Verfügung stehen. Agamben sieht hier den Anfang eines messianischen Subjekt-Verständnisses grundgelegt. Das messianische Subjekt weiß darum, dass die Dinge dieser Welt kein Besitz sind, den man in die jenseitige Welt mit hinüberretten könnte, sondern dass die Dinge dieser Welt nur vorübergehend zur Verfügung gestellt werden.

> Es bleibt, daß es sich bei Paulus nicht um Aneignung, sondern um Gebrauch handelt. Das messianische Subjekt ist nicht nur nicht durch Eigentum definiert, sondern kann nicht einmal sich selbst als Ganzes besitzen, nicht einmal in der Form der authentischen Entscheidung oder des Zum-Tode-Seins. (45f.)

Wiederum kommt hier ein starker Aspekt der Passivität zum Vorschein: Das messianische Subjekt kann sich nicht selber besitzen, es kann nicht über seinen Tod verfügen. Hier zeigt sich mit voller Wucht, was es bedeutet, im Messias zu leben: Man gehört sich nicht mehr selber, man kann nicht über sich und sein Leben verfügen und schon gar nicht über seinen Besitz. Man ist sich selber genommen, was nicht bedeutet, dass man keine Verantwortung hat. Ganz im Gegenteil: Hier wird die Zeit in dem Sinne ethisiert, dass der Mann nicht mehr über seine Frau verfügt, was eh ein sehr krudes Ehebild ist, der Mann verfügt also nicht mehr über seine Frau, sondern geht mit ihr zusammen in die Zeit des Messias ein, was bedeutet, dass man die andere/den anderen nicht besitzt, dass man über die andere/den anderen nicht verfügt, sondern dass die/der andere anders bleibt, sodass es hier zu echter Begegnung kommen kann, weil hier die Rechtszustände der Welt durchbrochen werden, sodass ihre Vordergründigkeit und Oberflächlichkeit offenbar wird. Das bedeutet, wie schon gesagt, nicht, dass es zu einer Veränderung der Rechtszustände kommt, sondern dass die Rechtszustände ihre Bedeutung verlieren und sie in ihrer Oberflächlichkeit erkannt werden. Das Recht wird auf die Sphäre des Rechts reduziert und auf seine wahre Bedeutung zurechtgestutzt.[137] Dies hat eine Veränderung des Subjektverständnisses zur Folge:

> Das Messianische ist für ihn [Paulus] der Ort einer Erfordernis, die sehr genau die Erlösung dessen, was gewesen ist, betrifft. Es ist nicht ein Standpunkt von dem aus man die Welt so anschauen könnte, als ob die Erlösung vollendet wäre. Die Ankunft des Messias bedeutet, daß alle Dinge – und mit ihnen auch das Subjekt, das sie betrachtet – vom *Als-ob-nicht* eingenommen und mit einer einzigen Geste zugleich berufen und wiederrufen sind. Es gibt kein Subjekt mehr. (52f.)

Die Ankunft des Messias beendet den Status des Subjektes, weil dieses nicht mehr über sich und seinen Besitz verfügen könnte. Sie bedeutet aber auch, dass man einsehen und verstehen muss, dass die Erlösung nicht zu Ende gekommen ist, sondern dass die Erlösung erst angebrochen ist und die Menschen auf die Vollendung noch warten müssen. Und die Zeit des Wartens ist von dem neuen Weltverhältnis des als ob nicht gekennzeichnet. Welt erscheint nun so, als ob sie nicht erlöst ist, weil man um die Möglichkeit der Erlösung weiß. Die berufenen Menschen wissen zwar irgendwie darum, dass die Endzeit begonnen hat, aber sie leben nicht im Besitz des Wissens darum, dass sie bereits vollkommen

137 Agamben, Die Zeit, die bleibt, 39: „Wenn die faktische Bedeutung der *klēsis* in der messianischen Berufung zu sich selbst in Bezug gesetzt wird, wird sie nicht durch eine andere ersetzt, sondern unwirksam gemacht … und so auf ihren wahren Gebrauch hin geöffnet."

gerettet ist. Die Gemeinde ist zwar nach den Worten des Paulus berufen, herausgerufen aus der Welt, sie besteht aus den Heiligen – so nennt Paulus die Christgläubigen – und gleichzeitig fürchtet sich dieser kleine Rest, dass es sein könnte, dass die Endzeit zwar begonnen hat, dass sie selber aber nicht gerettet werden und mit der Welt untergehen. Nur wer Angst hat vor dem Untergang, vor dem endzeitlichen Verlust des eigenen Lebens, der hofft wahrlich darauf, gerettet zu werden. Es zeigt sich hier einerseits, dass die Wiederkunft des Messias mit echter Zukünftigkeit zu tun hat, weil man nicht im Wissen um die eigene Erlöstheit die Hände bereits in den Schoß legen kann, und es zeigt sich wieder einmal die Ernsthaftigkeit christlicher Existenz und vor allem christlichen Handelns im Angesicht des Eschatons, es zeigt sich, dass mit der Auferweckung Jesu von Nazareth etwas begonnen hat, das das Leiden an der Verfallenheit der jetzigen Welt drastisch erhöht: Die Gläubigen wissen, wie es sein könnte und zu was der Mensch berufen ist und sehen und erleiden gleichzeitig, dass in dieser Welt sehr viel weniger das Leben und die Großzügigkeit regieren als der Tod und der Neid.

Zuerst einmal dunkel und fast unerklärlich bleibt der Schluss von Agambens Ausführungen zur Berufung. Hier bedient sich Agamben der ganzen Ambivalenz des Denkens von Walter Benjamin. Das „als ob nicht“ kann seiner Dialektik und seiner Ambivalenz nicht entzogen werden.

> Das messianische Subjekt betrachtet die Welt nicht, als ob sie gerettet wäre. Vielmehr betrachtet es die Rettung, indem es sich – mit den Worten Benjamins – im Unrettbaren verliert.[138]

Warum verliert sich das Subjekt im Unrettbaren? Benjamin weist darauf hin, dass sich die Rettung natürlich auf das beziehen muss, dessen Rettung nicht irgendwie schon immer feststeht, sondern dessen Rettung prekär ist. Rettung bezieht sich auf das Unrettbare, nur dann ist sie Rettung,[139] nur dann ist sie Hoffnung wider alle Hoffnung (vgl. Röm 4,18). Deshalb hofft das messianische Subjekt gegen alle Hoffnung.

---

138 Agamben, Die Zeit, die bleibt, 54.

139 Benjamin, Passagenwerk, GS V/1, 591f.: „Das dialektische Bild ist ein aufblitzendes. So, als ein im Jetzt der Erkennbarkeit aufblitzendes Bild,

5.3 Hoffnung gegen alle Hoffnung

Es zeigt sich hier etwas, das schwer begreiflich, eigentlich unfassbar ist, das aber nicht wegzudiskutieren ist.

> Durch viele Drangsale müssen wir in das Reich Gottes gelangen. (Apg 14,22)

Wir müssen durch die Drangsale hindurch, aber Wir haben Hoffnung, sehnsüchtige Hoffnung und berechtigte Hoffnung. Leider gehört zum Wissen um die angebrochene Königsherrschaft Gottes und die Hoffnung, dass sie sich bald durchsetzen wird, auch immer die Erkenntnis, dass es vor ihrem Anbruch zu einer Art erhöhter Bedrängnis kommen wird, weil man eben schon um das weiß, was kommen wird:

> 2 Thess 1,4f.: [4] Wir können in den Gemeinden Gottes mit Stolz auf euch hinweisen, weil ihr im Glauben standhaft bleibt bei aller Verfolgung und Bedrängnis, die ihr zu ertragen habt. [5] Dies ist ein Anzeichen des gerechten Gerichtes Gottes; ihr sollt ja des Reiches Gottes teilhaftig werden, für das ihr leidet.

Man leidet für die Königsherrschaft Gottes – nimmt täglich sein Kreuz auf sich – und doch darf die anstehende und erlittene Bedrängnis nicht so verstanden werden, dass es sich um die in der linear ablaufenden Geschichtszeit aufzeigenden Zeichen handelt, die dem Anbruch der Königsherrschaft Gottes notwendig zuvorkommen müssen. Dann würde man Eschatologie wiederum als mögliches Ablaufprotokoll für die letzten Tage verstehen. Das Leiden an dem, was bedrängt, geht vielmehr auf die Sensibilität zurück, die mit der Begegnung mit Gott zu tun hat: Wer auf dem Antlitz der/des anderen eine Spur von Gott erblickt oder den Widerschein göttlicher Herrlichkeit, der will für diese andere/diesen anderen das Gute, er will sie/ihn im Himmel. Erfahrung von Gottes Gegenwart hat zur Folge, dass vor allem ihre/seine

---

ist das Gewesene festzuhalten. Die Rettung, die dergestalt – und nur dergestalt – vollzogen wird, läßt immer nur an dem, im nächsten Augenblick schon unrettbar verlornen (sich) vollziehen".

Nicht-Gegenwart in so vielen Dingen, Handlungen und Bereichen der Welt offenbar wird. Um es mal wieder mit Paulus zu sagen:

> Röm 8,18-26 [18] Ich bin überzeugt, dass die Leiden der gegenwärtigen Zeit nichts bedeuten im Vergleich zu der Herrlichkeit, die an uns offenbar werden soll. [19] Denn die ganze Schöpfung wartet sehnsüchtig auf das Offenbarwerden der Söhne Gottes. [20] Die Schöpfung ist der Vergänglichkeit unterworfen, nicht aus eigenem Willen, sondern durch den, der sie unterworfen hat; aber zugleich gab er ihr Hoffnung: [21] Auch die Schöpfung soll von der Sklaverei und Verlorenheit befreit werden zur Freiheit und Herrlichkeit der Kinder Gottes. [22] Denn wir wissen, dass die gesamte Schöpfung bis zum heutigen Tag seufzt und in Geburtswehen liegt. [23] Aber auch wir, obwohl wir als Erstlingsgabe den Geist haben, seufzen in unserem Herzen und warten darauf, dass wir mit der Erlösung unseres Leibes als Söhne offenbar werden. [24] Denn wir sind gerettet, doch in der Hoffnung. Hoffnung aber, die man schon erfüllt sieht, ist keine Hoffnung. Wie kann man auf etwas hoffen, das man sieht? [25] Hoffen wir aber auf das, was wir nicht sehen, dann harren wir aus in Geduld. [26] So nimmt sich auch der Geist unserer Schwachheit an. Denn wir wissen nicht, worum wir in rechter Weise beten sollen; der Geist selber tritt jedoch für uns ein mit Seufzen, das wir nicht in Worte fassen können.

Und eigentlich geht es in der gesamten Eschatologie um nichts anderes: Hoffnung wider alle Hoffnung. Das Angesicht Unserer Welt ist nicht so, wie Wir Menschen Uns Leben vorstellen können und wie Wir dies ansatzhaft in manchen Augenblicken genießen dürfen. Als Bild Gottes weiß der Mensch darum, dass sie/er nicht dafür geschaffen ist, in den Abgründen des Todes zu verschwinden, sondern dass Gott anderes für sie/ihn bereithält.

> Kommt her, die ihr von meinem Vater gesegnet seid, nehmt das Reich in Besitz, das seit der Erschaffung der Welt für euch bestimmt ist. (Mt 25,34)

> Fürchte dich nicht, du kleine Herde! Denn euer Vater hat beschlossen, euch das Reich zu geben. (Lk 12,32)

> denn das Reich Gottes ist nicht Essen und Trinken, es ist Gerechtigkeit, Friede und Freude im Heiligen Geist. (Röm 14,17)

Die gerade angesprochenen Drangsale wird man also nicht so verstehen dürfen, dass man über ein Protokoll über das verfügt, was vor dem Ende passieren wird. Es geht darum, dass man im Wissen um die Königsherrschaft Gottes das, was tatsächlich passiert, ganz anders wahrnimmt. An diesem Punkt hat Agamben wohl recht: Das Wissen um die Möglichkeit der Königsherrschaft Gottes verändert den Blick auf die Welt und sensibilisiert die Gläubigen für das, was passiert. Sie können nicht mehr gleichgültig sein, weil sie eine Hoffnung ergriffen hat, die sie umtreibt und die sie Ungerechtigkeit als Ungerechtigkeit erfahren lässt. Trotzdem warnt der Evangelist Lukas davor, die Königsherrschaft Gottes zu verorten oder an den Drangsalen abzulesen, dass ihr Anbruch kurz bevorstehen müsse. Auch Lukas kennt die qualifizierte Zeit, die quer liegt zur linear ablaufenden Geschichtszeit:

> Lk 17,20f. [20] Als Jesus von den Pharisäern gefragt wurde, wann das Reich Gottes komme, antwortete er: Das Reich Gottes kommt nicht so, dass man es an äußeren Zeichen erkennen könnte. [21] Man kann auch nicht sagen: Seht, hier ist es!, oder: Dort ist es! Denn: Das Reich Gottes ist (schon) mitten unter euch.

In unübertroffener Prägnanz verbindet der Evangelist Markus das Bekenntnis zum Monotheismus mit der Gottes-, Nächsten- und Selbstliebe. Hier zeigt sich, dass die Königsherrschaft Gottes dort ist, wo richtig über Gott gedacht wird und wo aus diesem Gottdenken das richtige Handeln resultiert. Eschatologik und Eschatopraxie geben sich hier die Hand und dann ist die Königsherrschaft Gottes nahe:

> Mk 12,28-34 [28] Ein Schriftgelehrter hatte ihrem Streit zugehört; und da er bemerkt hatte, wie treffend Jesus ihnen antwortete, ging er zu ihm hin und fragte ihn: Welches Gebot ist das erste von allen? [29] Jesus antwortete: Das erste ist: Höre, Israel, der Herr, unser Gott, ist der einzige Herr. [30] Darum sollst du den Herrn, deinen Gott, lieben mit ganzem Herzen und ganzer Seele, mit all deinen Gedanken und all deiner Kraft. [31] Als zweites kommt hinzu: Du sollst deinen Nächsten lieben wie dich selbst. Kein anderes Gebot ist größer als diese beiden. [32] Da sagte der Schriftgelehrte zu ihm: Sehr gut, Meister! Ganz richtig hast du gesagt: Er allein ist der Herr, und es gibt keinen anderen außer ihm, [33] und ihn mit ganzem Herzen, ganzem Verstand und ganzer Kraft zu lieben und den Nächsten

> zu lieben wie sich selbst, ist weit mehr als alle Brandopfer und anderen Opfer. [34] Jesus sah, daß er mit Verständnis geantwortet hatte, und sagte zu ihm: Du bist nicht fern vom Reich Gottes. Und keiner wagte mehr, Jesus eine Frage zu stellen.

Die Königsherrschaft Gottes ist dort, wo sie getan wird, wo Menschen über sich hinauswachsen, wo Gottes-, Nächsten- und Selbstliebe nicht miteinander konkurrieren, sondern in eins gehen. Die Königsherrschaft Gottes ist also nah und das Eschaton ist nichts, was noch lange auf sich warten lassen würde. Ja, die linear ablaufende Geschichtszeit geht weiter und keiner weiß, wie lange dies noch geschehen wird. Für den Einzelnen endet aber im Tod diese Zeit und in den Erlebnissen, in denen der Tod bereits erfahren wird, endet somit die Geschichtszeit und hier steht des Eschaton in die Gegenwart hinein, dort, wo der Mensch nicht Herrin ihrer/Herr seiner selbst ist, wo sie/er merkt, dass sie/er passiv ist, dass sie/er auf eine andere/einen anderen verwiesen ist und von einer anderen/einem anderen gehalten wird, bedingt von etwas, das sie/er nicht in der Hand hat und auf das sie/er sich einlassen muss, will sie/er das Leben in seiner tiefen Wahrheit verstehen und begreifen lernen.

Letztlich ist aber nicht nur Gott für den Menschen ein Mysterium, ein Geheimnis, das sich als Geheimnis offenbart, sondern der Mensch bleibt sich selber ein Mysterium und so ist auch das, was mit dem Menschen im Tod, in der Auferweckung, im Gericht passiert, ein Mysterium. Weil dies so ist, bedient sich Paulus in seinem großartigen Auferstehungskapitel, dem fünfzehnten Kapitel des Ersten Korintherbriefes auch einer ganz eigenen Methode: Er wagt eine prophetische Rede, die er selber verantworten muss. Um über das Eschaton zu sprechen, muss Theologie prophetisch reden, muss sie ihren gewohnten wissenschaftlich-spekulativen Rahmen verlassen und über sich hinauswachsen. Damit verlässt sie natürlich die Universität und beginnt ihren Platz dort zu suchen, wo sie auch verortet werden kann – in der Liturgie. Auf die Bedeutung der Liturgie für die Rede vom Eschaton wurde mit Ratzinger eindringlich aufmerksam gemacht, der die Parusie des Herrn liturgisch versteht: In der Liturgie kommt der Herr nahe, hier bricht die Königsherrschaft Gottes an, hier bricht gleichsam das Eschaton in das Diesseits ein. Liturgie darf aber niemals mit Händen gefeiert werden, die sich nicht auch dem Dienst am Anderen widmen – Liturgie und Diakonie gehören notwendig zusammen. Ohne die Stelle auch nur annähernd ausdeuten zu können, soll sie kurz in Erinnerung gerufen werden.

> 1Kor 15,42-58 42 So ist es auch mit der Auferstehung der Toten. Was
> gesät wird, ist verweslich, was auferweckt wird, unverweslich. 43 Was
> gesät wird, ist armselig, was auferweckt wird, herrlich. Was gesät wird,
> ist schwach, was auferweckt wird, ist stark. 44 Gesät wird ein irdischer
> Leib, auferweckt ein überirdischer Leib. Wenn es einen irdischen Leib
> gibt, gibt es auch einen überirdischen. 45 So steht es auch in der Schrift:
> Adam, der Erste Mensch, wurde ein irdisches Lebewesen. Der Letzte
> Adam wurde lebendigmachender Geist. 46 Aber zuerst kommt nicht das
> Überirdische; zuerst kommt das Irdische, dann das Überirdische. 47 Der
> Erste Mensch stammt von der Erde und ist Erde; der Zweite Mensch
> stammt vom Himmel. 48 Wie der von der Erde irdisch war, so sind es
> auch seine Nachfahren. Und wie der vom Himmel himmlisch ist, so sind
> es auch seine Nachfahren. 49 Wie wir nach dem Bild des Irdischen gestal-
> tet wurden, so werden wir auch nach dem Bild des Himmlischen gestal-
> tet werden. 50 Damit will ich sagen, Brüder: Fleisch und Blut können
> das Reich Gottes nicht erben; das Vergängliche erbt nicht das Unver-
> gängliche. 51 Seht, ich enthülle euch ein Geheimnis: Wir werden nicht
> alle entschlafen, aber wir werden alle verwandelt werden – 52 plötzlich,
> in einem Augenblick, beim letzten Posaunenschall. Die Posaune wird
> erschallen, die Toten werden zur Unvergänglichkeit auferweckt, wir aber
> werden verwandelt werden. 53 Denn dieses Vergängliche muß sich mit
> Unvergänglichkeit bekleiden und dieses Sterbliche mit Unsterblichkeit.
> 54 Wenn sich aber dieses Vergängliche mit Unvergänglichkeit bekleidet
> und dieses Sterbliche mit Unsterblichkeit, dann erfüllt sich das Wort
> der Schrift: Verschlungen ist der Tod vom Sieg. 55 Tod, wo ist dein Sieg?
> Tod, wo ist dein Stachel? 56 Der Stachel des Todes aber ist die Sünde, die
> Kraft der Sünde ist das Gesetz. 57 Gott aber sei Dank, der uns den Sieg
> geschenkt hat durch Jesus Christus, unseren Herrn. 58 Daher, geliebte
> Brüder, seid standhaft und unerschütterlich, nehmt immer eifriger am
> Werk des Herrn teil, und denkt daran, daß im Herrn eure Mühe nicht
> vergeblich ist."

Paulus spricht zuerst von Verwesung und Saat und bedient sich damit eines bekannten Motives. Aber er verändert dieses Motiv und geht dazu über, von Verwandlung zu sprechen. Die Verwandlung ist stärker als die

Verwesung, denn sie betrifft auch diejenigen, die noch am Leben sind. Somit wird die Verwandlung zum eigentlichen Skopus, zum eigentlichen Aussagekern der Stelle: Es kommt Paulus nicht darauf an, dass Auferweckung geschehen wird, denn diese geht nur durch Tod und Verwesung hindurch. Paulus spricht von der Verwandlung, die für alle gilt und diese Verwandlung umfasst dann auch die Materie. Hier wird noch einmal deutlich, dass es um einen Vorgang geht, der von außen auf den Menschen zukommt, es geht um Passivität, um verwandelt werden. Die atomare Materie wird wohl an ihr Ende gelangen, weil sie den Menschen nicht halten oder binden kann. Das bedeutet aber nicht, dass die Materie insgesamt an ihr Ende kommt. Sie bleibt wichtig in ihrer Funktion der Widerständigkeit, dessen, was nicht auf den Geist reduziert werden kann. Denn dieser würde reine Aktivität bedeuten. Der Mensch ist als Geschöpf aber weder am Anfang noch am Ende aktiv, er ist passiv, etwas geschieht mit ihm. Und dieses Geschehen hat mit dem Tod des Todes zu tun, er ist nicht mehr bedrohlich, er lähmt den Menschen nicht mehr. Es gibt die Hoffnung auf Leben, Leben bei Gott, und es gibt einen guten Grund für diese Hoffnung: Die Auferweckung Jesu von Nazareth, durch den Gott den Gläubigen den Sieg bereits geschenkt hat. Und was resultiert aus dieser Hoffnung? Sie nehmen teil am Werk des Herrn. Sie legen also nicht ihre Hände in den Schoß, sondern müssen aktiv werden, müssen sich mühen, müssen sich die Hände schmutzig machen. Nur so entsprechen sie dem Glauben an die Auferstehung Jesu, dem Glauben, dass die Königsherrschaft Gottes nahe ist, dort nahe ist, wo einem bedürftigen Menschen geholfen wird. So gesehen sind in der Eschatologie zwei Menschengruppen entscheidend: Die, denen noch geholfen werden kann, und die, denen hätte geholfen werden müssen. Die bedürftigen Menschen sind Aufgabe der Kirche, Aufgabe jedes Menschen guten Willens, und die Opfer der Geschichte sind die, für die Wir hoffen.

Die Nähe des Reiches Gottes und Unsere Hoffnung darum, dass es mit der Auferweckung Jesu aus den Toten bereits begonnen hat und Uns Menschen offen steht, darf also nicht bedeuten, dass die Geschichte vergessen wird, weil sonst weder die guten Taten einen Sinn gehabt hätten und darüber hinaus auch die Leiden der Opfer mit einem göttlichen Federstrich einfach salviert werden würden. Die vorliegenden Gedanken zur Eschatologie enden also mit dem Hinweis auf die Opfer der

Geschichte, mit dem Hinweis auf die, die keine Stimme haben, vielleicht nie eine Stimme hatten und die nicht vergessen werden dürfen, weil ohne sie niemand im Himmel sein will und ohne sie Himmel nicht sein kann. Man kann sich Gott kaum als diejenige/denjenigen vorstellen, die/der dermaßen gleichgültig über Geschichte hinweggeht. Gott ist ein Gott der Witwen und Waisen und wenn sie/er das ist, dann ist sie/er ein Gott der Befreiung, ein Gott für die Unterdrückten. Dies besagt, dass Gott durchaus parteiisch ist: Ja sie/er lässt, die Sonne aufgehen über Guten und Schlechten (Mt 5,45), dennoch wird am Ende das Unkraut vom Weizen getrennt und es wird nur der Weizen in die Scheune gebracht, während das Unkraut verbrannt wird (Mt 13,24-30). Dies ist ein mythologisch-metaphorisches Bild, aber an diesem Bild muss etwas Wahres sein, sonst würde sich die Hoffnung auf das Eschaton fatal auf die Handlung von Menschen im Diesseits auswirken – entweder als ethische Laxheit (ich komm doch eh in den Himmel) oder als ethischer Zynismus (im Himmel geht es Uns allen gut, da kann ich Dich jetzt ruhig meinen Idealen und meinen Bedürfnissen opfern). Wer diese ethische Laxheit und diesen ethischen Zynismus vermeiden will, der muss einen parteiischen Gott annehmen, die/der auf der Seite der Unterdrückten steht, die/der sich der Wunden der Opfer annimmt, die/der sich aber auch derer annimmt, die schon auf Erden Wunden heilen.

6. Zitierte Literatur

Adorno, Theodor W., Ästhetische Theorie, (Gesammelte Werke Bd. 7), Darmstadt 1998.

Agamben, Giorgio, Die Zeit die bleibt. Ein Kommentar zum Römerbrief, übers. v. Giurito, Davide, (es 2453), Berlin 2006.

Angenendt, Arnold, Toleranz und Gewalt. Das Christentum zwischen Bibel und Schwert, Münster ²2007.

Ariès, Philippe, Geschichte des Todes, übers. v. Hans-Horst Henschen und Una Pfau, (Hanser Anthropologie), München 1980.

Augustinus, Aurelius, Enchiridion de fide spe et caritate. Handbüchlein über Glaube, Hoffnung und Liebe. Texte und Übersetzung mit Einleitung und Kommentar hg. v. Joseph Barbel, (Testimonia 1), Düsseldorf 1960.

Bachl, Gottfried, Die Zukunft nach dem Tod, Freiburg u. a. 1985.

Balthasar, Hans Urs von, Bibel und negative Theologie, in: Strolz, Walter (Hg.), Sein und Nichts in der abendländischen Mystik, (Veröffentlichungen der Stiftung Oratio Dominica. Weltgespräche der Religionen. Schriftenreihe zur Großen Ökumene 11), Freiburg u. a. 1984, 13-31.

Balthasar, Hans Urs von, Kleiner Diskurs über die Hölle, Ostfildern 1987.

Balthasar, Hans Urs von, Was dürfen wir hoffen?, Einsiedelns 1986.

Benjamin, Walter, Passagenwerk, in: Ders., Gesammelte Schriften: Abhandlungen, u. Mitwirk. v. Adorno, Theodor W./Scholem, Gershom, hg. v. Tiedemann, Rolf/Schwppenhäuser, Hermann, Bd. V/1, Frankfurt 1982.

Benjamin, Walter, Über den Begriff der Geschichte, in: Ders., Gesammelte Schriften: Abhandlungen, u. Mitwirk. v. Adorno, Theodor W./Scholem, Gershom, hg. v. Tiedemann, Rolf/Schweppenhäuser, Hermann, Bd. I/2, Frankfurt 1978, 691-704.

Bihrer, Andreas/Franke-Schwenk, Anja/Stein, Tine (Hg.), Endlichkeit. Zur Vergänglichkeit und Begrenztheit von Menschen, Natur und Gesellschaft, (Edition Kulturwissenschaften 59), Bielefeld 2016.

Braun, Herbert, Jesus. Der Mann aus Nazareth und seine Zeit, (Themen der Theologie 1), Stuttgart 1969.

Dante Alighieri, Das Schreiben an Cangrande della Scala, übers., eingel. u. komm. v. Ricklin, Thomas, m. e. Vorrede v. Imbach, Ruedi, lat-dt, (Dante Alighieri, Philosophische Werke, 1; PhB 463), Hamburg 1993.

Derrida, Jacques, Die Stimme und das Phänomen. Einführung in das Problem des Zeichens in der Phänomenologie Husserls, übers. v. Gondek, Hans-Dieter, (es 2440), Frankfurt 2003.

Derrida, Jacques, Grammatologie, übers. v. Rheinberger, Hans-Jörg/Zischler, Hanns, (stw 417), Frankfurt 1983.

Dinzelbacher, Peter, Vision und Visionsliteratur im Mittelalter, (Monographien zur Geschichte des Mittelalters 23), Stuttgart 1981.

Finkenzeller, Josef, Eschatologie, in: Glaubenszugänge. Lehrbuch für Dogmatik, hg. v. Wolfgang Beinert, Bd. 3, Paderborn u. a. 1995, 525-671.

Gmelin, Hermann, Dante, Alighieri, Die göttliche Kommödie. Kommentar 1. Teil: Die Hölle, Stuttgart 1954.

Greshake, Gisbert/Kremer, Jacob, Resurrectio mortuorum. Zum theologischen Verständnis der leiblichen Auferstehung, Darmstadt 1986.

Greshake, Gisbert, Auferstehung der Toten. Ein Beitrag zur gegenwärtigen theologischen Debatte über die Zukunft der Geschichte, Essen 1969.

Greshake, Gisbert, Auferstehung im Tod. Ein „parteiischer" Rückblick auf eine theologische Diskussion, in: ThPh 73 (1998) 538-557.

Greshake, Gisbert, Das Verhältnis ‚Unsterblichkeit der Seele' und ‚Auferstehung des Leibes' in problemgeschichtlicher Sicht, in: Greshake, Gisbert/ Lohfink, Gerhard, Naherwartung Auferstehung Unsterblichkeit. Untersuchungen zur christlichen Eschatologie, (QD 71), Freiburg u.a. ^{4}1982, 82-120.

Greshake, Gisbert, Die Leib-Seele-Problematik und die Vollendung der Welt, in: Greshake, Gisbert/Gerhard Lohfink, Naherwartung Auferstehung Unsterblichkeit. Untersuchungen zur christlichen Eschatologie, (QD 71), Freiburg u. a. ^{4}1982, 156-181.

Greshake, Gisbert, Zweiter Teil. Theologiegeschichtliche und systematische Untersuchungen zum Verständnis der Auferstehung, in: Ders./Kremer, Jacob, Resurrectio Mortuorum. Zum theologischen Verständnis der leiblichen Auferstehung, Darmstadt 1986, 165-371, 259-263; 318-322.

Gurjewitsch, Aaron J., Das Individuum im europäischen Mittelalter, übers. v. Erhard Glier, München 1994.

Handbuch der Religionsgeschichte im deutschsprachigen Raum, Bd. 2: Hoch- und Spätmittelalter, hg. u. verfasst von Peter Dinzelbacher, Paderborn u. a. 2000.

Hegel, Vorlesungen über die Philosophie der Geschichte, in: Ders., Werke, Bd. 12, (stw 612), Frankfurt 1986.

Heidegger, Martin, Sein und Zeit, Tübingen ^{17}1993.

Huizinga, Johan, Herbst des Mittelalters. Studien über Lebens- und Geistformen des 14. und 15. Jahrhunderts in Frankreich und in den Niederlanden, hg. v. Kurt Köster, (Kröners Taschenausgabe BD. 204), Stuttgart ^{11}1975.

Jüngel, Eberhard, Tod, (Gütersloher Taschenbücher 1295) Gütersloh ^{5}1993.

Kasper, Walter, Der Gott Jesu Christi, hg. v. Ullrich, Lothar, Leipzig 1984 (= Gesammelte Schriften 4; Freiburg u. a. 2008).

Katholischer Erwachsenen-Katechismus. Das Glaubensbekenntnis der Kirche, hg. v. d. Deutschen Bischofskonferenz, Kevelaer u. a. [4]1989.

Klauck, Hans-Josef, Der Erste Johannesbrief (EKK XXIII/1), Zürich u. a. 1991.

Krewani, Wolfgang N., Emmanuel Lévinas. Denker des Anderen, (Kolleg Philosophie), Freiburg u. a. 1992.

Lang, Bernhard/McDannell, Colleen, Der Himmel. Eine Kulturgeschichte des ewigen Lebens, (Edition Suhrkamp 1586), Frankfurt 1990.

Le Goff, Jacques, Die Geburt des Fegefeuers. Vom Wandel des Weltbildes im Mittelalter, übers. v. Forkel, Ariane, München 1990.

Levinas, Emmanuel, Die Zeit und der Andere, hg., übers. u. m. e. Nachwort versehen v. Wenzler, Ludwig, (PhB 546), Hamburg 2003.

Levinas, Emmanuel, Diachronie und Repräsentation, in: Ders., Zwischen uns, übers. v. Franz Miething, München u. a. 1995, 194-217.

Levinas, Emmanuel, Ethik und Unendliches, Köln u. a. 1986.

Levinas, Emmanuel, Jenseits des Seins oder anders als Sein geschieht, übers. v. Thomas Wiemer, Freiburg u. a. 1998.

Levinas, Emmanuel, Totalität und Unendlichkeit. Versuch über die Exteriorität, übers. v. Krewani, Wolfgang Nikolaus, Freiburg u. a. 1987.

Levinas, Emmanuel, Wenn Gott ins Denken einfällt. Diskurse über die Betroffenheit von Transzendenz, übers. v. Wiemer, Thomas, m. e. Vorw. v. Bernhard Casper, Freiburg u. a. 1985.

Lewis, Clive S., Die große Scheidung oder zwischen Himmel und Hölle, übers. v. Kuhn, Helmut, (Kriterien 47), Einsiedeln 1980.

Lohfink, Gerhard, Das Zeitproblem und die Vollendung der Welt, in: Greshake, Gisbert/Lohfink, Gerhard, Naherwartung Auferstehung Unsterblichkeit. Untersuchungen zur christlichen Eschatologie, (QD 71), Freiburg u. a. [4]1982, 131-155.

Lohfink, Gerhard, Zur Möglichkeit christlicher Naherwartung, in: Gisbert Greshake/Gerhard Lohfink, Naherwartung Auferstehung Unsterblichkeit. Untersuchungen zur christlichen Eschatologie, (QD 71), Freiburg u. a. [4]1982, 38-81.

Metz, Johann Baptist (Hg.), Landschaft aus Schreien: Zur Dramatik der Theodizeefrage, Mainz 1995.

Metz, Johann Baptist, Ökumene nach Auschwitz – Zum Verhältnis von Christen und Juden nach Auschwitz in Deutschland, in: Jenseits bürgerlicher Religion. Reden über die Zukunft des Christentums, München u. a. [4]1984, 29-50.

Nietzsche, Friedrich, Die fröhliche Wissenschaft, (KSA 3), München 1988.
Nietzsche, Friedrich, Ecce homo, (KSA 6), München 1999, 255-374.
Nussbaum, Martha C., Die Grenzen der Gerechtigkeit. Behinderung, Nationalität und Spezieszugehörigkeit, übers. v. Celikates, Robin/Engels, Eva, (stw 2105), Berlin 2014.
Ohler, Norbert, Sterben und Tod im Mittelalter, München 1990, 30-50.
Ökumenischer Bericht zur Religionsfreiheit von Christen weltweit 2017. Das Recht auf Religions- und Weltanschauungsfreiheit: Bedrohungen – Einschränkungen – Verletzungen, hg. v. Sekretariat der DBK u. Kirchenamt der EKD, (Gemeinsame Texte 25), Bonn/Hannover 2017.
Ott, Ludwig, Grundriß der Dogmatik, Freiburg [10]1981.
Pesch, Otto Herrmann, Katholische Dogmatik aus ökumenischer Erfahrung, 2 Bde. in 3 Bde., Ostfildern 2008/10.
Polke, Christian, Von letzten Dingen. Zum Status eschatologischer Aussagen, in: Neue Zeitschrift für Systematische Theologie und Religionsphilosophie 62 (2020) 389-412.
Rahner, Karl, Das Ärgernis des Todes, in: Ders., Schriften zur Theologie VIII, Einsiedeln u. a. 1966, 141-144.
Rahner, Karl, Erfahrungen eines katholischen Theologen, in: Raffelt, Albert (Hg.), Karl Rahner in Erinnerung, (Freiburger Akademieschriften 8), Düsseldorf 1994, 134-148.
Rahner, Karl, Grundkurs des Glaubens. Einführung in den Begriff des Christentums, Freiburg u. a. 1984.
Rahner, Karl, Immanente und transzendente Vollendung der Welt, in: Ders., Schriften VIII, Einsiedeln u. a. 1967, 593-609.
Rahner, Karl, Theologische Prinzipien der Hermeneutik eschatologischer Aussagen, in: Ders., Schriften zur Theologie, Bd. 4, Einsiedeln u. a. 1960, 401-428.
Rahner, Karl, Tod Jesu und Abgeschlossenheit der Offenbarung, in: Ders., Schriften zur Theologie XIII, Einsiedeln u. a. 1978, 159-171.
Rahner, Karl, Zu einer Theologie des Todes, in: Ders., Schriften zur Theologie X, Einsiedeln u. a. 1972, 181-199.
Rahner, Karl, Zur Theologie des Todes. Mit einem Exkurs über das Martyrium, (QD 2), Freiburg [2]1959.
Ratzinger, Josef, Art. Hölle. III. Kirchliches Lehramt, V. Systematik, in: LThK2, Bd. 5, 446-449.
Ratzinger, Joseph, Eschatologie. Tod und ewiges Leben, (KKD 9), Regensburg 1977.

Ruster, Thomas, Karl Rahner und die Modernisierung der katholischen Dogmatik, in: Middelbringk, Ralf, Karl Rahner 1904-1984: Was hat er uns gegeben? – Was haben wir genommen?, Münster 2009, 27-42.

Schulte-Klöcker, Ursula, Die Frage nach Zeit und Ewigkeit – Eine verbindende Perspektive der letzten drei Bücher der Confessiones, in: Fischer, Norbert/ Hattrup, Dieter (Hg.), Schöpfung, Zeit und Ewigkeit. Augustinus: Confessiones 11-13, Paderborn u. a. 2006, 9-28.

Straub, Verena, Das Selbstmordattentat im Bild. Aktualität und Geschichte von Märtyrerzeugnissen, (Image 194), Bielefeld 2021.

Swedenborg, Emmanuel, Himmel und Hölle, übers. v. Friedemann Horn, Zürich 1977.

Wohlmuth, Josef, Jesu Weg – unser Weg. Kleine mystagogische Christologie, Würzburg 1992.

Wohlmuth, Josef, Mysterium der Verwandlung. Eine Eschatologie aus katholischer Perspektive im Gespräch mit jüdischem Denken der Gegenwart, (Studien zu Judentum und Christentum), Paderborn u. a. 2005.